UTB 2103

Eine Arbeitsgemeinschaft der Verlage

Beltz Verlag Weinheim · Basel
Böhlau Verlag Köln · Weimar · Wien
Wilhelm Fink Verlag München
A. Francke Verlag Tübingen und Basel
Haupt Verlag Bern · Stuttgart · Wien
Lucius & Lucius Verlagsgesellschaft Stuttgart
Mohr Siebeck Tübingen
C. F. Müller Verlag Heidelberg
Ernst Reinhardt Verlag München und Basel
Ferdinand Schöningh Verlag Paderborn · München · Wien · Zürich
Eugen Ulmer Verlag Stuttgart
UVK Verlagsgesellschaft Konstanz
Vandenhoeck & Ruprecht Göttingen
Verlag Recht und Wirtschaft Frankfurt am Main
VS Verlag für Sozialwissenschaften Wiesbaden
WUV Facultas Wien

Clemens Hillenbrand

Einführung in die Pädagogik bei Verhaltensstörungen

Mit 25 Abbildungen, 6 Tabellen und 45 Übungsaufgaben

3., überarbeitete Auflage

Ernst Reinhardt Verlag München Basel

Prof. Dr. **Clemens Hillenbrand,** Studium und Promotion Sonderpädagogik, praktische Tätigkeit im pädagogischen Dienst eines Heims und
Sonderschullehrer an verschiedenen Sonderschulen, 1994–1998 Lehrtätigkeit an der Universität München, anschließend Vertretung der Pro-
fessur für Erziehungsschwierigenpädagogik an der Heilpädagogischen
Fakultät der Universität zu Köln, der Professur für Verhaltensgestörten-
pädagogik an der Universität Oldenburg und der Professur für Lernbe-
hindertenpädagogik an der Universität Leipzig. Seit 2000 Professor für
Heil- und Sonderpädagogik an der Fachhochschule Bielefeld, seit 2003
Universitätsprofessor an der Universität zu Köln, geschäftsführender
Seminardirektor des Seminars für Erziehungshilfe und sozial-emotionale
Entwicklungsförderung.

Außerdem im Ernst Reinhardt Verlag lieferbar:
Hillenbrand: Didaktik bei Unterrichts- und Verhaltensstörungen.
   UTB-S 3-8252-2080-X

Bibliografische Information der Deutschen Bibliothek

Die Deutsche Bibliothek verzeichnet diese Publikation in der
Deutschen Nationalbibliografie; detaillierte bibliografische Daten
sind im Internet über <http://dnb.ddb.de> abrufbar.
   UTB-ISBN 3-8252-2103-2
   ISBN 10: 3-497-01793-0
   ISBN 13: 978-3-497-01793-5

© 2006 by Ernst Reinhardt, GmbH & Co KG, Verlag, München

Einbandgestaltung: Atelier Reichert, Stuttgart
Satz: Rist Satz & Druck GmbH, Ilmmünster
Druck: Ebner & Spiegel, Ulm
Printed in Germany
ISBN 3-8252-2103-2 (UTB-Bestellnummer)

Ernst Reinhardt Verlag, Kemnatenstr. 46, D-80639 München
Net: www.reinhardt-verlag.de Mail: info@reinhardt-verlag.de

Inhalt

Vorwort zur dritten Auflage

Die Situation des Faches „Pädagogik bei Verhaltensstörungen"
ändert sich grundlegend: Neue Studiengänge (BA/MA), Gene-
rationswechsel der Fachvertreter und die strukturellen Veränderungen, die kaum zum Vorteil der Heilpädagogik sind, führen
zu neuen Rahmenbedingungen für Studium und Forschung. Für
die Studierenden der neuen Studiengänge sind weiterhin gut les-
bare Einführungen unverzichtbar, wenn auch die neuen Medien
mit Online-Lehre als hervorragende Möglichkeit der Hochschul-
lehre dazugetreten sind.

Die wissenschaftliche Entwicklung seit der ersten Auflage schlägt
sich insbesondere in der Begriffsdiskussion und der Resilienzforschung nieder. Hier wurden jeweils neuere Ergebnisse einge-
arbeitet. Auch die Literatur wurde entsprechend dem Wunsch
mancher Leser erweitert. Ich hoffe, dass das Buch auf diesem Weg
weiterhin seinen Beitrag zur Einführung in ein spannendes The-
menfeld leistet.

Köln, im Juli 2005   Clemens Hillenbrand

Vorwort zur ersten Auflage

Die Pädagogik bei Verhaltensstörungen ist noch eine junge Wissenschaft. Erst seit den 70er Jahren existiert das Fach an den Universitäten in Deutschland: Im Zuge der Etablierung der Heil-, Sonder- oder Behindertenpädagogik an den Universitäten erfolgte auch die Einrichtung von Lehrstühlen und Seminaren für Erziehungsschwierigen- oder Verhaltensgestörtenpädagogik.

Die erste Generation der Vertreter dieser Fachrichtung bemühte sich nicht nur um eine wissenschaftliche Grundlegung des neuen Faches, sondern auch um die Weiterentwicklung von Institutionen und Methoden der Erziehungshilfe bei Verhaltensstörungen. Diese Doppelaufgabe ließ bis heute kaum einen ruhigen Wissenschaftsbetrieb zu, bewirkte aber zugleich eine hohe Dynamik in Forschung und Lehre. Eine umfangreiche Sammlung der verschiedenen wissenschaftlichen Arbeitsrichtungen repräsentiert das erstmals 1989 erschienene Handbuch der Sonderpädagogik, Band 6, „Pädagogik bei Verhaltensstörungen", auf über 1000 Seiten (Goetze/Neukäter 1993). Es bietet eine Art Zwischenbilanz des Faches.

Die Spannung zwischen den Aufgaben einer wissenschaftlichen Grundlegung und der gleichzeitigen Verbesserung der Praxis prägt aller Voraussicht nach auch die Zukunft des Faches. Bei den Rahmenbedingungen zeichnen sich zudem weit reichende Veränderungen ab: Gesellschaftliche, sozialpolitische, schulische und berufliche Felder befinden sich in krisenhaften Umbrüchen. Diesen Prozessen muss sich die Pädagogik bei Verhaltensstörungen stellen. Verwirrende Vielfalt und spannende Herausforderungen – das macht die Situation des Faches schwierig und interessant zugleich.

Die vorliegende Einführung in die Pädagogik bei Verhaltensstörungen will eine Orientierungshilfe über dieses wissenschaftliche Themengebiet anbieten. Es sollen Richtungen, Zusammenhänge und Stränge verdeutlicht werden, um einen Überblick über ein weites, differenziertes Feld zu ermöglichen. Die Einführung möchte damit zu einem intensiveren, selbstständigen Studium anleiten. Sie kann eine Tür öffnen – in der Hoffnung, dass der Leser die weiteren Schritte selbst vollzieht.

Der Ausdruck „Pädagogik bei Verhaltensstörungen" soll deutlich machen, dass es hier nicht um gestörte Personen und deren spezielle Erziehung, sondern um erschwerte Prozesse der Erziehung und Bildung geht. Die Praxis der Erziehung bei Verhaltensstörungen, ja Erziehung unter erschwerten Bedingungen insgesamt (Heilerziehung) stellt logisch und strukturell keineswegs eine Anwendung therapeutischer Modelle dar. Sie ist vielmehr eine spezialisierte, verfeinerte, modifizierte Form von Erziehung. Pädagogik bei Verhaltensstörungen als deren wissenschaftliche Reflexion kann daher nur ein Aspekt der Pädagogik sein. Die vorliegende Einführung versucht, diese genuin (heil-)pädagogische Standortbestimmung durchzuhalten. Erst eine solche Klärung des eigenen Handelns erlaubt den fruchtbaren und intensiven Austausch mit den Nachbardisziplinen wie Psychologie, Medizin, Soziologie oder Kriminologie.

Diese Einführung entstand nicht unwesentlich durch die Herausforderungen in einem neuen Wirkungskreis. Die Diskussionen mit den Kollegen der Heilpädagogischen Fakultät und insbesondere des Seminars Erziehungsschwierigenpädagogik waren für mich ungemein bereichernde Erfahrungen. Den Studierenden an der Universität zu Köln bin ich dankbar für die interessierte und kritische Begleitung des Gedankengangs. Für wichtige Hilfestellungen verschiedenster Art gilt Frau Ruth Pastohr mein ausdrücklicher Dank.

Meine Frau trägt durch ihre Zuversicht und ihren familiären Einsatz in entscheidender Weise zu allen Ergebnissen bei. Ich danke ihr.

Osnabrück/Köln, im März 1999   Clemens Hillenbrand

Hinweise zur Benutzung dieses Lehrbuches

Dieses Lehrbuch soll das notwendige Basiswissen für eine Pädagogik bei Verhaltensstörungen vermitteln. Am Ende jedes Kapitels sind Übungsaufgaben angefügt zur eigenen Lernkontrolle. Lösungshinweise und ein Glossar sind im Anhang abgedruckt. Zur schnelleren Orientierung wurden in den Randspalten Piktogramme benutzt, die folgende Bedeutung haben:

 Forschungen, Studien

 Begriffsklärung, Definition

 Beispiel

 Pro und Contra, Kritik

 Literaturempfehlung, weiterführende Literatur

 Übungsaufgaben am Ende der Kapitel

Einleitung

J. L.: Trauriges Wiedersehen
Rasta-Locken, Reggae-Schal,
dies war einmal.
Jetzt trägt mein früherer Freund Matze
Springerstiefel, Bomberjacke und 'ne Glatze!
Eines Tages auf der Straße sah ich ihn wieder,
er schlug gerade einen Türken nieder.
Ich ging an ihm vorbei, schaute ihm in seine Augen
und konnte es einfach nicht glauben.

(in: Teuter/Teuter 1997, 143)

Man mag über die literarische Qualität dieses Gedichts streiten –
die Sichtweise eines Jugendlichen auf das Problem der Gewalt
und auffälliger Verhaltensweisen besitzt durchaus Originalität. Die
alltägliche Realität solchen Verhaltens löst nicht nur Kopfschüt-
teln über „die Jugend von heute" aus, vielmehr drängen sich in
der Öffentlichkeit ernst zu nehmende Fragen auf.

- Wieso zeigen Kinder und Jugendliche überhaupt solche problematischen
  Verhaltensweisen, wie das Gedicht am Beispiel von „Matze" aufzeigt?
- Welche Entwicklungsprozesse gehen vor sich? Wie kommt es zu solch ra-
  dikalen Veränderungen einer Person wie „Matze"?
- Welche Einflüsse, Bedingungen und Faktoren haben an diesem Prozess mit-
  gewirkt?
- Hat das Handeln von „Matze" ein Ziel? Oder ist es durch bestimmte Ursa-
  chen und Auslöser determiniertes Verhalten? Ein nicht steuerbares Ge-
  schehen, für das er keine Verantwortung trägt?
- Welche Bedeutung hat die Lebenssituation von „Matze" für ein solches
  Verhalten?
- Wie verhält sich die Umgebung von Matze? Warum greift der Beobachter
  nicht ein?
- Und was ist mit dem Opfer? War es selbst in den Prozess, der zum Auftreten der Gewalt führte, verwickelt?

Gegenüber diesen Überlegungen tritt jedoch die Suche nach
Handlungsmöglichkeiten in den Vordergrund:

- Was kann man in der akuten Situation tun?
- Existieren Möglichkeiten der Vorbeugung?
- Bieten sich Institutionen, Verfahren oder Handlungsmöglichkeiten an, die
  bei solchen Problemen eingesetzt werden können?

Mit diesen ersten Erkundungen ist natürlich nur ein Teilbereich
der zu behandelnden Probleme angesprochen. Sie sollen zu eigenständigen und weitergehenden Fragen anregen. Denn Fra-

gen sind der Anfang jeder Wissenschaft! Oder, um es etwas ironisch mit Oscar Wilde auszudrücken:

„Fragen zu stellen lohnt sich immer – wenn es auch nicht immer lohnt, sie zu beantworten!"

Insbesondere die Erziehung gilt immer wieder als Adressat solcher Fragen. Oft wird sie für die Entstehung von Problemverhalten bei Kindern und Jugendlichen verantwortlich gemacht – und zugleich mit der möglichst schnellen Problemlösung betraut.

Mit den angerissenen Themen beschäftigt sich insbesondere die Pädagogik bei Verhaltensstörungen. Sie untersucht – so eine vorläufige Bestimmung – möglichst breit und eingehend die Probleme und Handlungsmöglichkeiten, die im Zusammenhang mit emotionalen und sozialen Problemen bei Kindern und Jugendlichen bestehen.

Dabei kann es im Rahmen der Wissenschaften nicht um Effekthascherei und Sensationslüsternheit zum Zweck der Auflagen- und Quotensteigerung gehen, zu dem das Thema Verhaltensstörungen heute in praktisch allen Medien dient. Denn eine verantwortungsbewusste Wissenschaft darf nicht vergessen, dass es bei diesem Thema immer um Menschen, um Personen mit eigener Würde geht (Art. 1 GG). Bei näherer Betrachtung stellt sich zudem heraus, dass die reißerischen Aufmacher moderner Massenmedien in wissenschaftlichen Untersuchungen kaum haltbar sind.

In einer Einführung in die Pädagogik bei Verhaltensstörungen sind solche eher nüchternen Ergebnisse wissenschaftlicher Forschung vorzustellen und zugänglich zu machen. Wissenschaftliche Erkenntnis besitzt jedoch eine ganz eigene Form von Spannung, die durch eine Lebendigkeit des Denkens, des Mitdenkens oder Nach-denkens und durch eigene Transferversuche in die Lebenswelt entsteht. Genau dazu möchte ich hier ermuntern. Eine gewisse Anstrengung des Denkens über bedrängende Alltagsprobleme ist nicht nur unverzichtbar, sondern stellt zugleich eine reizvolle Aufgabe dar.

Um den Rahmen einer Einführung nicht zu sprengen, verzichte ich – soweit verantwortbar – auf die Rituale wissenschaftlicher Textproduktion. Die Darstellung zentraler Inhalte erhält Vorrang vor der Aufarbeitung spezialisierter Teildiskussionen mit diffizilen Argumenten und deren Beleg durch ausführliche Zitationen. Wenn ein solches Vorgehen in der Fachdiskussion auf Kritik stößt, hat sie mein vollstes Verständnis. Allerdings bleibt die Notwendigkeit einer Einführung, einer Hilfe zur ersten Kontaktaufnahme mit diesem spannenden Themengebiet bestehen. Auf dem gewonnenen Überblick aufbauend, lassen sich dann die wissenschaftlichen Diskussionen mit umso größerem Interesse verfolgen.

Vielleicht muss man aber auch mit Oscar Wilde den Wert der Antworten in Frage stellen ...

Fragen zum Einstieg

- *Was erwarten Sie von der Beschäftigung mit wissenschaftlichen Ergebnissen der Pädagogik bei Verhaltensstörungen?*
- *Beschreiben Sie Situationen, in denen Sie auffälligen, störenden Verhaltensweisen begegnet sind. Welche Ursachen und Zusammenhänge vermuteten Sie?*

1 Wissenschaftliche Grundlegung

Da die Pädagogik sich als Wissenschaft der Erziehung versteht, geht es hier um Fragen der Erziehung. Verhaltensstörungen stellen in der Regel für alle an der Erziehung Beteiligten eine schwierige Lebenssituation dar. Sowohl die betroffenen Kinder und Jugendlichen als auch die Eltern oder Erziehungsberechtigten, die Geschwister und weitere Bezugspersonen, professionelle Erzieher, Sozialpädagogen und Lehrer haben negative Folgen zu bearbeiten.

Biographie
Insbesondere in der biographischen Perspektive des Heranwachsenden belasten Verhaltensstörungen die persönliche und soziale Entwicklung:

- Sehr oft resultieren Verhaltensstörungen aus problematischen, konfliktträchtigen Lebenssituationen in der (frühen) Kindheit,
- die aktuellen Handlungs-, Bildungs- und Gestaltungsmöglichkeiten sind erheblich eingeschränkt, und
- die Perspektiven der zukünftigen Lebensgestaltung in Beruf, Familie und Freizeit sind häufig erschwert, z. T. sogar deutlich negativ vorbestimmt.

Die Entwicklung des Kindes oder Jugendlichen ist also gefährdet, und Erziehung findet in dieser gefährdeten Situation statt. Die Pädagogik bei Verhaltensstörungen als Wissenschaft muss daher die umfassenden Probleme der Erziehung von Kindern und Jugendlichen mit Verhaltensstörungen bearbeiten und nach Handlungsmöglichkeiten suchen.

Vor einer Annäherung an die theoretischen Grundlagen des Faches soll ein skizzenhafter Überblick über die praktischen Aufgaben- und Handlungsfelder gegeben werden. Damit gewinnt man eine erste Orientierung über die erzieherischen Praxisfelder, die der wissenschaftlichen Teildisziplin zugrunde liegen.

Die wissenschaftlichen Grundlagen werden nachfolgend bestimmt, denn sie bilden die Basis für die folgenden Darstellungen. Dazu gehören insbesondere die relevanten Grundbegriffe und die Einordnung in das System der Wissenschaften.

1.1 Überblick

Die Erziehung bei Kindern und Jugendlichen mit Verhaltens-   Institutionen
störungen findet zum einen in den Familien statt, zum anderen
in spezialisierten Institutionen. Im Verlauf der Geschichte haben
sich dafür verschiedene Einrichtungen gebildet (Abb. 1).

Die Förderung betroffener Kinder kann also bereits sehr früh
einsetzen, indem die *Pädagogische Frühförderung* (PFF) eine Betreuung des Kindes übernimmt. Typischerweise kommt dafür
eine fachlich qualifizierte Kraft (Heilpädagogin, Sozialpädago-
gin, Erzieherin) einmal pro Woche in die Familie und arbeitet
dort mit dem Kind. In der *Schulvorbereitenden Einrichtung* (SVE)
besucht das Kind ab dem dritten Lebensjahr eine heilpädagogisch ausgerichtete Kindergartengruppe mit Einzelförderung.
Der *schulische Bereich* hat einerseits den Auftrag, möglichst die Ziele der regulären Lehrpläne (Grund-, Haupt-, Berufsschule) zu
erreichen, andererseits muss er die besonderen Lernvorausset-
zungen der Schüler mit Verhaltensstörungen berücksichtigen.
Die Förderung erfolgt zunehmend in integrativer Form durch
mobile oder ambulante Dienste. Die *berufliche Bildung* von Jugendlichen mit Verhaltensstörungen kennt wiederum diverse Angebote, etwa das Berufsvorbereitende Jahr, verschiedene Lehrgänge
des Arbeitsamtes, die Berufsausbildung in einer überbetriebli-
chen Einrichtung oder den Besuch eines überregionalen Berufs-
bildungszentrums.

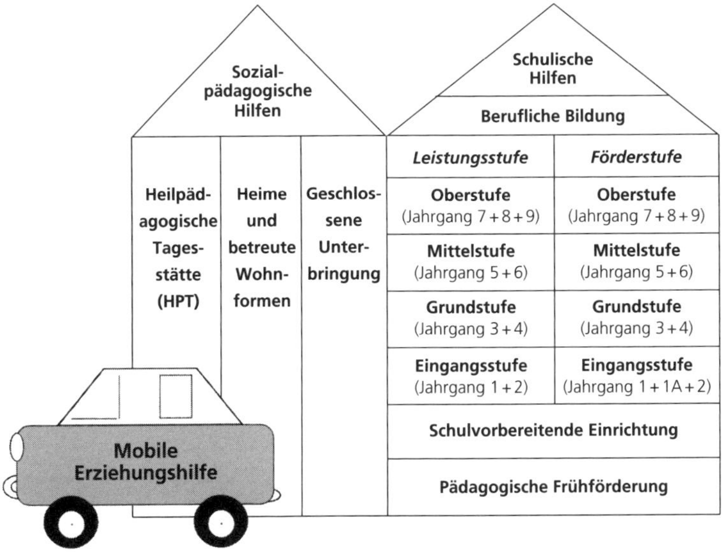

Abb. 1:
Überblick zu Institu-
tionen der Pädago-
gik bei Verhaltens-
störungen.
Die Leistungsstufe
orientiert sich an den
Lehrplänen der
Grund- und Haupt-
schule, die Förder-
stufe nimmt stärker
auf den individuellen
Förderbedarf
Rücksicht.

Parallel zu diesen schulbezogenen Institutionen bestehen eher sozialpädagogisch orientierte Einrichtungen. Die heilpädagogische Tagesstätte bietet im Anschluss an den Schulvormittag eine Förderung in Gruppen an. Heime und betreute Wohnformen ersetzen bei untragbaren Situationen die Familie. In neuerer Zeit gehört dazu insbesondere die Aufnahme in Pflegefamilien. Die geschlossene Unterbringung, die sowohl im Rahmen der Kinder- und Jugendpsychiatrie als auch der Heimunterbringung möglich ist, gilt als letzte und durchaus umstrittene Möglichkeit der institutionellen Hilfe. Ähnlich problematisch ist der Vollzug von Haftstrafen in Justizvollzugsanstalten für Jugendliche und Heranwachsende zu bewerten.

Aufgaben

Das erzieherische Handeln bei vorliegenden Verhaltensstörungen beschränkt sich keineswegs auf Reaktionen, die das auftretende Problemverhalten beseitigen wollen. Es umfasst vielmehr Prävention, Intervention und Rehabilitation von Kindern und Jugendlichen mit Verhaltensstörungen (Abb. 2). Schon im Vorfeld sollen Maßnahmen die Entstehung von Verhaltensstörungen verhindern. Von der begleitenden Assistenz bis zur Eingliederungshilfe für das Leben mit solchen Beeinträchtigungen reichen die weiteren Aufgaben.

Zur *Prävention* von Verhaltensstörungen gehören die Aufklärung und Kompetenzverbesserung der zuständigen Erzieher durch Informationsvermittlung, Erziehungsinformation, Erziehungsberatung, die Zusammenarbeit verschiedener Fachleute zur Verbesserung schwieriger Lebensbedingungen oder die Vermittlung von relevantem Wissen an professionelle Erzieher (Lehrer verschiedener Schularten, Sozialpädagogen, Erzieher) in Aus-, Fort- und Weiterbildung. Die *Intervention* führt pädagogische Maßnahmen möglichst in den lebensweltlichen Kontexten des Kindes (Elternhaus, Regelschule), bei entsprechender Notwendigkeit auch in spezialisierten Institutionen durch. Die Anbahnung einer Therapie kommt ebenfalls in Frage. Als *Rehabilitation* sind Maßnahmen der Hilfe bei bestehender Störung zu verstehen. Durch umfassende Interventionen zielt rehabilitatives Handeln nicht nur auf die Behebung der Störung, sondern auch auf die Milderung oder Beseitigung negativer Konsequenzen bereits eingetretener Verhaltensstörungen.

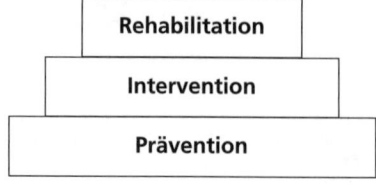

Abb. 2:
Aufgaben der
Erziehung bei
Verhaltensstörungen

Der Überblick zu den Institutionen und Aufgaben der Erziehung bei Verhaltensstörungen steckt in gewissem Sinne das praktische Feld ab, vor dessen Hintergrund die wissenschaftlichen Forschungen und Theorien entwickelt werden. Die Pädagogik bei Verhaltensstörungen als wissenschaftliche Disziplin steht zugleich im System der Wissenschaften in bestimmten Zusammenhängen, zieht Erkenntnisse aus Nachbarwissenschaften heran und beruht auf bestimmten Grundbegriffen. Diese Grundlagen wissenschaftlicher Theoriebildung werden im Folgenden dargelegt.

1.2 Grundbegriff Erziehung

Pädagogik bei Verhaltensstörungen thematisiert die Erziehung im Zusammenhang mit Verhaltensstörungen. Die in dieser vorläufigen Umschreibung enthaltenen Grundbegriffe, nämlich *Erziehung*, *Pädagogik* und *Verhaltensstörungen,* sind als Basis der weiteren Ausführungen zu klären. Anschließend lässt sich diese wissenschaftliche Arbeitsrichtung in den Zusammenhang der Wissenschaften einordnen. Die Pädagogik bei Verhaltensstörungen gilt damit als eine pädagogische Disziplin, ausdrücklich nicht als Anwendungswissenschaft psychologischer oder therapeutischer Theorien. Allerdings stellt die Psychologie für das Gebiet der Pädagogik bei Verhaltensstörungen eine wichtige, zuweilen sehr dominante Bezugsgröße dar.

Im alltäglichen Sprachgebrauch besitzen der Ausdruck „Erziehung" und das zugehörige Verb „erziehen" verschiedene Bedeutungen und werden in unterschiedlichen Zusammenhängen gebraucht. Eine „gute Erziehung" hat man „genossen"; wenn ein Heranwachsender jedoch „schlecht erzogen" ist, dann wird ihm mit diesem Ausdruck der Vorwurf eines unangemessenen Verhaltens gemacht. Einen Hinweis auf die vielfältigen Verwendungen gibt das Wortfeld, das die Erziehungshandlungen in Form der zugehörigen Verben ausdrückt:

Erziehung

anleiten, anweisen, aufziehen, aufklären, beaufsichtigen, beeinflussen, begegnen, behüten, bekräftigen, belohnen, besprechen, bilden, drohen, einprägen, einüben, entgegenwirken, erklären, erläutern, ermuntern, ermutigen, erschließen, fördern, fordern, formen, gewöhnen, hinweisen, informieren, lehren, lernen, mahnen, pflegen, prägen, steuern, strafen, tadeln, üben, umsorgen, unterrichten, unterstützen, unterweisen, vormachen, zeigen, zurechtweisen.

Die Ausdrücke signalisieren, dass bei der Erziehung sowohl die zielorientierten Handlungen eines Erziehers als auch Prozesse im Heranwachsenden selbst relevant sind. Will man diese sprachlichen Ausdrücke inhaltlich ordnen, können die Verben in die Bereiche *Entwicklung, Beeinflussung* und *Kommunikation* zusammengefasst werden. Während Ausdrücke wie behüten, pflegen und umsorgen die Dimension Entwicklung darstellen, versuchen Tätigkeiten wie vormachen, tadeln oder prägen die Dimension Beeinflussung zu verdeutlichen, während durch besprechen, fördern und begegnen die Dimension Kommunikation betont wird.

Die drei sprachlichen Gruppen bilden drei Schwerpunkte der Erziehung in unserer heutigen Vorstellung von Erziehung. In einem langen Ringen um ein zutreffendes Verständnis von Erziehung gab es immer wieder die Betonung oder sogar die Absolutsetzung einer dieser Positionen. Die Auseinandersetzungen sind bis heute nicht abgeschlossen. Als exemplarische Vertreter der unterschiedlichen Positionen lassen sich Jean-Jacques Rousseau, Emile Durkheim und Johann Heinrich Pestalozzi anführen.

Entwicklung

Jean-Jacques Rousseau vertritt die Idee einer natürlichen, möglichst unbeeinflussten Entwicklung der Kinder. Auf seine Motive und Gedanken greifen häufig die Kritiker der Erziehung zurück, selbst wenn sie es nicht bemerken. Rousseaus Utopie einer Erziehung als natürliche Entwicklung zielte jedoch letztlich auf eine Reform der Gesellschaft ab.

Für Rousseau stand die Zeit- und Gesellschaftskritik im Vordergrund seiner pädagogischen Schriften. Gegen eine zutiefst verdorbene Gesellschaft wertet er die Natur als das Gute. Nirgendwo ist die Natur im Menschen so unverfälscht anzutreffen wie in einem Kind. „Alles, was aus den Händen des Schöpfers kommt, ist gut; alles entartet unter den Händen des Menschen." Ziel der Erziehung muss dann das „Ziel der Natur selber", also die natürliche Entwicklung im Kind, sein. Die methodische Maxime lautet dann: „Beobachtet die Natur und folgt dem Weg, den sie euch vorzeichnet." Nur dadurch kann ein unverdorbener Mensch heranwachsen, der zugleich die Chance zur Erneuerung der Gesellschaft mit sich bringt. „Der natürliche Mensch ruht in sich. Er ist eine Einheit und ein Ganzes; er bezieht sich nur auf sich oder seinesgleichen." In der Konsequenz postuliert Rousseau eine negative Erziehung, die gerade im Nicht-Tun, in der Vermeidung einer Einflussnahme auf das Kind besteht, da ja sonst die gute Natur im Kind gestört würde: Aufgabe des Erziehers ist es nach Rousseau, das „Kind ohne Vorschriften (zu) leiten und durch Nichtstun alles zu tun"; insgesamt zu „verhindern, daß etwas getan wird". (Rousseau 1963)

Im Kontrast zu seiner pädagogischen Utopie, die in seinem Roman „Emile" entwickelt wird, beschäftigte sich Rousseau in der Praxis nicht mit der Erziehung von Kindern. Die eigenen Kinder gab er in die Findelhäuser, was angesichts der hygienischen und personellen Situation zur damaligen Zeit den Tod bedeutete. Mit behinderten Kindern wollte Rousseau seine Zeit sowieso nicht vertun! Seine dennoch sehr wirkungsvolle Idee von Erziehung stellt die natürliche *Entwicklung* in den Vordergrund. Das Handeln von Erwachsenen muss sich den im Kind vorhandenen und beobachtbaren Regeln der Natur unterordnen.

Die gegenteilige Position bezieht *Emile Durkheim*, einer der Mit-
begründer der modernen Soziologie. Skeptisch gegen die Vorstellung von einer guten Natur im Kind, stellt er die Forderung
nach einer Einprägung gesellschaftlicher Inhalte und Werte in
das Kind gegenüber.

Sozialisation

„Der Gesellschaft verdanken wir unsere Herrschaft über die Dinge, die einen
Teil unserer Größe ausmacht. Sie ist es, die uns von der Natur befreit. Versteht
es sich dann nicht von selbst, daß wir sie uns als ein psychisches Wesen vor-
stellen, das dem unseren überlegen ist und aus dem das unsere hervorgeht?"
Erziehung besteht darin, „das individuelle und asoziale Wesen, das wir von
Geburt sind, zu einem gänzlich neuen Sein zu überformen. Sie muß uns dazu
bringen, unsere angeborene Natur zu überwinden: unter dieser Bedingung
wird das Kind zum Menschen". „Die Gesellschaft findet sich sozusagen bei jeder neuen Generation fast mit einer tabula rasa konfrontiert, auf der sie neu
aufbauen muß. Dem egoistischen und asozialen Wesen, das soeben geboren
wurde, muß sie so rasch wie möglich ein anderes Sein hinzufügen, damit es
zur Führung eines sozialen und sittlichen Lebens befähigt ist. Dies ist das Werk
der Erziehung." (Durkheim 1976, 130)

Durkheim formuliert das Programm einer Erziehung als *Sozialisation*, die in erster Linie die Internalisierung sozialer Rollen zur
Aufgabe hat. Die Natur bekommt hier negative Eigenschaften zugeschrieben, die Gesellschaft hingegen wird sehr positiv eingeschätzt und ihre Bedeutung stark hervorgehoben. Die Erziehung
muss effektiv und erfolgreich die von der Gesellschaft vorgegebenen Inhalte in das Kind einprägen.

Die dritte klassische Position stellt die Beziehungen, den sozialen Prozess und die Selbsttätigkeit des Kindes in den Vordergrund. *Johann Heinrich Pestalozzi* sieht zwar die berechtigte Bedeutung von natürlicher Entwicklung und gesellschaftlichen Einflüssen, aber entscheidend für die Erziehung sind doch die soziale
Struktur und die *Personalisation*. Schon in der frühen Bindung
des Kindes an die Mutter sieht er die soziale Verfassung der Erziehung gegeben. Diese soziale Struktur dient jedoch ganz der
Selbstwerdung des Kindes. Im Kern ist Erziehung für Pestalozzi
Selbst-Erziehung.

Personalisation

„Also bin ich ein Werk der Natur. Ein Werk meines Geschlechts. Und ein Werk
meiner selbst." (Pestalozzi 1797, 188) Pestalozzi erkennt mit den Ausdrücken
Natur und Geschlecht die Bedeutung der entwicklungsgemäßen und gesellschaftlichen Bedingungen an, doch entscheidend für die Menschwerdung ist
die Selbstgestaltung. Das Verständnis von Erziehung ist dann im Kern eine Selbsterziehung, für die der Erwachsene nur eine Begleitung, Anregung und Hilfe
darstellt: „Erkenne dich selbst und baue das Werk deiner Veredlung" (189).
Dieser höchste Punkt der menschlichen Selbsterziehung gipfelt in der Sittlichkeit, dem Bewusstsein und der Bereitschaft zur Verantwortung für das eigene Handeln und Tun. „Als sittliches Wesen wandle ich aufschließend der Voll-

endung meiner selbst entgegen und werde als solches ausschließend fähig, die Widersprüche, die in meiner Natur zu liegen scheinen, in mir selbst auszulöschen." (222)

Dieses Verständnis von Erziehung richtet sich als primärer Auftrag an den Educanden selbst. Die Erzieher, die persönlichen Begegnungen und Dialoge stellen dafür notwendige Hilfen dar. Die Anerkennung der gegebenen Bedingungen in der Natur und in der Gesellschaft erlauben dennoch eine persönliche und freie Selbstgestaltung des Heranwachsenden. Eine solche Konzeption weist technische Vorstellungen zurück. Winfried Böhm fasst dieses Verständnis, das vom Menschen als Person ausgeht und daher Personalismus genannt wird, in aktuell gültiger Weise zusammen.

„Zu diesem Individuum, das ich bin, hat mich die Natur gemacht, zu diesem Rollenspieler macht mich die Gesellschaft; als Person gestalte und verwirkliche ich mich selbst; dort bin ich ein Werk der Notwendigkeit oder ein Produkt der Verhältnisse, hier bin ich ein Werk meiner Freiheit, meiner Wahlen und Entscheidungen. Dort wird meine Geschichte von der Natur geschrieben oder von der Gesellschaft diktiert, hier bin ich im wahrsten Sinne des Wortes der Autor meiner eigenen Geschichte." (Böhm 1985, 122) Die Konsequenz für die Erziehung besteht in der herausgehobenen Bedeutung der personalen Beziehung zwischen Erzieher und Kind, die insbesondere in drei Formen praktisch wird: *„der Lehrer und Erzieher als Repräsentant von Werten, Beispiele gelebten Lebens* und *der argumentative Dialog"* (156).

Die drei verschiedenen Modelle von Erziehung lassen sich in einem Überblick zusammenfassend darstellen.
   Es ist einsichtig, dass diesen sehr unterschiedlichen Vorstellungen von Erziehung sehr verschiedene Ideen vom Menschen zugrunde liegen. Der Mensch wird verstanden als Produkt der Natur oder der Gesellschaft oder seiner selbst, er ist zu verstehen als Individuum, Rollenträger oder aber Person. Die Anthropologie, also die Lehre vom Menschen, bildet folglich das Fundament

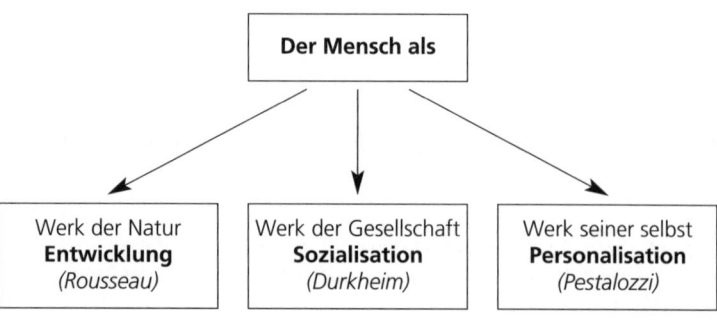

Abb. 3:
Drei Modelle der
Erziehung:
Entwicklung –
Sozialisation –
Personalisation

Abb. 4:
Anthropologie als
Basis philosophischer
Disziplinen

pädagogischer Positionen. Jedenfalls enthält jede pädagogische
Konzeption eine implizite oder ausdrücklich formulierte Sicht des
Menschen. Immanuel Kant sah in der Anthropologie das Fundament aller philosophischen Disziplinen, zu denen er auch die
Pädagogik zählte (Halder/Müller 1993, 21).

Die unterschiedlichen Auffassungen von Erziehung bilden sich
auch in verschiedenen Definitionen ab. Eine der verbreitetsten
Fassungen betont die Beeinflussung des Kindes durch den Erzieher.

Erziehung

„Unter Erziehung werden Handlungen verstanden, durch die Menschen versuchen, das Gefüge der psychischen Dispositionen anderer Menschen in irgendeiner Hinsicht dauerhaft zu verbessern oder seine als wertvoll beurteilten Bestandteile zu erhalten oder die Entstehung von Dispositionen, die als schlecht bewertet werden, zu verhüten." (Brezinka 1981, 95)

Diese Fassung stellt die Handlungen des Erziehers in den Vordergrund. Unter psychischen Dispositionen sind Verhaltensmöglichkeiten und -bereitschaften gemeint, also Kenntnisse, Fähigkeiten, Fertigkeiten, Interessen, Werthaltungen, Einstellungen
usw. Solche Bereiche sollen mittels erzieherischer Maßnahmen,
Methoden und Verfahren verbessert oder vor einer Verschlechterung bewahrt werden. Somit lassen sich vier Strukturelemente
des Begriffs „erziehen" festhalten: Ein Handelnder, also der Erzieher oder Educand, übt zielgerichtete Handlungen aus, um bei
einem zu Erziehenden, dem Zögling oder Educandus, dauerhafte Veränderungen in der intendierten Richtung zu erreichen.

An dieser Definition wird häufig kritisiert, dass sie die Dominanz, sogar Herrschaft des Erziehers über das Kind legitimiert
(Schwenk 1995, 387).

Eine andere Definition betont den Aspekt der Selbstwerdung,
wie er als Merkmal eines personorientierten Verständnisses von
Erziehung gekennzeichnet wurde.

„Ganz allgemein wird man als Erziehung jene Maßnahmen und Prozesse bezeichnen können, die den Menschen zur Mündigkeit hinleiten und ihm helfen, alle seine Kräfte und Möglichkeiten zu aktuieren und in seine Menschlichkeit hineinzufinden. Erziehung betrifft den Menschen dabei in seiner individualen (als Naturwesen), sozialen (als Gesellschaftswesen), kulturellen (als sittliches Geistwesen) und metaphysischen (als ‚begnadetes' Wesen) Dimension. Dementsprechend stellt sich Erziehung einmal mehr als Wachstum und Entwicklung, einmal als Eingliederung (Sozialisation), einmal als Einführung und ein andermal als personale Erweckung und Begegnung dar." (Böhm 1982, 157f)

Dieser Begriffsvorschlag sieht sich dem Vorwurf eines nicht exakten, eher spekulativen Sprachgebrauchs ausgesetzt, der keine genauen Grenzziehungen (Operationalisierungen) in der Realität erlaubt.

Wenn auch keine abschließende Einigung in der Begrifflichkeit möglich ist, sogar von einer Auflösung des Erziehungsbegriffs (Schwenk 1995, 392) gesprochen wird, bleibt der Begriff dennoch unvermeidbar. Die hier dargestellten Unterschiede und verschiedenen Schwerpunkte im Begriff Erziehung sollen darauf hinweisen, dass jeweils genauer nachzufragen ist, welches Verständnis von Erziehung im konkreten Fall gemeint ist. Die verschiedenen Schwerpunkte der Erziehung, nämlich Entwicklung und Individuation, Enkulturation und Sozialisation sowie Personalisation, stellen wichtige Teilaspekte der Erziehung dar. Für die Handlungen eines Erziehers stellen sie unterschiedliche Zielbereiche dar. In der wissenschaftlichen Diskussion der Pädagogik bei Verhaltensstörungen wird häufig ein handlungsbetonender, intentionaler Begriff von Erziehung, wie beispielsweise von Brezinka entwickelt, vorausgesetzt.

1.3 Grundbegriff Pädagogik

Im alltäglichen Sprachgebrauch wird der Begriff Pädagogik häufig synonym zu Erziehung, aber auch für die Wissenschaft der Erziehung benutzt. Im wissenschaftlichen Kontext jedoch ist darunter die *Theorie der Erziehung* zu verstehen. Der Begriff *Erziehungswissenschaft* ist dafür meist äquivalent, allerdings sollte er ursprünglich die programmatische Neuorientierung zu einer empirisch-analytisch orientierten Form von Wissenschaft, im Gegensatz zur traditionellen geisteswissenschaftlichen Pädagogik, signalisieren (Lassahn 1993).

Wissenschaft versucht, durch methodisch geleitete, an Theorien orientierte Reflexion Erkenntnis zu gewinnen. Themen der Reflexion in der Pädagogik sind die Grundfragen der Erziehung (Anthropologie, Ethik, Begriffe, Ziele), Fragen der Methoden, der Bedingungen, der Institutionen, der Handlungsformen und der Wirkungen von Erziehung, der praktisch erzieherisch tätigen Personen sowie metatheoretische Fragen einer Wissenschaftstheorie für die Pädagogik und anderes mehr.

Als brisantes Problem erweist sich für die Erziehung das Verhältnis von Theorie und Praxis, also der Zusammenhang von Pädagogik und Erziehung. Sehr oft besteht die Erwartung, dass eine Theorie die Anweisung für das praktische Tun darstellen solle. Tatsächlich erscheint eine reine Beschreibung (Deskription) der Wirklichkeit durch die Wissenschaft angesichts der praktischen Anforderungen unzureichend. Eine Vorschrift (Präskription) über die „richtigen" Handlungen und Methoden zur perfekten Zielerfüllung ist jedoch nicht nur unmöglich, sondern auch totalitär und dogmatisch. Insofern müssen solche Erwartungen notwendigerweise enttäuscht werden. Weder eine reine Deskription als „Theorie von der Praxis" noch eine Präskription einer „Theorie für die Praxis" sind akzeptabel und realistisch. Als klassische Lösung gilt daher die Formel einer „Theorie der Praxis", womit die gegenseitige Achtung und Diskussion, also die Anerkennung der Eigenständigkeit von Praxis- und Theorieebene gemeint sind. Pädagogik hätte demnach durchaus die Aufgabe, deskriptiv zu arbeiten *und* selbstständig zu reflektieren. Durch die Konzentration auf einzelne Fragestellungen vermag sie Bedingungen, Zusammenhänge und Möglichkeiten zu erkennen, die ihr auch den Entwurf einer (voraussichtlich) besseren Praxis erlauben. Die Eigenständigkeit der Praxis und der in ihr handelnden Personen besteht zuerst in der Entscheidung, solche Vorschläge zu akzeptieren, auszuwählen, umzugestalten oder abzulehnen. Denn die einzelne, konkrete Wirklichkeit „vor Ort", die in ihr herrschenden Bedingungen und Einflüsse können von einer

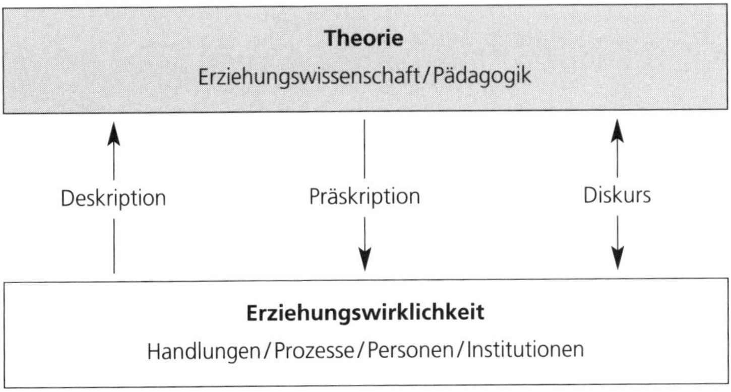

Theorie – Praxis

Abb. 5:
Das Verhältnis von Theorie und Praxis in drei Modellen

Wissenschaft niemals vollständig erfasst werden. Für diesen anspruchsvollen Prozess der Entscheidung des Praktikers bilden gründliche wissenschaftliche Kenntnisse eine notwendige Vorbedingung (Oelkers 1984). Der gegenseitige Austausch bleibt ein gültiges Ideal, auch wenn die Gefahr einer gegenseitigen Abgrenzung häufig zu beobachten ist. Das Theorie-Praxis-Verhältnis in der (Heil-)Pädagogik lässt sich nicht als ein bipolarer Gegensatz, sondern am besten als Diskurszusammenhang auf verschiedenen Ebenen verstehen (Hillenbrand 1997). Auch der geniale Praktiker kann in der modernen Gesellschaft nicht auf wissenschaftliches Wissen verzichten!

Als Forschungsmethoden kommen dabei eine Fülle wissenschaftlicher Methoden zum Einsatz. Sie reichen von empirischen über geisteswissenschaftliche und phänomenologische bis hin zu ethnologischen Verfahren (Roth 1994 und Berbalk/Mutzeck 1993).

Wie lässt sich nun die Pädagogik bei Verhaltensstörungen hier einordnen? Im Rahmen der wissenschaftlichen Spezialisierungen haben sich innerhalb der Pädagogik viele Teildisziplinen gebildet. Eine seit den 60er Jahren an den Universitäten etablierte Teildisziplin ist die Heil- oder Sonderpädagogik, die sich nicht nur mit der Erziehung und Bildung behinderter Kinder und Jugendlicher befasst, sondern die sich allgemeiner „um die Verbesserung von erschwerten Situationen und um die Behebung besonderer Gefährdungen und Benachteiligungen in allen Lebensaltern bemüht" (Böhm 1982, 487). Innerhalb dieser Teildisziplin Heil- oder Sonderpädagogik bildet die Pädagogik bei Verhaltensstörungen einen spezialisierten Arbeitsbereich, der durch die Beschäftigung mit Erziehung bei Verhaltensstörungen gekennzeichnet ist und seit Anfang der 70er Jahre auch an den Universitäten vertreten ist.

Das Charakteristikum dieser Wissenschaft versucht der Begriff Verhaltensstörungen zu fassen. Was meint dieser Begriff?

1.4 Grundbegriff Verhaltensstörung

Ähnlich wie es viele Bezeichnungen für die Vorgänge der Erziehung gibt, bestehen auch viele sprachliche Mittel, die Probleme im Kontext von Verhaltensstörungen auszudrücken. Kinder und Jugendliche wurden oder werden mit folgenden Ausdrücken beschrieben:

emotional gestört, entartet, erziehungshilfebedürftig, erziehungsschwierig, gemeinschaftsgefährdend, gemeinschaftsschädigend, gemeinschaftsschwierig, moralisch schwachsinnig, neurotisch, persönlichkeitsgestört, psychopathisch, psychopathologisch, sozial fehlangepasst, verhaltensbehindert, verhaltensgestört, verhaltensauffällig, verwildert oder verwahrlost.

Alle diese Begriffe setzen ein soziales Bezugssystem voraus. Nur vor einem sozialen Hintergrund mit bestimmten, explizit formulierten oder implizit vorhandenen Normen fallen gewisse Verhaltensweisen auf. Bei wechselnden sozialen Rahmenbedingungen wechseln oft auch die Normen der Beurteilung, so dass andere Verhaltensweisen auffällig werden oder die bisher störenden Verhaltensweisen akzeptiert werden. Die motorische Unruhe von Kindern mit Hyperaktivität wird oft erst in der Schule, wo die Anforderung des Sitzen-Bleibens am Tisch gilt, zum Problem. Ohne solche sozialen Rahmenbedingungen gibt es kein auffälliges Verhalten!

Welcher der genannten Begriffe erweist sich als tragfähig? Eine Antwort auf diese Frage erfolgt in einer bestimmten sozialen, kulturellen und historischen Situation – sie bleibt damit vorläufig. Während einige Begriffe einer vergangenen geschichtlichen Etappe angehören (entartet, psychopathisch, moralisch schwachsinnig), andere bestimmten wissenschaftlichen Konzepten entspringen (verhaltensbehindert, neurotisch), findet eine ganze Reihe von Ausdrücken nebeneinander Verwendung. Einigkeit besteht heute in der Forderung, den Begriff nicht als Wertung einer Person, seiner Charaktereigenschaften und Persönlichkeit zu verstehen, sondern als zusammenfassende Kennzeichnung von Verhaltensweisen einer Person zu verwenden. In der substantivischen Verwendung „Kinder *mit Verhaltensstörungen*" drückt sich diese Distanzierung von Verhalten und Person aus: Das Kind ist nicht nur durch „Verhaltensstörung" gekennzeichnet! Damit soll eine negative Wertung seiner Person vermieden werden.

Heute sind insbesondere die Termini erziehungsschwierig, verhaltensgestört und verhaltensauffällig im Gebrauch. Sind die Begriffe deckungsgleich?

Eines der frühen Lehrbücher zum Themengebiet spricht ausdrücklich von „Erziehungsschwierigkeiten" und „erziehungsschwierigen Schülern" (Havers 1978). Diesen Begriff benutzen vor allem die erzieherischen Professionen wie Erzieher und Lehrer. Er gehört für Havers in einen schulischen Kontext:

Erziehungs-
schwierigkeit

„Unter einer schulischen Erziehungsschwierigkeit versteht man eine Regelübertretung eines Schülers, die von einem schulischen Erzieher wahrgenommen und als störend und unangemessen beurteilt wird." (21)

Drei Elemente konstituieren den Begriff Erziehungsschwierigkeit. Er beinhaltet:

1. Regelverstöße, z. B. gegen Arbeitsanforderungen, Interaktionsregeln oder schulische Normen,

2. das Wissen des Lehrers um den Regelverstoß, denn unbemerkte Erziehungsschwierigkeiten sind keine, und
3. die Anwendung einer Verhaltensregel auf ein als störend und unangemessen beurteiltes Verhalten.

Der Vorteil des Begriffs Erziehungsschwierigkeit ist sein eindeutig pädagogischer Inhalt. Er hat sich dennoch nicht durchgesetzt. Im Verlauf der wissenschaftlichen Entwicklung zeigte sich, dass in diesem wissenschaftlichen Arbeitsgebiet der Sonderpädagogik der Austausch mit den Nachbarwissenschaften unverzichtbar ist. Eine gemeinsame Kommunikation erfordert aber einen gemeinsamen Begriff – und der ist im Terminus Verhaltensstörung gegeben. Er ist sowohl in der Heilpädagogik als auch in der Klinischen Psychologie wie in der Kinder- und Jugendpsychiatrie geläufig. Von Seiten der Praxis ist zugleich deutlich geworden, dass sich die Prävention nicht auf die Probleme beschränken kann, die bereits vom Lehrer beobachtet wurden. Oftmals werden Interventionen notwendig, obwohl vom Lehrer noch keine Erziehungsschwierigkeiten im Sinne der Definition beobachtet wurden. Die Rehabilitation von Kindern und Jugendlichen betrifft zudem nur selten ausschließlich den schulischen Bereich, sehr oft werden sozialpädagogische, psychotherapeutische, z. T. auch medizinische Maßnahmen notwendig. Dafür aber wäre der Begriff Erziehungsschwierigkeit unzutreffend.

Sowohl aus wissenschaftlicher wie aus praktischer Sicht ist der Verwendung des Terminus Verhaltensstörung der Vorzug zu geben.

1.4.1 Definition Verhaltensstörung

Der Begriff Verhaltensstörung besitzt einen weiten Geltungsbereich, der auch erzieherische Aufgaben umfasst. Schon Havers identifiziert ihn als Oberbegriff:

> „Jede Erziehungsschwierigkeit kann auch ‚Verhaltensstörung' genannt werden, aber nicht umgekehrt jede Verhaltensstörung ‚Erziehungsschwierigkeit'. ‚Verhaltensstörung' ist also der Oberbegriff für ‚Erziehungsschwierigkeit'." (1978, 24)

„Verhaltensstörung" umfasst also auch Probleme, die in verschiedenen Nachbardisziplinen, etwa in Psychologie, Soziologie, Medizin oder Jura, behandelt werden. Vielleicht behandeln diese Wissenschaften aber jeweils andere Problemlagen?

Dem stehen neuere Untersuchungen entgegen: Die erzieherische Praxis in Institutionen für Verhaltensgestörte sieht sich den gleichen Problemstellungen gegenüber. In Schulen zur Erziehungshilfe finden sich häufig Problemkonstellationen und psychosoziale Belastungen, die den Belastungen von psychiatrischen Klientengruppen entsprechen, sie z. T. sogar überschreiten (Reinhard et al. 1995). Der Begriff ist also sowohl aus sprachlichen Gründen wie auch aufgrund gemeinsamer Praxisprobleme geeignet. Er trifft zudem auf Akzeptanz bei den erzieherisch tätigen Praktikern (Goetze 1990).

Historisch gesehen existiert der Begriff als Fachterminus erst seit 1950. Seit seiner Einführung auf einem großen Kongress für Kinder- und Jugendpsychiatrie in Paris 1950 stellt „Verhaltensstörung" den dominierenden Terminus dar, allerdings ohne andere Begriffsvorschläge gänzlich zu verdrängen. Er findet nur für Kinder, Jugendliche und Heranwachsende Verwendung.

Für die deutschsprachige Pädagogik bei Verhaltensstörungen hat Norbert Myschker eine gründlich entwickelte und umfassende Definition vorgelegt:

Verhaltensstörung

„Verhaltensstörung ist ein von den zeit- und kulturspezifischen Erwartungen abweichendes maladaptives Verhalten, das organogen und/oder milieureaktiv bedingt ist, wegen der Mehrdimensionalität, der Häufigkeit und des Schweregrades die Entwicklungs-, Lern- und Arbeitsfähigkeit sowie das Interaktionsgeschehen in der Umwelt beeinträchtigt und ohne besondere pädagogischtherapeutische Hilfe nicht oder nur unzureichend überwunden werden kann." (2005, 45)

Folgende Ebenen enthält diese Begriffsbestimmung:

1. **das Phänomen:** Verhalten, Abweichung, schlechte Anpassung, kulturelle und zeitspezifische Erwartungen,

2. **die Verursachung:** organisch und/oder milieureaktiv verursacht,

3. **die Klassifikation:** mehrere Bereiche sind betroffen, Häufigkeit und Schwere,

4. **die Konsequenzen:** Auswirkungen auf Entwicklung, Lernen, Arbeiten und Interaktion,

5. **die Forderung nach Hilfen:** besondere pädagogisch-therapeutische Hilfen.

Diese vielfältigen Ebenen der Definition verdeutlichen den komplexen Charakter der damit bezeichneten Phänomene.

Für den Einsatz eines solchen Begriffs in der Realität, z. B. zur Feststellung der Notwendigkeit besonderer Hilfestellungen, werden dann genauere, beobachtbare Kriterien notwendig, wie sie insbesondere durch internationale Klassifikationssysteme definiert sind. Der Absicherung von Diagnosen und der gemeinsamen Kommunikation dienen die internationalen Klassifikationssysteme ICD-10 der WHO und das amerikanische System DSM IV.

Trotz aller Bemühungen um eine möglichst treffende Begriffsbestimmung besteht eine erhebliche Kritik am Begriff Verhaltensstörung. Jörg Schlee (1993) erarbeitet vier Kritikpunkte.

1. **Heimliche Wertigkeit:** Im Begriff Verhaltensstörungen sind Wertungen und Urteile versteckt enthalten, es ist kein objektiv beschreibender Begriff.

2. **Unklarer Objektbereich:** Der Begriff hat keine klaren Grenzen, er umfasst sehr Verschiedenes und ist nicht eindeutig.

3. **Prinzip der Selbstanwendung:** Begriffe sollten prinzipiell auch auf den Benutzer selbst anwendbar sein. Beim Begriff Verhaltensstörung wendet jedoch ein mächtigerer Erwachsener die Definitionsmacht auf Schwächere an, die dieses Urteil zu akzeptieren haben.

4. **Unterschiedliche Menschenbildannahmen:** Während der Begriff Verhaltensstörung nur das äußeres Verhalten betrachtet, die innere Sicht des Betroffenen jedoch unbeachtet bleibt, nimmt der Benutzer für sich die eigene Sinnhaftigkeit und Reflexivität an. Damit gilt für den Heranwachsenden ein anderes Menschenbild als für den Erwachsenen, der ihn als „verhaltensgestört" beurteilt.

Diese Probleme des Begriffs sind für Schlee auch nicht durch einen Wechsel des sprachlichen Terminus zu beseitigen, sie weisen seines Erachtens vielmehr auf die grundlegenden Probleme des Wissenschaftsgebietes hin.

In dieser Auseinandersetzung muss jedoch beachtet werden, dass sehr viele pädagogische Begriffe nicht den Anforderungen an empirisch-naturwissenschaftliche Begriffe entsprechen können, da sie andere Funktionen haben. Ein Begriff wie „Verhaltensstörungen" dient gar nicht in erster Linie der Bezeichnung einer Realität. Er fasst sehr verschiedene Verhaltensprobleme zusammen. „Verhaltensstörung" ist ein sprachliches Konstrukt. Mit diesem Konstrukt müssen u.a. besondere Maßnahmen der Erziehungshilfe legitimiert werden, nicht zuletzt muss der Einsatz finanzieller und personeller Ressourcen sprachlich begründbar sein. Für solche Formen des Sprachgebrauchs in öffentlichen Diskussionen ist der Ausdruck „Verhaltensstörung" ein wichtiges, wenn auch zeit- und kulturbedingtes Mittel (Hillenbrand 1996). Dabei gehört es zur wissenschaftlichen Aufgabenstellung, negative Effekte des Begriffs zu erforschen und möglichst zu minimieren. Vermeidbar jedoch ist ein solcher Begriff nicht, weil die Funktionen im öffentlichen Kommunikationssystem nicht aufgegeben werden können.

Ein grundsätzliches Problem des Begriffs Verhaltensstörung bleibt der unvermeidliche Bezug auf Normen. Mit dem Begriff Norm wiederum sind in diesem Zusammenhang die Regeln, Vorschriften und das Sollen für das Handeln von Einzelnen und Gruppen gemeint (Höffe 1997, 218). Dabei sind vier formale Vorstellungen von Norm relevant: Neben der statistischen Norm (Durchschnitt) gibt es die Ideal-Norm sowie die Minimal-Norm und die funktionale Norm (Mattejat 1980). Kinder und Jugendliche mit Verhaltensstörungen können Normverstöße gegen alle vier Formen von Normen aufweisen:

Norm

- Sehr häufig weichen sie vom durchschnittlichen Verhalten der Gleichaltrigen ab,
- sie erfüllen häufig nicht die geforderten Ideale und nähern sich ihnen auch nicht in einer akzeptablen Weise an,
- die Mindestanforderungen für soziale Verhaltensweisen werden nicht erfüllt,
- teilweise lassen sich auch Abweichungen von funktionalen Normen, z. B. in der synaptischen Tätigkeit bei hyperkinetischen Kindern, feststellen.

Die scheinbar einfache Behauptung von der Normabweichung bei Verhaltensstörungen entpuppt sich damit bei näherem Hinsehen als durchaus differenziert zu betrachtende Aussage. Welche Art von Norm verletzt wird, kann wichtige Hinweise für die Intervention geben: Möglicherweise sind die minimalen Anforderungen schon zu hoch angesetzt, oder das durchschnittliche Verhalten der Bezugsgruppe weist ein sehr enges Spektrum auf. Dementsprechend sind die erzieherischen Maßnahmen nicht so sehr auf das Verhalten des Kindes, sondern eher auf die Veränderung der sozialen Normen zu richten.

Einen anderen, weit verbreiteten Begriff stellt der Terminus „Verhaltensauffälligkeit" dar (Stein 1994). Dieser Ausdruck soll wertfreier, weniger normgebunden und weniger diffamierend sein als der Begriff Verhaltensstörungen. Allerdings erscheinen auch solche Verhaltensweisen, die die statistische Norm *überschreiten*, als auffällig. Ein Schüler mit mittlerem Leistungsvermögen fällt durch eine sehr gute Leistung und hohe Lernmotivation ebenfalls auf und ist damit unter die Überschrift „verhaltensauffällig" zu subsummieren. Solche (positiv bewerteten) Phänomene bilden aber eigentlich nicht das Thema dieses wissenschaftlichen Arbeitsgebietes.

Verhaltens-auffälligkeit

Gegenüber dem Argument, die Anwendung des Begriffs „Verhaltensauffälligkeit" erzeuge keine negativen Folgen für das so bezeichnete Kind, ist Skepsis angebracht. Bisher erhielten alle verwendeten Begriffe früher oder später negative Konnotationen, auch in anderen heilpädagogischen Disziplinen. Daher besteht der vermeintliche Vorteil des Begriffs Verhaltensauffälligkeit nur vorübergehend, die implizierten Probleme sind jedoch erheblich. Der Begriff Verhaltensauffälligkeit erscheint daher ungeeignet.

Die jüngere Diskussion führt zwei neue Bezeichnungen ein: Während die bundesdeutsche Kultusministerkonferenz (1994, 2000) den Begriff „Förderschwerpunkt soziale und emotionale Entwicklung" schafft, greift Opp aus der internationalen Diskussion den Terminus „Gefühls- und Verhaltensstörungen" (Opp 1998, 2003b) auf. Sind die neuen Vorschläge hilfreich?

KMK 1994   Die Veröffentlichung der Empfehlungen der Kultusministerkonferenz zur Sonderpädagogischen Förderung in den Schulen der Bundesrepublik Deutschland 1994 (Kultusministerkonferenz 1994) und deren Konkretisierung für den Förderschwerpunkt (Kultusministerkonferenz 2000) resultiert aus den Diskussionen der verantwortlichen Mitarbeiter in den zuständigen Kultusministerien und stellt folglich ein (schulpolitisches) Kompromisspapier dar (vgl. Spiess 2000, 374). Der vorgeschlagene Begriff bietet also eigentlich nicht den Versuch einer wissenschaftlichen Definition, sondern eher eine Umschreibung des Problemfelds. Aufgrund seiner großen Bedeutung für die Weiterentwicklung gerade der schulischen Praxis muss dieser Begriff beachtet werden.

„Sonderpädagogischer Förderbedarf ist bei Kindern und Jugendlichen mit Beeinträchtigungen der emotionalen und sozialen Entwicklung, des Erlebens und der Selbststeuerung anzunehmen, wenn sie in ihren Bildungs-, Lern- und Entwicklungsmöglichkeiten so eingeschränkt sind, dass sie im Unterricht der allgemeinen Schule auch mit Hilfe anderer Dienste nicht hinreichend gefördert werden können." (Kultusministerkonferenz 2000, 349)

Schon auf den ersten Blick wird die Ausrichtung auf die Praxis der allgemeinen Schule deutlich: Das System Schule gibt die Kriterien für die Zuordnung eines „Sonderpädagogischen Förderbedarfs" zu einem Kind vor. Erst wenn die allgemeine Schule keine ausreichende Hilfe bietet, gewissermaßen überfordert ist, kann eine sonderpädagogische Hilfe begründet werden. Implizit unterstellt die KMK jedoch, dass es „andere Dienste" gibt, die vor der Feststellung des Sonderpädagogischen Förderbedarfs bereits aktiv waren.

Die Darstellung der pädagogischen Ausgangslage von „Kindern und Jugendlichen mit Förderbedarf im Bereich der emotionalen und sozialen Entwicklung" (Kultusministerkonferenz 2000, 344) will eher umschreibend die Problemlage auf verschiedenen Ebenen darstellen. Damit werden die Interessen der Zielgruppe der Schulpraktiker berücksichtigt. Spiess bezeichnet die Begrifflichkeit zu Recht als „narrative und typologisierende Beschreibungen" (Spiess 2000, 374f). Dazu greifen die Verfasser der Empfehlungen auf z.T. sehr unterschiedliche wissenschaftliche Theorien zurück, sowohl in der Beschreibung der Ausgangslage wie auch der Handlungsempfehlungen. Diese Zusammenstellung rechtfertigt – kritisch gesehen – eine sehr beliebige Auswahl angebotener Methoden durch die praktisch Handelnden – alles ist möglich: „Anything goes" (Feyerabend).

Die wissenschaftliche Begriffsbildung dient vorrangig der Kommunikation, gerade auch in internationalen Kontexten. Der in den letzten Jahren in die Diskussion eingebrachte Terminus „Gefühls- und Verhaltensstörungen" (Opp 1998, 2003b; Goetze 2001) dient diesem Bedürfnis in besonderer Weise, greift er doch einen Vorschlag des größten amerikanischen Fachverbandes (Council For Children With Behavior Disorders, CCBD) auf. Die Definition lautet:

Gefühls- und Verhaltensstörungen

„Der Begriff Gefühls- und Verhaltensstörungen beschreibt eine Beeinträchtigung (disability), die in der Schule als emotionale Reaktionen und Verhalten wahrgenommen werden und sich von altersangemessenen, kulturellen oder ethnischen Normen so weit unterscheiden, daß sie auf die Erziehungserfolge des Kindes oder Jugendlichen einen negativen Einfluß haben. Erziehungserfolge umfassen schulische Leistungen, soziale, berufsqualifizierende und persönliche Fähigkeiten. Eine solche Beeinträchtigung ist

- mehr als eine zeitlich begrenzte, erwartbare Reaktion auf Streßeinflüsse in der Lebensumgebung;
- tritt über einen längeren Zeitraum in zwei verschiedenen Verhaltensbereichen (settings) auf, wobei mindestens einer dieser Bereiche schulbezogen ist; und
- ist durch direkte Intervention im Rahmen allgemeiner Erziehungsmaßnahmen insofern nicht aufhebbar, als diese Interventionen bereits erfolglos waren oder erfolglos sein würden.

Gefühls- und Verhaltensstörungen können im Zusammenhang mit anderen Behinderungen auftreten und erfordern für ihre Beschreibung Informationen aus verschiedenen Quellen und Meßverfahren." (Opp 2003b, 509f, zit. Forness/Knitzer 1992)

Diese Begriffsfassung ordnet das Problemfeld den Beeinträchtigungen („disability") zu und zeichnet sich durch folgende Merkmale aus (vgl. Opp 1998):

- die explizite Berücksichtigung der emotionalen Dimension,
- der Bezug auf den Erziehungserfolg in mehreren Dimensionen (Schule, soziale Fähigkeiten, berufliche Qualifikation, persönliche Kompetenzen),
- Kriterien für den Ausschluss aus oder Einbezug in die betroffene Population,
- die Notwendigkeit spezifischer Hilfen und
- die explizite Komorbidität mit anderen Störungsformen.

Die Vorzüge dieser Begriffsfassung bestehen nach Opp (1998) in der relativ klaren Definition von Kriterien, die zu Hilfsmaßnahmen führen oder sie ausschließen. Der Bezug zu erzieherischen Intentionen bleibt dabei im Mittelpunkt, so dass eine konsequente Begriffsbildung für die Pädagogik gegeben ist. Der Vorschlag, in diesem Sinne von Gefühls- und Verhaltensstörungen zu sprechen, führt nach Einschätzung von Opp und Goetze zu einem Fortschritt in der Begriffsdiskussion, der auch praktische Konsequenzen nach sich ziehen kann (vgl. Goetze 2001, 19ff). Diese begriffliche Fassung stellt daher eine wichtige Weiterentwicklung der terminologischen Grundlagen des Faches dar.

1.4.2 Klassifikation

Der Begriff Verhaltensstörung umfasst sehr verschiedene Verhaltensweisen: die mutwillige Zerstörung von Gegenständen, Hyperaktivität, große Ängstlichkeit, altersunangemessenes Verhalten wie Einnässen im höheren Alter (Enuresis) bis hin zur Verübung von Straftaten. Myschker nennt eine Vielzahl weiterer Erscheinungsformen, die dazu zu zählen sind.

Kann man diese diffuse Vielfalt ordnen und strukturieren? Anscheinend gibt es ähnliche Verhaltensweisen, aber auch sehr unterschiedliche Formen. Die strukturierende Einordnung von Phänomenen in verschiedene Kategorien oder Klassen nennt man Klassifikation: Ein Phänomen wird einer Gruppe verwandter Erscheinungen zugeordnet.

Schulische Klassifikation

Hierfür sind verschiedene Modelle entwickelt worden. Eine Einteilung nach schulischen Phänomenen schlägt Havers vor:

- Konzentrations- und Aufmerksamkeitsstörungen,
- Verstöße gegen Interaktionsregeln (gegen Mitschüler, gegen Lehrer),
- Verstöße gegen Normen von Schule und Klasse sowie
- residuale Verhaltensabweichungen (psychische, nervöse Störungen u. Ä.).

Empirische Klassifikation

Problematisch an einer solchen Einteilung ist die fehlende empirische Basis dieser Klassifikation. Sie wird eher aus situativen Variablen heraus entwickelt.

In der Regel verwendet man heute vorzugsweise empirische Klassifikationen. Dazu werden empirische Erhebungen mit bestimmten Messinstrumenten (Tests) durchgeführt. Die Phänomene, die häufig zusammen auftreten, fasst man zu Klassen zusammen. Im Ergebnis lassen sich vier Klassen von Verhaltensstörungen unterscheiden (Tab. 1).

Insbesondere die externalisierend-ausagierenden und internalisierend-ängstlichen Störungsklassen sind empirisch gut belegt

Verhaltensstörungen	
Externalisierende Störungen	Aggression, Hyperaktivität, Aufmerksamkeitsstörung, Impulsivität
Internalisierende Störungen	Angst, Minderwertigkeit, Trauer, Interessenlosigkeit, Schlafstörungen, somatische Störungen
Sozial unreifes Verhalten	Konzentrationsschwäche, altersunangemessenes Verhalten, leicht ermüdbar, leistungsschwach, nicht belastbar
Sozialisiert delinquentes Verhalten	Gewalttätigkeit, Reizbarkeit, Verantwortungslosigkeit, leichte Erregbarkeit und Frustration, Beziehungsstörungen, niedrige Hemmschwellen

Tab. 1:
Klassifikation von
Verhaltensstörungen
(nach Myschker
2005, 52)

und abgrenzbar, die beiden anderen Klassen weniger gut. Dabei lassen sich auch geschlechtsspezifische Unterschiede bemerken: Während bei Jungen mit Verhaltensstörungen die ausagierenden Störungen weit überwiegen, kommen bei Mädchen eher ängstlich-gehemmte Störungen vor. Insgesamt überwiegen die Jungen in der Population von Kindern und Jugendlichen mit Verhaltensstörungen in den meisten Untersuchungen deutlich: Sie stellen mindestens zwei Drittel der Betroffenen.

Der Fokus des Interesses richtet sich auf die externalisierenden Störungen. Beim Ausdruck „verhaltensgestört" denkt man häufig an aggressive Verhaltensweisen von Kindern und Jugendlichen. Solche Störungen erregen schneller das Interesse als internalisierende Störungen, die z. B. in einem normalen Schulalltag nicht auffallen und keinerlei Probleme produzieren.

1.4.3 Häufigkeit von Verhaltensstörungen

Innerhalb der wissenschaftlichen Diskussion tauchen sehr unterschiedliche Zahlen über die Häufigkeit (Prävalenz) von Verhaltensstörungen auf. Mutzeck (2000b, 22) berichtet von Zahlen zwischen 1 und 61 % auf der Basis aller Schüler der 1.–10. Klassen in Deutschland, gleichzeitig besuchen nur ca. 0,3 % aller Schüler eine Schule zur Erziehungshilfe. Eine solche Schwankungsbreite bedarf natürlich der Erklärung.

Die Bestimmung der Häufigkeit von Verhaltensstörungen ist von mehreren Faktoren abhängig:

- von der zugrunde gelegten Definition von Verhaltensstörung,
- von der Erhebungsmethode, etwa den Kriterien der Verhaltensbeobachtung oder dem verwendeten Testverfahren, und
- von bildungs- sowie finanzpolitischen Gesichtspunkten.

Beispielsweise lautet ein Vorschlag oder eine Schätzung des Deutschen Bildungsrats für die Planung des Ausbaus der Sonderschulen für Verhaltensgestörte vom Beginn der 70er Jahre: Für 1% aller Schulkinder sollten Plätze in Schulen zur Erziehungshilfe eingerichtet werden, wovon wir jedoch heute mit 0,3% immer noch weit entfernt sind. Etwas anderes ist natürlich die Frage, ob ein solcher Ausbau der Sonderschulen wünschenswert ist. Die genannte Zahl von 1% ist jedenfalls keine empirisch gewonnene Aussage, sondern eine Schätzung zur Begründung einer schulpolitischen Forderung. Die extrem hohe Zahl von 61% stammt aus kinderpsychiatrischen Screening-Untersuchungen, die alle Formen von Auffälligkeit feststellten.

Eine gut begründete und methodisch reflektierte Untersuchung stellt immer noch die Studie der Kinder- und Jugendpsychiater Remschmidt und Walter dar, die die Häufigkeit von Verhaltensstörungen in Nordhessen auf einer breiten Datenbasis erhebt (Remschmidt/Walter 1990). Sie errechnen einen Anteil von 12,7% der Kinder zwischen 6 und 17 Jahren, die als behandlungsbedürftig anzusehen sind. Allerdings erhielt nur gut ein Zehntel dieser Kinder mit Verhaltensstörungen tatsächlich eine entsprechende Behandlung. Das Risiko einer Verhaltensstörung hängt nach dieser Studie mit dem Alter, der sozialen Schicht, dem besuchten Schultyp und dem Ausländerstatus zusammen: Niedrigeres Alter, niedrige soziale Schicht, Besuch von Sonder-, Grund- oder Hauptschule und Ausländerstatus kovariieren eng mit einem vermehrten Auftreten von Verhaltensstörungen.

Die meisten der behandlungsbedürftigen Kinder, das lassen diese Zahlen ebenfalls erkennen, besuchen jedoch keine Sonderschule, sondern die reguläre Grund- und Hauptschule, auch weiterführende Schulen und Berufsschulen. Damit wird deutlich, dass ein Großteil dieser Schüler nicht nur keine medizinische Behandlung, sondern auch keine heilpädagogische Hilfestellung erfährt.

Umfangreiche internationale Untersuchungen, etwa von Lahey et al. (1999) oder Ihle/Esser (2002), gehen ebenfalls von einer Prävalenz von 10–20% aller Kinder und Jugendlichen aus, bei denen Verhaltensstörungen vorliegen.

In pädagogischen Untersuchungen finden sich ähnliche Ergebnisse. Eine aktuelle deutsche Untersuchung in 68 Grundschulen in Sachsen (Stichprobengröße: 7970 Schülerinnen und Schüler der 1.–4. Klasse) ermittelt die Prävalenzraten für Aggressivität, Hyperaktivität, externalisierendes Verhalten, internalisierendes Verhalten sowie für vorhandene Fähigkeiten und Ressourcen (Hartmann et al. 2003). Die Ergebnisse bestätigen und differenzieren die genannten Zahlen:

- Aggressivität: 10,8 % der Population gelten als aggressiv auffällig, 11,2 % befinden sich im Übergangsbereich zwischen unauffälligem und auffälligem Verhalten.
- Hyperaktivität: 19,6 % zeigen auffälliges hyperaktives Verhalten, im Übergangsbereich zwischen unauffälligem und auffälligem Verhalten liegen 17,3 %.
- Externalisierendes Verhalten: Bei 14,2 % der Stichprobe werden externalisierende Verhaltensstörungen festgestellt, im Übergangsbereich zwischen unauffälligem und auffälligem Verhalten sind 19,2 % anzusiedeln.
- Internalisierendes Verhalten: 3,5 % der Stichprobe weisen internalisierende Verhaltensprobleme auf, im Übergangsbereich zwischen unauffälligem und auffälligem Verhalten liegen 36,2 %.
- Fähigkeiten und Ressourcen: Unterdurchschnittliche Fähigkeiten und Ressourcen zeigen zwar nur 3,6 % der untersuchten Kinder, im Übergangsbereich befinden sich aber immerhin 40,6 %.

Die ermittelte Prävalenz von Verhaltensstörungen bei Grundschülern unterstreicht, dass Aggressivität bereits häufig in der Grundschule auftritt und Hyperaktivität in der Lehrerwahrnehmung das größte und auffälligste Problem in dieser Entwicklungsphase darstellt. Die beiden Verhaltensweisen, als externalisierende Verhaltensstörungen zusammengefasst, sowie die verminderten Fähigkeiten und Ressourcen belasten nachhaltig die Unterrichtssituation und die sozial-emotionale Integration der Kinder einer Schulklasse.

Myschker (2005, 79) schätzt nach einer Diskussion zahlreicher Studien den Anteil von Kindern und Jugendlichen mit Verhaltensstörungen auf 15 %. Dabei muss nicht für die gesamte Population eine heilpädagogische Hilfe eingerichtet werden. Eine solche Forderung wäre für Goetze aus bildungs- und finanzpolitischen Gründen auch nicht realistisch. Er beruft sich auf amerikanische Untersuchungen, die für 3,5 % der Kinder und Jugendlichen eine besondere schulische Förderung, sei es in ambulanten oder stationären Formen, für notwendig halten (Goetze 1996, 21). Selbst wenn man von dieser eher niedrigen

Prävalenzrate ausgeht, müsste das Angebot pädagogisch-thera-
peutischer Hilfen sofort um das Zehnfache ausgebaut werden. Insofern stellt Goetze zu Recht die kritische Frage: „Wie viele Verhaltensgestörte können wir uns eigentlich in ökonomischer Sicht
‚erlauben'?" (21). Er weist damit auf die direkte Abhängigkeit sonderpädagogischer Arbeit von politischen Vorgaben hin.

1.4.4 Kriterien für Verhaltensstörungen

Angesichts dieser Unsicherheiten in der Bestimmung von Verhaltensstörungen ist es eigentlich unverzichtbar, genauer zu bestimmen, wann genau von einer Verhaltensstörung gesprochen
werden darf. Es sind also Kriterien anzugeben, die erfüllt sein müssen, damit zu Recht von einer Verhaltensstörung gesprochen werden kann. Da Auffälligkeit und Normalität jedoch eng beieinan-
der liegen, erscheint selbst die Festlegung solcher Kriterien nicht
unproblematisch. Soziale Faktoren und Bewertungen besitzen ein
ganz erhebliches Gewicht für die Bestimmung von Verhaltensstörungen, und die Wirkungen der Störung auf die Entwicklung
werden selbst zu einem zentralen Unterscheidungsmerkmal.

Aus kinder- und jugendpsychiatrischer Sicht sind folgende Kriterien zu nennen (nach Steinhausen 2002, 15f):

Angemessenheit: Das Problemverhalten entspricht nicht dem Alter und
Geschlecht.

Persistenz: Das Problemverhalten zeigt sich nicht nur punktuell und kurzfristig,
sondern längerfristig und überdauernd.

Lebensumstände: Besondere Lebensumstände (Geburt eines Geschwisters,
Schulbeginn, Klassen- und Wohnortwechsel) stellen eine besondere Belastung
und damit ein höheres Risiko für Verhaltensstörungen dar.

Soziokulturelle Gegebenheiten: Das Problemverhalten verstößt gegen
soziale und kulturelle Normen und überschreitet insbesondere die akzeptier-
te Variationsbreite.

Ausmaß der Störung: Das Problemverhalten zeigt sich in mehreren Symptomen, betrifft also verschiedene Dimensionen.

Art des Symptoms: Das Problemverhalten betrifft wichtige Entwicklungs-
bereiche.

Schweregrad der Symptome: Das Problemverhalten lässt sich als schwer-
wiegend einschätzen.

Häufigkeit der Symptome: Das Problemverhalten tritt häufiger auf, als es
tolerabel ist.

Verhaltensänderung: Das Problemverhalten steht nicht in Einklang mit der
normalen Reifung und Entwicklung.

Situationsspezifität: Das Problemverhalten tritt relativ unabhängig von rein
situativen Auslösern auf, zeigt sich also in unterschiedlichen Situationen.

Ein wichtiges Kriterium stellt das Ausmaß der Beeinträchtigung des Kindes oder Jugendlichen dar:

Leiden: Unter Beachtung der Persönlichkeit des Kindes und seines Temperaments muss beurteilt werden, ob es selbst unter seinem Problemverhalten leidet.

Soziale Einengung: Das Problemverhalten führt zu einer Verringerung sozialer Kontakte und positiver Beziehungen.

Interferenz mit der Entwicklung: Die sozialen, emotionalen, kognitiven oder/und sprachlichen Entwicklungsprozesse werden verzögert, beeinträchtigt oder gestört.

Auswirkungen auf andere: Das Problemverhalten beeinträchtigt die soziale Umwelt. Es bewirkt Störungen in der Kind-Umwelt-Interaktion.

Um eine Verhaltensstörung zu konstatieren, reicht die Erfüllung eines Merkmals nicht aus. Es müssen mehrere dieser Kriterien erfüllt sein, um von einer Verhaltensstörung sprechen zu können. Allerdings lässt sich für alle Verhaltensstörungen nicht genauer bestimmen, wie viele und welche Merkmale konstatiert werden müssen. So sind schwerwiegende Verhaltensprobleme, z. B. Suizidversuche oder eine delinquente Handlung wie die schwere Körperverletzung, auch dann Verhaltensstörungen, wenn sie nicht sehr häufig und langandauernd auftreten. Detaillierter können diese Kriterien nur bei den einzelnen Störungsformen bestimmt werden.

Aus Sicht der Pädagogik bei Verhaltensstörungen betont Myschker die erschwerten Entwicklungs-, Lern- und Arbeitsmöglichkeiten, die durch das Problemverhalten entstehen. Aufgrund dieser Wirkungen erweist sich eine besondere, sonderpädagogisch fundierte Erziehungshilfe als notwendig.

1.5 Standortbestimmung: Pädagogik bei Verhaltensstörungen und Heilpädagogik

Der Begriff Verhaltensstörung stellt das Spezifikum der Erziehung und der Pädagogik bei Verhaltensstörungen dar. Erziehung und Pädagogik bilden den gemeinsamen Ursprung, „genus proximum", Verhaltensstörungen ist die unterscheidende Kategorie, „differentia specifica".

Wissenschaftstheorie

Erziehung bei Verhaltensstörungen versucht also, den Auftrag und Prozess der Erziehung in spezifischer Weise für Kinder und Jugendliche mit Verhaltensstörungen zu realisieren.

Pädagogik bei Verhaltensstörungen stellt sich die Aufgabe, die Erziehung bei Verhaltensstörungen zu reflektieren, methodisch angeleitet zu beschreiben, einzuordnen und Perspektiven zu entwickeln. Sie ist die Theorie der Erziehung bei Verhaltensstörungen.

Pädagogik bei Verhaltensstörungen

Diese Theorie bildet damit einen Arbeitsbereich der Heil-, Sonder- oder Behindertenpädagogik. Es geht jedoch im Unterschied zur Medizin oder zur Psychologie nicht um das Kind und seine Störung allein, sondern um die Entwicklungs- und Erziehungsbedingungen. „Gegenstand der Heilpädagogik ist nicht die Behinderung (die Störung, der Defekt) als solche und auch nicht nur das behinderte Kind, sondern beeinträchtigte Erziehungs*verhältnisse* sowohl im einzelnen wie im Gesellschaftsganzen." (Kobi 1980, 61, H. i. O.)

Erst diese Klärung des eigenen Standpunktes erlaubt den gegenseitigen Austausch mit anderen Wissenschaften. Diese Standortbestimmung erleichtert damit die interdisziplinären Austauschprozesse.

1.6 Die Interdisziplinarität der Pädagogik bei Verhaltensstörungen

Der interdisziplinäre Charakter der Pädagogik bei Verhaltensstörungen entspricht den verschiedenen Zugangsmöglichkeiten zur Problemstellung. Das wird deutlich, wenn die Behandlung der Problematik von Verhaltensstörungen durch die verschiedenen Wissenschaften veranschaulicht wird (Abb. 6).

Nicht nur die Heilpädagogik, auch andere Wissenschaften beschäftigen sich mit dem Konstrukt Verhaltensstörung: Medizin, Psychologie, Pädagogik, Soziologie, Kriminologie und Jura.

Eine sachgemäße Kompetenz erfordert die Kenntnis und Zusammenarbeit mit den benachbarten Wissenschaften. Die Pädagogik bei Verhaltensstörungen besitzt einerseits eine klare Verortung innerhalb der Pädagogik. Sie ist keine Anwendungswissenschaft der Kinder- und Jugendpsychiatrie oder der Psychologie.

Abb. 6:
Verhaltensstörungen als interdisziplinäres Thema

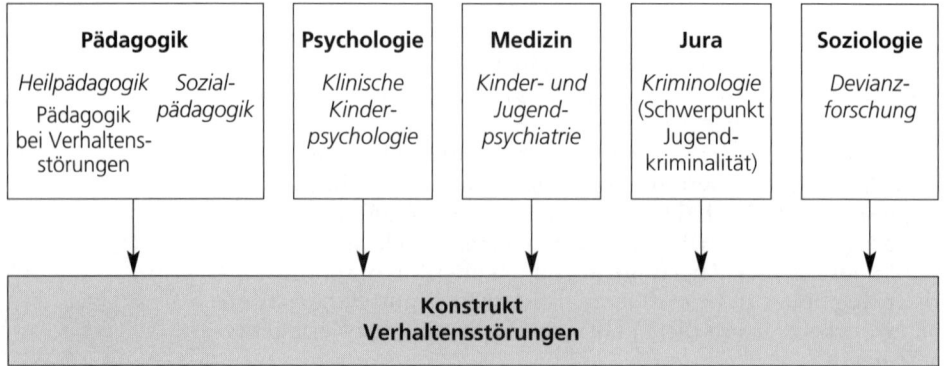

Pädagogik	Psychologie	Medizin	Jura	Soziologie
Heilpädagogik Sozial- Pädagogik *pädagogik* bei Verhaltens- störungen	*Klinische Kinder- psychologie*	*Kinder- und Jugend- psychiatrie*	*Kriminologie* (Schwerpunkt Jugend- kriminalität)	*Devianz- forschung*

**Konstrukt
Verhaltensstörungen**

Auf der Basis dieser wissenschaftlichen Standortbestimmung, quasi ihrer „pädagogischen Identität", ist sie andererseits für ihre Tätigkeit auf eine intensive interdisziplinäre Kooperation angewiesen. Und eine solche Interdisziplinarität stellte in der Geschichte der Pädagogik bei Verhaltensstörungen ein unverzichtbares Fundament dar.

1.7 Übungsaufgaben

Versuchen Sie die Entstehung von abweichendem, gestörtem Verhalten aus den drei verschiedenen Vorstellungen von Erziehung zu entwickeln. **Aufgabe 1**

Worin liegt der Unterschied zwischen den Begriffen Erziehungsschwierigkeit und Verhaltensstörung? Aus welchen Gründen wird heute der Begriff Verhaltensstörung bevorzugt? **Aufgabe 2**

Nennen Sie wichtige Ebenen des Begriffs Verhaltensstörung! **Aufgabe 3**

Wie lassen sich Verhaltensstörungen klassifizieren? **Aufgabe 4**

Wie häufig kommen Verhaltensstörungen vor? **Aufgabe 5**

Wie lässt sich die Pädagogik bei Verhaltensstörungen in das System der Wissenschaften einordnen? **Aufgabe 6**

Welche interdisziplinären Verbindungen bestehen? **Aufgabe 7**

2 Geschichte der Pädagogik bei Verhaltensstörungen

Geschichte ist nicht das Vergangene, Abgeschlossene, sondern das, was aus dem Vergangenen in die Gegenwart wirkt. Ein Interesse an der Geschichte ist daher wichtig zum Verständnis aktueller Prozesse. Erst aus der historischen Perspektive gelangt man zum Verstehen dessen, wie das Bestehende geworden ist. Und nicht selten gewinnt man aus der historischen Perspektive auch Anregungen für die Gestaltung der Zukunft.

Geschichte der Pädagogik

Die Geschichte bildete traditionellerweise ein wichtiges Themengebiet innerhalb der wissenschaftlichen Pädagogik. Mit der „realistischen Wende" (Roth) in den 60er Jahren und der „kritischen Wende" (Mollenhauer) in den 70er Jahren geriet die pädagogische Geschichtsforschung, auch als pädagogische Historiographie bezeichnet, in die Defensive. Sie galt als praxisfern, konservativ und unwissenschaftlich. Dieses Vorurteil hält sich bis heute, wobei die Weiterentwicklungen übersehen werden: Geschichtliche Forschung besitzt inzwischen ein Instrumentarium reflektierter Methoden und wissenschaftlich fundierter Erkenntnisansätze.

Entsprechend den Inhalten der Pädagogik kann die Historiographie die Geschichte der Ideen, der Institutionen, wichtiger Persönlichkeiten oder der Erziehungspraxis selbst behandeln. Methodisch finden geisteswissenschaftliche, sozialwissenschaftliche, empirische und ideologiekritische Verfahren Verwendung.

Heilpädagogische Historiographie

In der Geschichtsschreibung der Heilpädagogik, die nur von wenigen Wissenschaftlern betrieben wird, bestehen vorzugsweise drei Arbeitsrichtungen: institutionsgeschichtliche, sozialwissenschaftliche und ideengeschichtliche Forschungen. Für die Pädagogik bei Verhaltensstörungen liegen zwei wichtige Arbeiten vor, die sich ausdrücklich mit diesem Thema beschäftigen. Myschker stellt die Entwicklung der *Institutionen* in diesem Arbeitsfeld dar (1993, 2005), während Göppel die *Ideengeschichte* analysiert (1989). Die Ergebnisse dieser Forschungen bilden eine wichtige historische Grundlage für das Arbeitsgebiet Pädagogik bei Verhaltensstörungen. Aus weiteren Arbeiten können wertvolle Ergänzungen entnommen werden. Für eine sehr wünschenswerte Alltagsgeschichte der Pädagogik bei Verhaltensstörungen fehlt bisher die notwendige Datenbasis. Daher wird zunächst die Entwicklung der Institutionen nachgezeichnet, um anschließend die Ideengeschichte zusammenzufassen.

2.1 Geschichte der Institutionen

Myschker unterteilt die Institutionen für Kinder und Jugendliche mit Verhaltensstörungen in vier größere Gruppen, deren historische Entwicklung er herausarbeitet: die Heimerziehung, der Strafvollzug, die Schule und die Kinder- und Jugendpsychiatrie. Aufgrund dieser Einteilung entsteht zwar das Problem, dass gegenseitige Verbindungen und Anregungen aus dem Blick geraten können. Dieser Zugang führt dennoch zu unverzichtbaren Erkenntnissen.

2.1.1 Heimerziehung

In den Strang der Heimerziehung ordnet Myschker die Institutionen Waisenhäuser, Rettungshäuser, Erziehungsheime und Heimschulen ein.

Schon im Mittelalter nahmen Klöster verwaiste Kinder auf. Die Orden richteten sogar eigene Findelhäuser ein, in denen die Rota, eine Drehlade an einer Seitentür zum Kloster, die Möglichkeit zur heimlichen Abgabe des Kindes bot. Im Kloster erhielten die Findelkinder allerdings keine Erziehung und Bildung im modernen Sinne, sie wurden vielmehr mit Strenge und Autorität „aufgezogen". Immerhin ermöglichte diese Aufzucht den Kindern nach damaligem Verständnis, ihr Seelenheil zu erlangen.

Mit Beginn der Neuzeit (15. Jahrhundert) führte die politische und wirtschaftliche Entwicklung zur Verarmung breiter Bevölkerungsschichten mit der Konsequenz einer Verwahrlosung der Familien und ihrer Kinder. Viele Familien kümmerten sich kaum um die Kinder. Einen Hintergrund stellt die hohe Säuglingssterblichkeit dar: Mehr als die Hälfte der Kinder starb, bevor die Eltern überhaupt eine enge Beziehung zum Kind aufbauen konnten.

Einige christliche Persönlichkeiten setzten ihr Engagement für die Kinder durch die Gründung von Waisenhäusern dagegen: *Karl Borromäus* in Mailand, *Philipp Neri* in Rom und *Vinzenz von Paul* in Paris. Nach dem 30-jährigen Krieg führte insbesondere der Pietismus, in den Personen von *Spener* oder *Franckhe*, die Heimerziehung fort und ergänzte sie durch die Vorbereitung auf den Beruf. Aufgrund der Kritik an übertriebenen religiösen Übungen, am Merkantilismus der Heime, an schlechten Lebensbedingungen und hoher Kindersterblichkeit kam es gegen Ende des 18.

Heime

Jahrhunderts zur Schließung vieler Waisenhäuser. Die Kritiker waren besonders Philanthropen, die eine naturgemäße Erziehung forderten und eigene Anstalten *(Basedow, Salzmann, Rochow)* gründeten. In den Industrieschulen, die Ende des 18. Jahrhunderts gegründet wurden, wurde eine enge Verbindung von Schule und Arbeit angezielt. Die Arbeit diente zugleich als ein Erziehungsmittel zur Disziplinierung schwererziehbarer Kinder.

Rettungshäuser   Mit dem 19. Jahrhundert, oft auch das pädagogische Jahrhundert genannt, beginnt die breite Durchsetzung besonderer Einrichtungen zur Hilfe für verwahrloste Kinder und Jugendliche. *Pestalozzi* begründete in seinem kurzen Versuch einer Anstalt in Stans den Aufbau und die Anwendung des Familienprinzips im Heim. Die Rettungshausbewegung stellte Anfang des 19. Jahrhunderts einen großen Erfolg dar: *Zellers* Rettungshaus in Beuggen (Oberrhein), *Falks* Lutherhof in Weimar und *Wicherns* „Rauhes Haus" sind die bekanntesten Einrichtungen. Im Jahr 1868 gab es im deutschen Sprachraum 320 evangelische und 80 katholische Rettungshäuser!

Wicherns Institution, das „Rauhe Haus", sticht dabei hervor: Er richtete das Heim nach dem Familienprinzip aus, die Kinder lebten in kleinen Gruppen mit den „Gruppeneltern" zusammen, Unterricht und Schule wurden geboten und die Arbeit als Erziehungsmittel, zugleich als Vorbereitung auf den zu ergreifenden Beruf, verwirklicht. Dahinter stand das Bemühen Wicherns, die Kinder und Jugendlichen vor der Armut und dem Elend des Großstadtproletariats zu bewahren, sie zur selbstständigen Lebensbewältigung innerhalb der gegebenen Gesellschaftsverhältnisse zu befähigen und idealerweise sogar den gesellschaftlichen Aufstieg ins untere Bürgertum zu ermöglichen. Er beantwortet also das Problem der Verhaltensstörungen mit einem neuen Angebot der Erziehung, nicht mit Strafe (Lindmeier 1998). Die von Wichern mitbegründete „Innere Mission" stärkte die Rettungshäuser und ihre gesellschaftliche Position.

Als Politiker in Berlin initiierte Wichern auch das Reichsstrafgesetzbuch (RStGB) von 1871: Seit diesem Zeitpunkt sind Kinder bis 12 Jahren strafunmündig und von 12 bis 17 Jahren nur bedingt strafmündig. Eine Verurteilung sollte durch die Unterbringung in einer Erziehungs- und Besserungsanstalt, später in der Fürsorgeerziehung zu einem neuen Erziehungsversuch führen.

Zu Beginn des 20. Jahrhunderts führte die ökonomische Situation zur Vernachlässigung vieler proletarischer Kinder. Hinzu kam die hohe Zahl unehelicher Kinder in den Städten, die nur am Rande der Gesellschaft geduldet wurden. Zur gleichen Zeit wurde den Kindern juristisch immerhin das Recht auf Erziehung zugesprochen. In den 20er Jahren setzte eine massive Kritik an den Heimen ein, die bis zu Revolten und Demonstrationen führte und dadurch eine Reform der Heimerziehung anstieß.

Die nationalsozialistische Ideologie führte nach 1933 das Führer-Prinzip in den Anstalten und Heimen ein. Diese Institutionen wurden zur Mitarbeit bei der Durchführung des „Gesetzes zur Verhütung erbkranken Nachwuchses" und bei Tötungsaktionen, wie etwa der Aktion T 4, missbraucht. Eine Reihe von Leitern und Mitarbeitern der Heime arbeiteten an den verbrecherischen Maßnahmen mit.

Nach 1945 wurden viele Heime wiedereröffnet, die in pädagogischer Konzeption und Ausstattung meist an die Bedingungen vor 1933 anknüpften. 1954 bestanden in der Bundesrepublik 467 Erziehungsheime, 170 Heime waren Heimschulen angeschlossen, die 1960 als Sonderschulen anerkannt wurden. In dieser Zeit des Ausbaus erfolgte eine recht starke Separierung und Isolierung der Kinder und Jugendlichen im Heim und in der angeschlossenen Schule.

Ende der 60er Jahre setzte unter dem Einfluss der Studentenbewegung eine massive Kritik an der Situation in den Heimen an, die mit dem Schlagwort „Holt die Kinder aus den Heimen!" eine Reform und den Abbau von Heimen bewirkte. Wissenschaftlich gestützt wurden die Forderungen durch die sozialpsychologische Theorie des labeling approach und die Etikettierungstheorie, durch Befunde zu Hospitalisierungsphänomenen und zur überwiegenden Herkunft der Kinder aus der Unterschicht. Zahlreiche Heime wurden geschlossen oder reduziert. Die weiterhin verbreiteten Heimschulen öffneten sich für andere Schüler, und Heimkinder besuchten vermehrt die öffentlichen Regelschulen vor Ort. Aber auch der Ersatz der Heimschule durch eine Schulische Erziehungshilfe ist festzustellen, wie es in Hamburg durchgeführt wurde.

2.1.2 Jugendstrafvollzug

Während es Gefängnisse schon seit dem Altertum gibt, wurden erst im 17. und 18. Jahrhundert mit den Zuchthäusern Einrichtungen zur Erziehung und Besserung der Straffälligen gegründet. Aufgrund der Verarmung breiter Bevölkerungsschichten erfolgte deren Disziplinierung vorher durch eine strenge Strafgesetzgebung, beispielsweise im Erhängen von Dieben und Landstreichern. In der Kombination von Arbeit und Zucht – daher der Name Zuchthaus – sollte im einsetzenden kapitalistischen Wirtschaftssystem zugleich ein wirtschaftlicher Gewinn erzielt werden. Später veränderte sich das Ansehen des Zuchthauses:

„Das ursprünglich der Erziehung dienende Zuchthaus wurde zu einer Institution schwerer Strafe und gewann als ‚Hochschule des Verbrechens' eine sehr negative Bewertung" (Myschker 1993, 166).

Zuchthäuser erhielten dann die Aufgabe, als besondere Anstalten für erwachsene Schwerverbrecher den Strafvollzug durchzuführen.

Auch Kinder wurden streng bestraft – bis zur Todesstrafe! Dagegen gab es schon um 1600 in Amsterdam eigene Zuchthäuser für die Jugend, die auch erziehungsschwierige Jugendliche aufnahmen. „Harte Arbeit, strenge Zucht, Seelsorge und Unterricht waren die Erziehungsmittel" (Myschker 1993, 165).

Jugend-
strafanstalten

Im 18. und 19. Jahrhundert gab es auch Unterricht in Strafanstalten, und 1846 baute man eine eigene Schule zum Gefängnis Berlin-Moabit. Angesichts der mangelhaften Unterrichtsversorgung für viele unauffällige Kinder und Jugendliche auf dem Lande gerieten diese Einrichtungen jedoch in die Kritik, „ein schreiendes Unrecht gegen den freien, ehrlichen Mann" (Krell 1874, zit. bei Myschker 1993, 167) darzustellen.

Die konsequente Trennung des Jugendstrafvollzugs vom Strafvollzug der Erwachsenen erfolgte erst seit dem Ende des 19. Jahrhunderts. Der Jugendstrafvollzug enthielt einen volksschulgemäßen Unterricht. Mit dem Aufbau eigener Strafanstalten für Jugendliche, z. B. Wittlich an der Mosel oder Hahnöfersand in Hamburg, verlagerte sich der Schwerpunkt auf die Erziehung der Jugendlichen. Durch reformpädagogische Ideen in der Jugendstrafanstalt Hahnöfersand versuchten Curt Bondy und Walter Herrmann neue Wege zu gehen. Die Einstellungen der Mitarbeiter und die institutionellen Bedingungen standen dem jedoch entgegen.

In der nationalsozialistischen Diktatur ab 1933 galt eine strenge Zucht gegen „Gemeinschaftsschädlinge" als adäquate Maßnahme. Nicht nur der Freiheitsverlust, auch die Einrichtung eines eigenen KZ für heranwachsende Straftäter in Moringen sowie die Durchführung von Zwangssterilisationen stellten eine Gefahr für Leib und Leben der straffälligen Jugendlichen dar.

Nach 1945 erfolgte der Jugendstrafvollzug zunächst wieder wie in der Zeit vor 1933, es gab kaum Reformen oder grundlegende Veränderungen in diesem Bereich. Erst seit den 70er Jahren gibt es intensive Bemühungen, den Charakter einer geschlossenen Anstalt zu überwinden. Der Aufbau von eigenen heilpädagogischen Schulen als Berufsschulen (z. B. Hamburg) und die Entwicklung angemessener Konzeptionen bei gleichzeitigem hohen Bedarf an heilpädagogisch qualifiziertem Personal sind Entwicklungen der letzten Jahre. In der aktuellen Diskussion scheinen solche Neuerungen wieder umstritten zu sein, es ertönt eher wieder der Ruf nach strenger Durchführung von Strafen.

2.1.3 Erziehungsklassen

Um 1928 entstanden in Zürich und Berlin kurz hintereinander eigene Klassen für schwererziehbare Kinder innerhalb der Volksschule. Der Ausbau der Volksschulen und die hier gültigen Leistungsanforderungen führten seit Ende des 19. Jahrhunderts zur Einrichtung der Hilfsschule für schulleistungsschwache Schüler – eine entsprechende Einrichtung für Schüler mit störenden Verhaltensweisen, für die aber eine psychiatrische Einrichtung noch nicht nötig war, sollten die „E-Klassen" (Berlin) oder „Beo-Klassen" (Zürich) darstellen.

Die erste Beobachtungsklasse für verhaltensgestörte Schüler (Beo-Klasse) wurde im Frühjahr 1926 in Zürich gegründet. Als Aufgaben der neuen Einrichtung galten die „Analyse der ihr zugewiesenen Kinder nach Anlage und Umwelt; eine heilpädagogische Beeinflussung ihrer Schüler; die Einleitung von Fürsorgemaßnahmen anderer Art bei den maßgebenden Amtsstellen" (Sidler/Moos 1928, zit. bei Myschker 1993, 169). In Berlin initiierte *Fuchs*, Stadtschulrat in Berlin, die ersten Erziehungsklassen (E-Klassen). Als Grund nannte er die Schwierigkeiten im Unterricht der Volksschule, die zudem durch das Verbot körperlicher Züchtigung schwieriger zu beantworten wären. Sowohl die Hilfsschule als auch Einrichtungen der Psychopathenfürsorge seien jedoch ungeeignet, zudem könne eine so offensichtliche Ausgrenzung die Kinder weiter benachteiligen. Diese Kinder sind nach Fuchs intellektuell normal und noch erziehbar, aber nicht zur Einordnung in die normale Schulgemeinschaft fähig. Insofern stehen die E-Klassen zwischen Volksschule und Fürsorgeheim.

Zu Beginn des Dritten Reichs erfolgte umgehend die Auflösung der E-Klassen. Moralischer Schwachsinn und Verwahrlosung galten als schädlich für die Volksgemeinschaft, teilweise auch als Erbkrankheit. Die Hilfsschule wurde zu einem Sammelbecken für Schüler mit verschiedenartigen Störungen, so dass wahrscheinlich auch viele Kinder und Jugendliche mit Verhaltensstörungen dort aufgenommen wurden. Das „Gesetz zur Verhütung erbkranken Nachwuchses" fand bei Hilfsschülern häufige Anwendung: Ungefähr 200000 Sterilisationen wurden wegen „angeborenem Schwachsinn" durchgeführt.

1949 kam es zur Wiedergründung der E-Klassen in Berlin, die jedoch kaum eine Weiterentwicklung, sondern eher eine Tradierung bis in die Begriffe hinein erfuhren. So bestehen bis heute Beobachtungsklassen in Berlin, die eine Position zwischen Sonderschule und Regelschule einnehmen. Die Parallelen zum Kleinklassen-Modell in der Schweiz sind deutlich. Trotz der räumlichen Integration in die Regelschulen zeigen sich negative Effekte die-

E-Klassen

ses Systems, denn die Schüler der Beo-Klassen nehmen schnell eine Außenseiterrolle innerhalb der Schule ein:

„Gemeinsamer Unterricht unter einem Dach für behinderte und nicht behinderte Schüler bedeutet eben nicht quasi automatisch soziale Integration" (Myschker 1993, 174).

2.1.4 Sonderschulen

Die Einrichtung der Berliner E-Klassen führte nicht zu einer späteren Einrichtung von Sonderschulen, sie können nicht als Vorläufer eigenständiger Sonderschulen für Verhaltensgestörte gelten. Schon Fuchs lehnte den Ausbau zu einer eigenen Schulform ab. Die Sonderschulen für Erziehungsschwierige, für Verhaltensgestörte oder zur Erziehungshilfe, wie sie in den Bundesländern heißen, entwickelten sich vielmehr aus den 1945/46 eingerichteten Klassen für kriegsgeschädigte Kinder. Sie sollten provisorisch die infolge der Kriegswirren emotional gestörten Kinder in den Großstädten unterrichten. Bald schon nahmen sie auch Schüler auf, die in ihrem Verhalten generell eine erhebliche Belastung für die Lehrer der Volksschule darstellten. Aus diesen Sonderklassen entstanden beispielsweise in Bremen die ersten Sonderschulen für Kinder mit Verhaltensstörungen.

Schulen für Verhaltensgestörte

Der Aufbau von Schulen für Verhaltensgestörte als eigenständige Sonderschulform traf schon bald auf Kritik. Die meist unklare Diagnose, die negativen Effekte der Stigmatisierung der Schüler, ihre gegenseitige „Ansteckung" und Anleitung zu weiteren Störungen, die Reduktion der erzieherischen Bemühungen von Lehrern der Regelschule um auffällige Schüler und der zu große Schonraum in der Sonderschule, der zu einem weltfernen therapeutischen Klima führe, waren die Einwände gegen die vermehrte Einrichtung von Sonderschulen für Verhaltensgestörte.

Die Empfehlung der Kultusministerkonferenz (KMK) von 1972 „Zur Ordnung des Sonderschulwesens" sah den weiteren Ausbau der Schulen für Verhaltensgestörte vor. Der Ausbau blieb jedoch in den Anfängen stecken. Denn zu diesem Zeitpunkt entwickelten sich Gesamtschulen, und es entstand eine massive Kritik an den Sonderschulen, aber auch an der Psychiatrie und den Heimen. Zugleich entwickelte sich die Integrationsbewegung. Das Gutachten des Deutschen Bildungsrats von 1973 stellt dafür einen wichtigen Schritt dar.

Bildungsrat

1973 veröffentlichte das Beratungsgremium der Bundesregierung für die Schulstrukturpolitik, die Bildungskommission des Deutschen Bildungsrats, seine Empfehlung „Zur pädagogischen Förderung behinderter und von Behinderung bedrohter Kinder und Jugendlicher". Das Ideal ist nun nicht mehr der möglichst weitgehende Ausbau von Sonderschulen, sondern die Einrichtung eines kooperativen Schulzentrums, das auf der Basis einer Gesamtschule die schulische Integration behinderter Schüler zum Ziel erhebt. Das Gutachten zur Pädagogik bei Verhaltensstörungen, das der Bildungskommission schon früher vorlag, wurde 1974 veröffentlicht (Bittner et al. 1974). Innerhalb der Reihe sonderpädagogischer Gutachten stellt es eine besonders progressive Schrift dar: Die Relativität von Verhaltensstörungen, die Ablehnung einer besonderen Schule für Verhaltensgestörte als Standardform der Beschulung und die notwendigen Maßnahmen als Aufgabe allgemeiner Pädagogik mit Sozialpädagogik signalisieren zukunftsweisende, z. T. bis heute nicht verwirklichte Initiativen. Das vorgeschlagene Konzept eines gestuften Fördersystems berücksichtigt aber auch die praktische Notwendigkeit separierender Fördersysteme und deckt sich durchaus mit Erfahrungen der Schulpraxis. Zugleich regten die Empfehlungen und Studien des Bildungsrats die Entwicklung von Integrationsmodellen für Schüler mit Verhaltensstörungen an (Bach 1993). Für die didaktische Gestaltung der Arbeit in Schulen für Verhaltensgestörte erarbeitete die Kultusministerkonferenz 1977 sogar eigene „Empfehlungen für den Unterricht", die jedoch relativ unbeachtet blieben. Seit den 80er Jahren bemühen sich einige Bundesländer um eine ambulante Form der schulischen Erziehungshilfe, z. B. durch die Einrichtung der Mobilen Erziehungshilfe in Bayern seit 1980 (s. Kap. 9.3).

2.1.5 Kinder- und Jugendpsychiatrie und Klinikschulen

Der Zugang der Medizin zur Problematik von Kindern und Jugendlichen mit Verhaltensstörungen besitzt im Vergleich zur Schulpädagogik eine längere Tradition. Die Französische Revolution brachte neben der bürgerlichen Emanzipation auch eine Befreiung für psychisch gestörte Menschen, die vorher eingeschlossen wurden, mit sich. 1798 versuchte der Arzt Itard einen in der Wildnis aufgefundenen „Wolfsjungen", Victor von Aveyron, medizinisch, später zunehmend erzieherisch zu behandeln. Die Förderung der Sinne durch spezielle Übungen führte zu erstaunlichen Erfolgen des so genannten „Idioten". Diese Methoden entwickelte sein Schüler Seguin weiter. Die italienische Ärztin Maria Montessori entdeckte diese Verfahren wieder und entwickelte auf dieser Basis ihre eigene Konzeption der Heilpädagogik, die sie anschließend für das gesamte Gebiet der Pädagogik propagierte.

Psychopathie

Im Verlauf des 19. Jahrhunderts kam es zu weiteren Beobachtungen und Entwicklungen an auffälligen Kindern und Jugendlichen durch Mediziner. Daraus entstand das Konzept der Psychopathie, das eine biologische Verursachung von Verhaltensstörungen annimmt und medizinisch begründete, durchaus progressive Erziehungsmaßnahmen enthält. Die Veröffentlichungen von Koch (1891), Trüper (1893) und Ziehen (1912) stellen klassische Dokumente dieser Bemühungen und ihrer pädagogischen Reflexion dar. Der Versuch einer eigenen Pädagogischen Pathologie (Strümpell 1890), also das Bemühen, die Störungen pädagogisch zu beschreiben und auf diesem Weg neue Handlungsmöglichkeiten zu entdecken, fand zwar durchaus Beachtung, wurde jedoch nach dem Ersten Weltkrieg nicht weitergeführt.

Heilerziehungs-
heime

Kritisch ist einzuwenden, dass der Begriff „Psychopathie" ein bequemes Etikett zur Klassifikation darstellt, nach dem sich dann eine medizinisch inspirierte Therapie zu richten hätte. Erziehung erhält damit eine untergeordnete therapeutische Funktion. Mit diesem Modell lässt sich der Aufbau von Kinder- und Jugendpsychiatrien bis heute sehr erfolgreich begründen. Eine erste Einrichtung dieser Art erfolgte um 1844 durch den Nervenarzt Hoffmann in Frankfurt am Main, der auch durch seinen „Struwwelpeter" Berühmtheit erlangte. Von Seiten der Heilpädagogik kam es gegen Ende des 19. Jahrhunderts zur Einrichtung von Heilerziehungsheimen, die in engem Kontakt zur Medizin standen.

Nach dem Ersten Weltkrieg führten die zerstörten staatlichen Verhältnisse zu einer großen Zunahme von Psychopathien. In den 20er Jahren gründete Ruth von der Leyen den Verein zur Fürsorge für jugendliche Psychopathen und initiierte zahlreiche Beratungsstellen für Heilerziehung, die eine offenere Form der Hilfe für die Kinder und ihre Eltern anbieten sollten. Die Heime unterstanden nun vermehrt pädagogischer Leitung, nicht länger der Aufsicht durch Geistliche oder Mediziner.

In den 20er Jahren entwickelten sich starke Vorbehalte gegen das Konzept der Psychopathie, die die unscharfen Grenzen und spekulativen Ursachenannahmen kritisierten. Bis heute besteht eine kritische Distanz der Pädagogik bei Verhaltensstörungen gegen ein medizinisch-biologistisches Verständnis.

Im Dritten Reich wird die Psychopathie nicht ausdrücklich im Gesetz zur Verhütung erbkranken Nachwuchses erwähnt. Aber viele Kinder und Jugendlichen mit Verhaltensstörungen wurden dennoch abgesondert. Besonders verbrecherische Einrichtungen stellten die Kinderfachabteilungen an psychiatrischen Kliniken dar, in denen massenhafte Tötungen, häufig im Rahmen von medizinischen Experimenten oder einfach durch Verhungern, stattfanden.

Nach dem Zweiten Weltkrieg beeinflusste zunächst die Tiefenpsychologie (Freud, Adler, Jung) die Kinder- und Jugendpsychiatrie erheblich, in zunehmendem Maße auch behavioristische Strömungen. Auf dem 1. Weltkongress für Psychiatrie in Paris 1950 einigten sich die Fachvertreter auf den Terminus „Verhaltensstörung" als Oberbegriff für die in Frage stehenden Phänomene.

Seither entwickelte sich eine engere Zusammenarbeit von Heilpädagogik und Kinder- und Jugendpsychiatrie, indem beispielsweise Klinikklassen an Fachkliniken der Kinder- und Jugendpsychiatrie eingerichtet wurden. Diese Klinikklassen haben bisher noch keine eigene Berücksichtigung im System der Sonderschulen gefunden, sie lassen sich jedoch am ehesten als Schulen für Verhaltensgestörte bestimmen. Des Öfteren werden sie auch als Schulen für Kranke geführt.

In der medizinischen Tradition der Pädagogik bei Verhaltensstörungen stellt sich grundsätzlich das Problem, dass Heilpädagogik nicht als angewandte Kinderpsychiatrie verstanden werden darf! Die Erziehung bei Verhaltensstörungen besitzt vielmehr eigene Aufgaben und ein eigenes Profil.

Die Förderung von schwierigen Kindern war und ist nicht selbstverständlich, sondern das Ergebnis von erzieherischen, medizinischen, publizistischen und politischen Anstrengungen einiger Pioniere. Dabei entstanden ganz verschiedene Institutionen und Modelle der Erziehung und Förderung, die bis heute weiter differenziert wurden. Es hat sich allerdings bis heute nicht die eine überzeugende und anerkannte Institution durchsetzen können, die Vielfalt der Angebote erscheint vielmehr weiterhin notwendig zu sein. Die Sonderschulen sind im Bereich der Verhaltensstörungen wenig ausgebaut. Die Forderung nach Integration und mobilen Hilfen wird hier mit überzeugenden Argumenten formuliert – sie ist jedoch nach den Erfahrungen in Integrationsklassen am schwierigsten zu praktizieren.

Verschiedene Institutionen

2.2 Ideengeschichte

Göppel (1989) untersuchte, wie die Pädagogik im Laufe ihrer Geschichte mit dem Problem störender, auffälliger, verwahrloster, schwer zu erziehender Kinder umgeht:

Pädagogische Ideen

„Wie spiegelt sich dieses Problem in den theoretischen pädagogischen Bemühungen der verschiedenen Epochen wider? Wie wird dieses Phänomen interpretiert, auf welche Ursachen wird es zurückgeführt und in welche anthropologische Vorstellung ist diese Interpretation und diese Erklärung eingebunden? Welche pädagogischen Maßnahmen werden angesichts dieses Problems als angemessen betrachtet?" (14)

Die grundlegenden Unterscheidungen, die beim Erziehungsbegriff vorgenommen wurden, treten hier wieder in Erscheinung. Erziehung als Entwicklung, als Sozialisation oder als Personalisation spiegeln sich auch im Verständnis von Verhaltensstörungen und ihrer Entstehung wider. Göppel arbeitet für den Verlauf der pädagogischen Geschichte drei prototypische Verständnisweisen heraus:

- Im 19. Jahrhundert werden schwierige Kinder aufgrund ihrer sittlichen Verfehlungen unter dem Stichwort „sittliche Verwilderung" verstanden,
- ab 1880 gelten schwierige Kinder als kranke Naturen aufgrund hirnorganischer oder psychofunktionaler Störungen unter dem Stichwort „Psychopathie",
- ab 1950 versteht man schwierige Kinder als abweichende, auffällige, gegen erwartete Verhaltensweisen verstoßende Kinder unter dem Stichwort „Verhaltensstörung".

Diese Bestimmungen sind als Schwerpunkte zu verstehen. Oft existieren verschiedene Erklärungen zur gleichen Zeit nebeneinander. Im Alltagsverständnis lassen sich heute alle drei Verständnisformen nachweisen. In der Wissenschaft selbst stehen mehrere Forschungsrichtungen nebeneinander, die ihre spezifischen Beiträge zur Erklärung und Behandlung von Verhaltensstörungen leisten. Dabei lassen sich Kontinuitäten der Geschichte deutlich erkennen. Die aktuelle Relevanz der historischen Forschung wird damit deutlich: Ideengeschichte kann uns über die Entstehung und Tradierung heutigen Denkens aufklären.

2.2.1 Schwierige Kinder als „sittlich verwilderte" Kinder

Zu Beginn des 19. Jahrhunderts stehen Verhaltensstörungen im Zusammenhang mit der Sittlichkeit und Moralität der Kinder. Pestalozzi, Herbart und Wichern reflektieren ausdrücklich unter dieser Kategorie die Erziehung schwieriger Kinder.

Pestalozzi

Pestalozzi bearbeitet die problematischen Situationen aufgrund der Verwahrlosung der Kinder im Rahmen seiner pädagogisch-anthropologischen Denkmodelle. Da die Sittlichkeit die spezifische und höchste Aufgabe des Menschen darstellt, ist die sittliche Erziehung für ihn der Kern jeder Erziehung. Verhaltensgestörte Kinder sind für ihn sittlich verwildert, verwahrlost und verdorben. Man darf diese Ausdrücke jedoch nicht in unserem heutigen Sprachverständnis als einseitige Vorwürfe an die Kinder verstehen. Vielmehr benutzt Pestalozzi den Ausdruck „verwahrlosen" aktivisch: Eltern, gesellschaftliche Bedingungen und soziale Strukturen können ein Kind verwahrlosen. Gemäß seiner anthropologischen Kategorien des Menschen, der als Werk der Natur, der Gesellschaft und seiner selbst verstanden werden muss, erkennt Pestalozzi auch dreierlei Verursachungen der kindlichen Verwahrlosung.

Natur: Die Entwicklung des Kindes benötigt die Zuwendung, Pflege und Versorgung durch die Mutter. Bei einer frühkindlichen Vernachlässigung werden die Grundlagen der Sittlichkeit beeinträchtigt.

Gesellschaft: Pestalozzi erkennt klar den Zusammenhang von Armut und Verwahrlosung und übt mehrfach massive sozialpolitische Kritik. Materielle Armut stellt eine besondere Gefährdung für die sittliche Entwicklung dar. Es bleibt jedoch die positive Möglichkeit, die Sittlichkeit im Kind zu stärken und dadurch die Erfüllung des Menschseins im Rahmen der gegebenen Verhältnisse, als Erziehung des Armen zur Armut, dennoch zu erreichen.

Selbst: Sittlichkeit ist letztlich ein Werk der freien Person. In dieser Freiheit ringt die Person mit den Bedingungen der Natur und der Gesellschaft. Somit steht es auch in ihrer Freiheit, diese Aufgabe abzulehnen, zu missachten oder nicht angemessen zu erfüllen.

Sittliche Verwilderung kann also in allen drei anthropologischen Dimensionen verursacht sein.

Welche Konsequenzen ergeben sich für die Erziehung? Pestalozzi ist keineswegs ein systematischer Theoretiker, der seine Erkenntnisse anschließend in die Praxis umsetzt. Vielmehr stellt sein Leben einen ständigen Wechsel von Theorie und (scheiternder) Praxis dar. Zudem lassen sich Veränderungen und Widersprüche zwischen den Praxisberichten und seinen eher theoretischen Schriften beobachten. Die eindrucksvollste Praxis Pestalozzis stellt sein Versuch in Stans dar. Den Zustand der massiven Verwahrlosung der Kinder aufgrund von Kriegswirren beantwortet er durch eine sittliche Erziehung, die mit Liebe, Übung und Einsicht den schlimmen Zustand der Kinder zu überwinden versucht.

- Pestalozzi erweist den Kindern seine ganze Liebe wie Vater und Mutter zugleich, indem er durch „allseitige Besorgung" ihre Grundbedürfnisse beantwortet. Auf dieser Basis kann sich eine persönliche Bindung der Kinder zum Erzieher entwickeln, und es entsteht zwischen den Einzelnen und in der Gruppe eine „reine Gemütsstimmung" als Grundlage der sittlichen Entwicklung.
- Die Anleitungen zur Selbstüberwindung, Selbstbeherrschung und Anstrengung dienen der Einübung der Sittlichkeit, die sich gegen selbstsüchtige Impulse immer wieder behaupten muss.
- Einsicht und Urteil über Gut und Böse gehören zur Sittlichkeit hinzu. Daher versucht Pestalozzi durch gemeinsame Gespräche über reale Situationen des Alltags die Erkenntnis des sittlich Guten zu festigen.

Der Erziehungsversuch in Stans beantwortet also die Verhaltensstörungen der Kriegswaisen mit einer prägnanten sittlichen Erziehung: Es „wird dort sehr direkt der sittliche Zustand angepeilt und in eine emotionale, eine voluntative und eine kognitive Komponente zerlegt" (Göpperl 1989, 58). Als Mittel der Erziehung dient Pestalozzi in erster Linie die eigene Person – und darin liegt der Grund für seine bis heute andauernde Anziehungskraft auf die Erzieher, gerade auch bei Verhaltensstörungen.

Herbart
Herbart versteht schwierige Erziehungsprozesse ebenfalls als Problem sittlicher Erziehung. Er lehnt allerdings jede Freiheit in der Erziehung, die noch sein Vorgänger auf dem Königsberger Philosophie-Lehrstuhl, Immanuel Kant, voraussetzte, vehement ab. So ist sein Verständnis von sittlicher Erziehung ein völlig anderes als dasjenige Pestalozzis. Herbart greift bereits auf Medizin und Psychologie zurück. Das physiologisch-organisch gegebene Temperament eines Kindes, Störungen im psychischen Mechanismus und soziale Faktoren bilden wichtige Faktoren bei der Entstehung von „Kinderfehlern". Mittels der drei Handlungsbereiche der Erziehung, nämlich Regierung, Unterricht und Zucht, soll dagegen die „Charakterstärke der Sittlichkeit" gewonnen werden. Regierung steuert dabei das äußere Verhalten, ohne Einfluss auf das sittliche Bewusstsein nehmen zu wollen, Unterricht versucht die Einsicht und den Gehorsam zum sittlich Guten zu erreichen, und Zucht zielt direkt auf den Charakter des Zöglings.

Wichern
Bei Wichern tritt der religiöse Aspekt deutlicher in den Vordergrund. Verwahrlosung ist für ihn Folge einer mangelhaften Fürsorge der Eltern, die zu einer Gefährdung des Kindes durch das Böse und die Sünde führt. Besonders die Gefahr, den christlichen Glauben nicht kennen zu lernen, erfordert die Rettung der Kinder durch spezielle Erziehungseinrichtungen wie das Rauhe Haus. Die sittlich-religiöse Erziehung Wicherns beinhaltet zugleich eine gesellschaftliche und wirtschaftliche Qualifikation, die zur Lebensbewährung in der Gesellschaft beitragen soll. Eine Ersatzfamilie, die einen christlich geprägten Lebensraum bietet, stellt Wichern der Verwahrlosung entgegen.

Sittlichkeit stellt also einen großen Rahmen des pädagogischen Denkens bei Verhaltensstörungen im 19. Jahrhundert dar, in dem sich recht unterschiedliche Vorstellungen ausprägen. Der Bezug zur Moral ist jedoch bis heute relevant.

2.2.2 Schwierige Kinder als „kranke" Kinder

Ab 1880 erfährt das Problem schwieriger Kinder eine neue Wertschätzung. Strümpell macht es erstmals zum Gegenstand einer eigenen wissenschaftlichen Arbeitsrichtung. Er entwickelt eine umfangreiche und differenzierte Liste der beobachtbaren Kinderfehler. Diese Verhaltensstörungen werden seiner Ansicht nach durch Fehler und Funktionsstörungen im psychischen Apparat der Kinder verursacht. Diese wiederum haben ihre Ursache in kranken oder anormalen Strukturen des Nervensystems und des Gehirns. Koch nannte diese Phänomene ab 1881 die „psychopathischen Minderwertigkeiten".

Johannes Trüper leistete in besonderer Weise die Aufnahme dieses Konzepts in die sich ausbildende Heilpädagogik, für deren Verbreitung er sich auf vielfältige und sehr erfolgreiche Weise einsetzte. Auffällige Verhaltensweisen sind dann nicht mehr sittliche Verfehlungen, sondern seelische Irregularitäten. Allerdings stellen diese Irregularitäten eine besondere Gefährdung für sittliches Verhalten dar. Als Ursachen kommen für Trüper die modernen Lebensbedingungen in Frage: Alkohol, Prostitution und ungesunde Lebensbedingungen (Großstadt, Wohnungen) führen zu Schädigungen des Gehirns und des Nervensystems. Als Institution der Hilfe gründet Trüper 1891 das Erziehungsheim Sophienhöhe in Jena, das er bis zu seinem Tod 1921 leitet. Er entwickelt bereits eine umfangreiche Diagnostik und bezieht körperliche und medizinische Maßnahmen ein. Die pädagogische Konzeption folgt dem Ideal der Familie mit Koedukation und intensivem Gemeinschaftsleben, dazu kommen sozialpädagogische Maßnahmen (Gruppenleben, Werkstatt, Garten) und eine fortschrittliche Unterrichtsgestaltung. Die Sophienhöhe gelangt mit dieser Konzeption zu Weltruhm und besteht bis in die 50er Jahre. Zahlreiche Anregungen auf die Landerziehungsheime lassen sich feststellen (Hillenbrand 1994).

Da die postulierten Hirnschädigungen als Ursache des Psychopathie-Konzepts nicht nachweisbar waren, trat diese Annahme in der Folgezeit in den Hintergrund. Psychopathen waren einfach Personen mit abnormen Charakterzügen. Eine Neuformulierung des Psychopathie-Konzepts durch Schneider blieb lange Zeit hindurch sehr erfolgreich: Er löste sich völlig von organischen Begründungen und verstand unter psychopathischen Persönlichkeiten extreme Charaktervarianten. Gegen Ende der 20er Jahre geriet dieses Konzept jedoch in eine große Vertrauenskrise. Die erzieherische Tragfähigkeit des Konzeptes wurde in Frage gestellt.

Ebenfalls der Vorstellung vom kranken Kind folgen tiefenpsychologische Vorstellungen zur Problematik von Verhaltens-

Trüper

Psychopathie

störungen. Freuds psychischer Apparat des Über-Ich, Ich und Es sowie die Annahme unbewusster Energien und Prozesse erlaubten eine Neuformulierung des Problems. Störungen frühkindlicher emotionaler Prozesse, insbesondere die Frustration psychosexueller Regungen, führen demnach zu Verhaltensstörungen. Von den Schülern Freuds leistete insbesondere Alfred Adler wichtige Beiträge.

Die tiefenpsychologischen Konzeptionen wurden schon in der Zeit vor 1933 in der Pädagogik und Heilpädagogik sehr skeptisch betrachtet, obwohl einige frühe Pioniere wie August Aichhorn die erzieherischen Handlungsmöglichkeiten demonstrierten. Nach dem Zweiten Weltkrieg gelangten sie jedoch zu großer Bedeutung für die Pädagogik bei Verhaltensstörungen.

2.2.3 Schwierige Kinder als „verhaltensgestörte" Kinder

Verhaltensstörung

Die Durchsetzung des Begriffs Verhaltensstörung ab 1950 hängt eng mit dem Erfolg der Lerntheorien und des Behaviorismus zusammen, deren zentraler Begriff Verhalten, „behavior", die in den 60er Jahren entstehende Verhaltensgestörtenpädagogik bestimmte. Zugleich erleichtert der Begriff die Möglichkeiten der internationalen Kommunikation (behavior disorder). Die psychologische Theorie des Behaviorismus folgt der forschungsmethodischen Vorgabe, nur das beobachtbare Verhalten zum Thema der Wissenschaft zu machen – also (vermeintlich) wertneutral zu verfahren. Verhaltensstörungen sind demnach gelerntes Verhalten, das genauso wieder verlernt werden kann. Erziehung bei Verhaltensstörungen muss daher Lernprozesse anregen und steuern, die zu einer Änderung des Verhaltens in die erwünschte Richtung führen.

Dass die Reduktion auf das beobachtbare Verhalten bereits ein Werturteil beinhaltet, stellt eine Kritik an der Position des Behaviorismus dar. Wertungen sind insbesondere in der Pädagogik unvermeidlich. Zudem sind die mit Verhaltensstörungen bezeichneten Problemsituationen immer mit negativen Wertungen verbunden. Die Autoren des Gutachtens für den Deutschen Bildungsrat wenden sich daher gegen ein behavioristisches Verständnis von Verhaltensstörungen und sprechen von problematischen Lebenssituationen, in denen sich die Kinder und Jugendlichen befinden. Bittner, Ertle und Schmid wollen daher die Aufgaben einer Pädagogik bei Verhaltensstörungen nicht in Sonderschulen, sondern in allgemeinen Schulen untergebracht wissen. Durch Intensivierung allgemeiner erzieherischer Mittel, z. B. durch Individualisierung und soziales Lernen, soll die Erziehung in allgemeinen Institutionen möglichst weitgehend diese Problemlagen beantworten.

Die Frage der Verursachung von Verhaltensstörungen ist bis heute heftig umstritten: Frühe Vernachlässigung, seelische Belastungen, familiäre Problemkonstellationen, minimale Hirnschäden, fehlerhafte Anpassung aufgrund fehlgelaufener Lernprozesse, beeinträchtigte Kognitionen oder Stigmatisierungs- und Etikettierungsprozesse werden in z. T. heftigen Auseinandersetzungen diskutiert. Unter der übergreifenden Vorstellung eines gestörten Verhaltens bearbeiten diese Ansätze die erzieherischen Probleme mit unterschiedlichen Denk- und Forschungskonzepten.

Die seit den 80er Jahren sich formierende systemische Sichtweise nimmt für sich in Anspruch, die Leitvorstellung des gestörten Verhaltens zu überschreiten. Das Kind wird nunmehr als Symptomträger einer problematischen Konstellation eines sozialen Systems verstanden. Ob damit allerdings tatsächlich die basale Vorstellung der „Verhaltensstörung" abgelöst wird, erscheint zumindest fragwürdig.

Aus der Historiographie wird deutlich, dass es unmöglich geworden ist, ein einziges Denkmodell und entsprechend eindeutige Konsequenzen für die Erziehung bei Verhaltensstörungen zu erwarten. Die unter dem Terminus Verhaltensstörung subsummierten Phänomene und Probleme sind zudem dermaßen vielfältig, dass schon aus diesem Grund ein einheitliches Theoriemodell nicht erwartet werden kann.   *Ergebnis*

2.3 Beispiele

Einige exemplarische Beispiele aus der Geschichte beleuchten die Entwicklung der Bemühungen um eine bestmögliche Erziehungshilfe bei Verhaltensstörungen.

1. Der Textausschnitt aus Pestalozzis berühmtem Stanser Brief stellt eine der Gründungsurkunden der Heimerziehung, zugleich die Dokumentation der Einheit von Pädagogik und Heilpädagogik dar.
2. Johannes Trüpers Schrift bezeugt das Bemühen von Pädagogen in die Öffentlichkeit hinein, für jugendliche Gesetzesbrecher Hilfen und nicht Strafen zu etablieren.
3. Arno Fuchs argumentiert für besondere Hilfen innerhalb der Volksschule, wobei er sich bereits um die Vermeidung negativer Effekte durch Absonderung in einer eigenen Institution bemüht.

Stanser Brief

Pestalozzi, J. H.: Brief an einen Freund über seinen Aufenthalt in Stans (1799). In: Pestalozzi, J. H.: Ausgewählte Schriften. Hrsg. v. W. Flitner. Frankfurt am Main 1983, 223–246

Ich mußte im Anfang die armen Kinder wegen Mangel an Betten des Nachts zum Teil heimschicken. Diese alle kamen dann am Morgen mit Ungeziefer beladen zurück. Die meisten dieser Kinder waren, da sie eintraten, in dem Zustand, den die äußerste Zurücksetzung der Menschennatur allgemein zu seiner notwendigen Folge haben muß. Viele traten mit eingewurzelter Krätze ein, daß sie kaum gehen konnten, viele mit aufgebrochenen Köpfen, viele mit Hudeln, die mit Ungeziefer beladen waren, viele hager, wie ausgezehrte Gerippe, gelb, grinsend, mit Augen voll Angst und Stirnen voll Runzeln des Mißtrauens und der Sorge, einige voll kühner Frechheit, des Bettelns, des Heuchelns und aller Falschheit gewöhnt, andere vom Elend erdrückt, duldsam, aber mißtrauisch, lieblos und furchtsam. Zwischenhinein einige Zärtlinge, die zum Teil ehemals in einem gemächlichen Zustand lebten; diese waren voll Ansprüche, hielten zusammen, warfen auf die Bettel- und Hausarmenkinder Verachtung, fanden sich in dieser neuen Gleichheit nicht wohl, und die Besorgung der Armen, wie sie war, war mit ihren alten Genießungen nicht übereinstimmend, folglich ihren Wünschen nicht entsprechend. Träge Untätigkeit, Mangel an Übung der Geistesanlagen und wesentlicher körperlicher Fertigkeiten waren allgemein. Unter zehn Kindern konnte kaum eines das ABC. Von anderm Schulunterrichte oder wesentlichen Bildungsmitteln der Erziehung war noch weniger die Rede.

Der gänzliche Mangel an Schulbildung war indessen gerade das, was mich am wenigsten beunruhigte; den Kräften der menschlichen Natur, die Gott auch in die ärmsten und vernachlässigtesten Kinder legte, vertrauend, hatte mich nicht nur frühere Erfahrung schon längst belehrt, daß diese Natur mitten im Schlamm der Rohheit, der Verwilderung und der Zerrüttung die herrlichsten Anlagen und Fähigkeiten entfaltet, sondern ich sah auch bei meinen Kindern, mitten in ihrer Rohheit diese lebendige Naturkraft allenthalben hervorbrechen. Ich wußte, wie sehr die Not und die Bedürfnisse des Lebens selbst dazu beitragen, die wesentlichsten Verhältnisse der Dinge dem Menschen anschaulich zu machen, gesunden Sinn und Mutterwitz zu entwickeln und Kräfte anzuregen, die zwar in dieser Tiefe des Daseins mit Unrat bedeckt zu sein scheinen, die aber, vom Schlamme dieser Umgebungen gereinigt, in hellem Glanze strahlen. Das wollte ich tun. Aus diesem Schlamm wollte ich sie herausheben und in einfache, aber reine häusliche Umgebungen und Verhältnisse versetzen. Ich war gewiß, es brauchte nur dieses, und sie würden als höherer Sinn und höhere Tatkraft erscheinen und sich als Tüchtigkeit zu allem erproben, was nur immer den Geist befriedigen und das Herz in seiner Innersten Neigung ansprechen kann …

Ich wollte eigentlich durch meinen Versuch beweisen, daß die Vorzüge, die die häusliche Erziehung hat, von der öffentlichen müssen nachgeahmt werden, und daß die letztere nur durch die Nachahmung der erstern für das Menschengeschlecht einen Wert halt.

Schulunterricht ohne Umfassung des ganzen Geistes, den die Menschenerziehung bedarf, und ohne auf das ganze Leben der häuslichen Verhältnisse gebaut, führt in meinen Augen nicht weiter als zu einer künstlichen Verschrumpfungsmethode unseres Geschlechts.

Jede gute Menschenerziehung fordert, daß das Mutterauge, in der Wohnstube täglich und stündlich jede Veränderung des Seelenzustandes Ihres Kindes mit Sicherheit in seinem Auge, auf seinem Munde und seiner Stirne lese.

Sie fordert wesentlich, daß die Kraft des Erziehers reine und durch das Dasein des ganzen Umfangs der häuslichen Verhältnisse allgemein belebte Vaterkraft sei.

Hierauf baute ich. Dass mein Herz an meinen Kindern bange, daß ihr Glück mein Glück, ihre Freude meine Freude sei, das sollten meine Kinder vom frühen Morgen bis an den späten Abend in jedem Augenblick auf meiner Stirne sehen und auf meinen Lippen ahnen.

Der Mensch will so gerne das Gute, das Kind hat so gerne ein offenes Ohr dafür; aber es will es nicht für dich, Lehrer, es will es nicht für dich, Erzieher, es will es für sich selber. Das Gute, zu dem du es hinführen sollst, darf kein Einfall deiner Laune und deiner Leidenschaft, es muß der Natur der Sache nach an sich gut sein und dem Kinde als gut in die Augen fallen. Es muß die Notwendigkeit deines Willens nach seiner Lage und seinen Bedürfnissen fühlen, ehe es dasselbe will.

Alles, was es lieb macht, das will es. Alles, was Ihm Ehre bringt, das will es. Alles, was große Erwartungen in ihm rege macht, das will es. Alles, was in ihm Kräfte erzeugt, was es aussprechen macht, „ich kann es", das will es.

Aber dieser Wille wird nicht durch Worte, sondern durch die allseitige Besorgung des Kindes und durch die Gefühle und Kräfte, die durch diese allseitige Besorgung in ihm rege gemacht werden, erzeugt. Die Worte geben nicht die Sache selbst, sondern nur eine deutliche Einsicht, das Bewußtsein von ihr.

Vor allem wollte und mußte ich also das Zutrauen der Kinder und ihre Anhänglichkeit zu gewinnen suchen. Gelang mir dieses, so erwartete ich zuversichtlich alles übrige von selbst.

Trüper, Johannes (1904): Psychopathische Minderwertigkeiten als Ursache von Gesetzesverletzungen Jugendlicher. Langensalza: Beyer & Söhne, 41–42

Heilerziehungs-
heim

Sind nun meine vorstehenden Darlegungen … stichhaltig, so ergeben sich daraus folgende, im Interesse der heranwachsenden Jugend zu erhebende Forderungen:

1. Es gibt abnorme Erscheinungen im Seelenleben der Jugend, die nicht unter die Rechtsbegriffe „Unzurechnungsfähigkeit" und „Geistesschwäche" fallen, die aber doch pathologischer Natur sind und bei manchen zu Gesetzesverletzungen führen, ja unbewußt drängen.

2. Diese Zustände entwickeln sich in vielen Fällen erst allmählich aus kleinen Anfängen. Werden dieselben rechtzeitig erkannt und zweckentsprechend in der Erziehung berücksichtigt, so können dadurch viele jugendliche Gesetzesübertretungen verhütet werden.

3. Es ist darum im öffentlichen Interesse dringend erwünscht, daß Lehrer, Schulärzte, Seelsorger und Strafrichter sich mehr als bisher dem Studium der Entwicklung der Kindesseele und ihrer Eigenarten widmen. Namentlich ist es notwendig, daß an den Universitäten in Verbindung mit pädagogischen Seminarien Vorlesungen über Psychologie und Psychiatrie des Jugendalters gehalten werden und daß in den Volksschullehrerseminarien die künftigen Lehrer Anleitung zum Beobachten des kindlichen Seelenlebens erhalten.

4. In allen Schulen ist mehr als bisher der Erziehung des Gefühls- und Willenslebens Rechnung zu tragen und der einseitigen intellektuellen Überlastung vorzubeugen.

5. Bevor jugendliche Individuen wegen Gesetzesverletzung öffentlich vor den Strafrichter gestellt werden, sollten sie zunächst einem Jugendgericht, bestehend aus dem Lehrer des betreffenden Kindes, dem Leiter der betreffenden Schule, dem Schularzte, dem Geistlichen und dem Vormundschaftsrichter überwiesen werden. Erst auf Beschluß dieses Jugendgerichtes sollten Jugendliche dem öffentlichen Verfahren überwiesen werden.

6. Statt oder neben der Strafe als Sühne oder der bloßen Einsperrung zum Schutze der Gesellschaft gegen die Übeltäter sollte in besonderen Anstalten, von besonders vorgebildeten Pädagogen unter medizinisch-psychiatrischem Beirate geleitet, eine für Leib und Seele sorgfältig erwogene Heilerziehung Platz greifen. Die Fürsorgegesetze tragen bisher diesen Anforderungen nicht genügend Rechnung.

Erziehungsklassen

Fuchs, Arno (1930): Erziehungsklassen (E-Klassen) für schwererziehbare Kinder der Volksschule. Halle: Marhold, 42–44

III. Die besondere erzieherische Behandlung der Schwererziehbaren

Die Art und Form der Heilbehandlung, die dem Schwererziehbaren zuteil werden mußte, ist von der Natur und der Sachlage abzuleiten.

Es besteht zwar die Notwendigkeit, die Schwererziehbaren aus ihrer Klassen- und Schulgemeinschaft herauszunehmen, nicht aber, sie völlig vom Schulbesuch zu befreien oder in einer von der öffentlichen Schule abgetrennten Erziehungseinrichtung unterzubringen und sie dadurch aus der öffentlichen Schule zu entfernen. Ihre Überführung in ein Psychopathenheim oder in die Fürsorgeerziehungsanstalt ist noch nicht geboten, würde daher als Strafe empfunden werden und jeden weiteren erziehlichen Einfluß vereiteln, mindestens außerordentlich erschweren, und wäre im übrigen ohne ausdrückliches Verlangen der Erziehungsverpflichteten auch niemals sofort zu erreichen. Die unter Hinweis auf die psychopathische Behandlung angeordnete ärztliche Beurlaubung vom Schulbesuch und der Ausschluß von der Schule, den die Aufsichtsbehörde im Hinblick auf die Mitschüler für zweckmäßig hält, haben sich, da sie nicht mit sofort sich anschließender erziehlicher Versorgung verbunden waren, auch als nachteilig für die Kinder selbst erwiesen, da sie sie völlig der Straße und ihrem Einfluß überantworteten. Auch ist in den meisten Fällen die Herausnahme aus den häuslichen Verhältnissen weder unbedingt angebracht noch durchführbar. Selbst die brüchige Familie besitzt u. U. noch erziehliche Werte, die der fremden Erziehung niemals zu eigen werden können, und gesetzliche Handhaben für sofortige Trennung von ungünstigen Familienverhältnissen sind meist nicht gegeben. Für eine bevorzugte Sonderbetreuung der Psychopathen vor den schwererziehbaren Anormalen liegt ohne weiteres Veranlassung nicht vor. Die Beobachtung in der Massenerziehung der Normalschule gestattet in den meisten Fällen noch kein abschließendes Urteil darüber, ob es sich wirklich um krankhafte Veranlagung handelt, und manches schwer milieubeschädigte normale Kind dürfte der Sonderbehandlung mindestens ebenso bedürftig sein wie ein psychopathisch veranlagtes.

Grundsätzlich wird man daher anerkennen müssen, daß die Entfernung der schwererziehbaren Kinder aus der Schulgemeinschaft nicht ohne gleichzeitige Versorgung mit einer angepaßten Sonderbehandlung geschehen sollte. Für diese selbst aber ist die Volksschule der gegebene Ort. Ihre erzieherischen Pflichten gegenüber den schwererziehbaren Kindern hat sie noch nicht bis zur Grenze der möglichen Beeinflussung erfüllt; ein anderer Ausweg bietet sich nicht, keine der bestehenden Erziehungseinrichtungen ist auch in der Lage, wie sie über eine so große Zahl psychologisch durchgebildeter und erfahrener Erzieher für diesen Zweck zu verfügen. In Fällen einer besonderen persönlichen Entfernung zwischen den Kindern und seiner Klasse und Schule ist u. U. ein Klassen- und Schulwechsel von günstiger Wirkung, doch bleibt eine solche Maßnahme in der Regel nur ein Notbehelf.

Die Sonderbehandlung der schwererziehbaren Kinder wird nur möglich sein durch ihre völlige, jedoch nur vorübergehende Herausnahme aus dem normalen Klassenverband und ihrer Vereinigung, jedoch nur in geringer Zahl und aus benachbarten Jahrgängen, *in einer besonderen Klasse,* deren Leitung einem für die vorschwebende Aufgabe sich innerlich berufen fühlenden Lehrer anzuvertrauen wäre. Sie wird umso eher Erfolge aufweisen, je stärker sich die Beeinflussung des Elternhauses durch persönliche Fühlungnahme des Lehrers mit der Familie, Einwirkung des Jugendamts, Beigabe eines Pflegers usw. wird ermöglichen lassen. Die innere Organisation dieser Einrichtung wird im Hinblick auf die Ursachen der Schwererziehbarkeit und die Eigenart der schwererziehbaren Naturen zuerst dafür Sorge zu tragen haben, die Sonderbehandlung nicht als Strafe empfinden zu lassen. Die besondere Klasse hat nicht den Zweck, durch sich schon für begangenes Unrecht zu strafen, sondern die Aufgabe, aufzuhalten, auszurichten, zu beruhigen, zu helfen und aufwärts zu führen. Sie wird sie nur erfüllen können, wenn sie das Kind nicht völlig abtrennt von den Kameraden und der Umwelt und der öffentlichen Schulgemeinschaft, dennoch aber eine nachdrückliche und umfassende Fürsichbehandlung inmitten der öffentlichen Volksschule ermöglicht. Um deswillen setzt ihre Durchführung eine hohe Vollkommenheit der inneren Organisation der Volksschule, der die Neueinrichtung angeschlossen ist, voraus, und zwar sowohl bezüglich des psychologischen Urteils als auch des gegen das Kind, die Eltern und die Öffentlichkeit zu übenden pädagogischen Taktes.

Diese Art der Sonderbehandlung wird das Kind zur Ruhe und Besinnung kommen lassen. Alles Vergangene wird unbeachtet bleiben, solange nicht besondere Anlässe und erziehliche Gründe die Erinnerung geboten erscheinen lassen, und freundliches Entgegenkommen und volles Verständnis für die persönlichen Angelegenheiten und die häuslichen Verhältnisse werden das Kind schließlich entwaffnen, daß es sich dem, der ihm Vertrauen schenkt, wieder nähert und einige Unbefangenheit zurückgewinnt. Zusagende und anregende Beschäftigung und reiche körperliche Betätigung werden es ablenken von seinen abschweifenden Gedanken. Durch die Auswertung aller seiner Kräfte und Fähigkeiten wird es sich in seiner ganzen Person, die sich in dem umgestalteten Schulbetriebe besser auswirken darf, erfassen und richten lassen. Das enge Zusammenarbeiten und -leben in kleiner Schulgemeinschaft wird es an die Notwendigkeit gegenseitiger Rücksichtnahme, Selbstdisziplin und Selbsterziehung gewöhnen. Die sittlichen Werte, die es in seiner Schulumgebung, ihrem gesellschaftlichen Zusammensein, in seinen Pflichten, in seinen Leistungen, auch in seiner Familie nicht mehr erkannte, wird es in einem wenn auch nur geringen Maße wiedererkennen und wiedergewinnen, so daß es nach beendeter Sonderbehandlung „wiederhergestellt" oder „gebessert" der normalen Klassengemeinschaft zurückgegeben werden kann.

2.4 Übungsaufgaben

Aufgabe 8   Nennen Sie verschiedene Stränge in der Geschichte der Institutionen für Kinder und Jugendliche mit Verhaltensstörungen, und ordnen Sie jeweils einen wichtigen Vertreter zu.

Aufgabe 9   Welche Vorstellungen von Verhaltensstörungen lassen sich prototypisch in der Ideengeschichte der Pädagogik bei Verhaltensstörungen unterscheiden? Arbeiten Sie zentrale Vorstellungen zur Verursachung und den abgeleiteten Handlungsmöglichkeiten heraus.

Aufgabe 10   Welche Intentionen verfolgen die Autoren der Beispieltexte? Wie argumentieren sie?

Aufgabe 11   Welches der vorgestellten drei Textbeispiele aus der Geschichte hat Sie überzeugt? Begründen Sie.

3 Wissenschaftliche Modelle der Pädagogik bei Verhaltensstörungen

Schon die historischen Versuche zur Erziehung von Kindern und Jugendlichen mit Verhaltensstörungen zeigen, dass man das komplexe Phänomen Verhaltensstörungen auf sehr unterschiedliche Weise verstehen und handelnd beantworten kann. Das zugrunde liegende Bild vom Menschen, die anthropologische Frage, spielt dabei eine zentrale Rolle, aber auch die Vorstellungen von einer wissenschaftlich akzeptablen Methode, also die erkenntnistheoretische Frage. Da diese grundlegenden Fragen in differenten Wissenschaftsrichtungen und Denkschulen jeweils unterschiedlich beantwortet werden, entstehen auch verschiedene Theorien. Auf die Frage, wie die Entstehung von Verhaltensstörungen zu erklären sei und wie gehandelt werden soll, gibt es folglich unterschiedliche Antworten.

Die aktuelle Diskussion in der Pädagogik bei Verhaltensstörungen zeichnet sich dadurch aus, dass mehrere Erklärungsmöglichkeiten akzeptiert werden und daher verschiedene Handlungsansätze gleichzeitig existieren. Man spricht von wissenschaftlichen Modellen oder Ansätzen. Die verschiedenen Modelle stehen untereinander in Konkurrenz. Für die Pädagogik bei Verhaltensstörungen wurden sie von Juul (1979) sehr plausibel vorgestellt, eine neuere Darstellung bietet Benkmann (1993), und einen aktuellen Überblick, verbunden mit eindrucksvollen Praxisbezügen, erhält man aus dem Buch von Wittrock (1998).

Wissenschaftliche Modelle

Unter einem Modell versteht man ein zusammenhängendes System von wissenschaftlichen Sätzen und Aussagen, das eine theoretische Beschreibung, Erklärung und Vorhersage des Verhaltens von Kindern und Jugendlichen mit Verhaltensstörungen erlaubt. Aus einem Modell werden Handlungsmöglichkeiten zur Prävention, Intervention und Rehabilitation bei Verhaltensstörungen abgeleitet.

Modell

Die verschiedenen Modelle, die sich in der Pädagogik bei Verhaltensstörungen feststellen lassen, bestimmen folglich auch die Praxis der Erziehung und müssen in ihren Schwerpunkten und grundsätzlichen Annahmen zur Kenntnis genommen werden. Mit Benkmann lassen sich sechs Modelle in der Pädagogik bei Verhaltensstörungen unterscheiden:

- das biophysische Modell,
- das psychodynamische Modell,
- das verhaltenstheoretische Modell,
- das soziologische Modell,
- das polit-ökonomische Modell und
- das ökologische Modell.

Die Kenntnis dieser Modelle erlaubt einen Überblick über theoretische Diskussionen, aber auch über vorhandene Praxiskonzepte. Um den Schritt von einer einfachen Wissenschaftsgläubigkeit zu einer kritischen wissenschaftlichen Reflexion gehen zu können, muss man die verschiedenen Modelle der Pädagogik bei Verhaltensstörungen unterscheiden können.

3.1 Das biophysische Modell

Die Ursache von Verhaltensstörungen liegt gemäß dem biophysischen Modell in organischen oder physischen Faktoren, in denen Schädigungen oder funktionelle Abweichungen des Organismus festgestellt bzw. vermutet werden. Die Behandlung setzt dementsprechend auf biophysische oder medizinische Maßnahmen zur Therapie der kindlichen Störungen. Die Störung wird damit zu einer Eigenschaft des Kindes, die in organischen Faktoren ihre Ursache hat. Diese Ursachen sind durch Anlage oder Umwelt oder deren komplexe Interaktion bedingt. Erworbene Störungen können im prä-, peri- oder postnatalen Stadium entstehen (Harbauer et al. 1980). Medizinisch-organische Kategorien erhalten in diesem Modell eine entscheidende Bedeutung.

Diagnostik

Zur zentralen Aufgabe der Diagnostik wird dann die Suche nach den organischen Faktoren, die mit der Verhaltensstörung in Zusammenhang stehen oder als ursächlich angesehen werden. Ähnliche Symptome und Symptomverbindungen (Syndrome) werden als gleiche Störungsformen klassifiziert. Die Unterscheidung zwischen primären und sekundären Störungen, also die direkt von der biophysischen Schädigung verursachten Störungen im Gegensatz zu den späteren, als Effekt der Interaktion mit der Umwelt entstehenden Störungen, führen zur Differenzierung der Diagnosen.

Defekt oder Retardierung

Die auf der Basis des biophysischen Modells entwickelten Einzeltheorien verstehen Verhaltensstörungen entweder als Folge eines organischen Defekts (Defekttheorien) oder als Resultat einer Entwicklungsverzögerung des Zentralnervensystems mit der Folge einer kognitiven, sozialen und emotionalen Unreife (Retardierungstheorien). Innerhalb des biophysischen Modells ist das Denken in klaren Abgrenzungen von gesund und krank, von gestört und nicht gestört gemeinsam. Das Kind wird in solche Kategorien eingeordnet und demgemäß behandelt.

Das biophysische Modell findet häufig in medizinisch-psychiatrischen Zusammenhängen Verwendung, etwa in der Kinder- und Jugendpsychiatrie. Die Störungsformen Autismus, Hirnfunktionsstörungen und Psychosen werden häufig unter Anwendung dieses Modells thematisiert. Auch in der Behandlung hyperaktiver Kinder findet das biophysische Modell typischerweise Anwendung: Durch die Einnahme des Medikaments Ritalin, eines Stimulans, verbessern sich die problematischen Verhaltensweisen meist deutlich. Für Kinder mit Teilleistungsstörungen, für die eine Minimale Cerebrale Dysfunktion (MCD) ursächlich sein soll, wurden eigene Unterrichtskonzepte entwickelt. Cruickshank entwickelte das Prinzip der Reizreduktion, bei dem die Schüler in einer sehr reizarmen Situation schulische Lernvorgänge vollziehen (Hillenbrand 1999a). Nach Jean Ayres erhalten Schüler mit Teilleistungsstörungen, die sie auf sensorische Integrationsstörungen zurückführt, gezielte Bewegungsanreize, die eine Nachreifung des Zentralnervensystems ermöglichen sollen. Mit dieser Theorie erfolgte sogar die Begründung einer schulorganisatorischen Neuerung in Bayern, die Einführung der Diagnose- und Förderklassen (Breitenbach 1992). Neben diesen eher umfassenden Unterrichtskonzepten existieren eine Reihe von Interventionsprogrammen, die dem gezielten Ausgleich von Defiziten in bestimmten Lern- und Verhaltensbereichen dienen: Frostigs Programm zur Entwicklung der visuellen Wahrnehmung oder motopädagogische Übungen von Kephart sind solche biophysisch orientierten Funktionstrainings (Grissemann 1993).

Als Kritik ist festzuhalten, dass die Zuverlässigkeit medizinischer Diagnosen im Zusammenhang mit Verhaltensstörungen häufig überschätzt wird. Die zeitweilig sehr „beliebte" Diagnose Minimale Cerebrale Dysfunktion (MCD) erweist sich als eine recht unsichere und unpräzise Behauptung. Die Gefahr, das Kind nur noch unter dem Aspekt der Defizite zu sehen und eine einseitig negative Sichtweise aufzubauen, ist nicht zu übersehen. Soziale und erzieherische Dimensionen der Entstehung von Verhaltensstörungen finden kaum Berücksichtigung. Soziale Faktoren müssen jedoch bei der Suche nach Entstehungszusammenhängen und in der praktischen Erziehung bei Verhaltensstörungen notwendigerweise berücksichtigt werden – sie kommen im biophysischen Modell aber kaum vor.

Diese Kritik darf jedoch nicht zu einem blinden Fleck gegenüber den medizinischen Dimensionen bei Verhaltensstörungen führen (Speck 1979). Medizinische Erkenntnisse müssen vielmehr in einen größeren, weitere Faktoren berücksichtigenden

Anwendung

Rahmen integriert werden. Eine Therapie hyperaktiver Kinder mit Ritalin ohne eine gleichzeitige soziale Erziehung beispielsweise erscheint daher sehr problematisch und wird auch von Medizinern abgelehnt.

3.2 Das psychodynamische Modell

Auf der Grundlage der Tiefenpsychologie Sigmund Freuds gab es schon recht früh Bemühungen um eine psychoanalytische Behandlung von Kindern und Jugendlichen mit Verhaltensstörungen. Alfred Adler, einer der Schüler Freuds, konzipierte mit der Individualpsychologie eine für Fragen der Erziehung sehr offene Theorie und Psychotherapie. Auf das Kind bezogene Therapieformen entwickelten bereits die Tochter Sigmund Freuds, Anna Freud, und Virginia Axline in der Spieltherapie.

Tiefenpsychologie   Unter dem psychodynamischen Ansatz werden folglich die verschiedenen tiefenpsychologischen Denkmodelle zusammengefasst. Sie betonen die Dynamik und den Prozesscharakter der unbewussten Vorgänge, die Bedeutung der Emotionen und frühkindlichen Bedürfnisbefriedigung, die eine entscheidende Rolle für die Entwicklung der Persönlichkeit und damit auch bei der Entstehung von Verhaltensstörungen spielen. Werden frühkindliche Bedürfnisse nicht erfüllt, erlebt das Kind traumatische Situationen oder kann es Konflikte nicht lösen, dann beeinträchtigt das die psychische Entwicklung und führt zu auffälligen Verhaltensweisen. Die fehlerbehaftete Verarbeitung von frühkindlichen Konflikten, mangelnde Bedürfnisbefriedigung und eine gestörte emotionale Entwicklung stellen in diesem Modell die Ursache von Verhaltensstörungen dar.

Erziehungstherapie   Die Behandlung erfolgt durch die Aufdeckung und anschließende Verarbeitung der unbewussten Konflikte. Die unbefriedigten Bedürfnisse der Kinder und Jugendlichen müssen erfüllt werden. Sowohl für das Heim als auch für die Schule werden Maßnahmen einer psychodynamischen „Erziehungstherapie" vorgeschlagen (Kupffer 1978; Baulig 1982). Die Beziehung des Erziehers oder Lehrers zum Kind erhält hier eine entscheidende Bedeutung. Die emotionale Bindung an den Erzieher und darüber hinaus an die Gruppe gilt als wichtiger Schritt des psychischen Heilungsprozesses.

Instanzenmodell   Allerdings lässt sich eine Akzentverschiebung innerhalb der psychodynamischen Theorien feststellen. Während Freud gemäß seinem Instanzenmodell der Persönlichkeit (Abb. 7) die Bedeutung der verdrängten Triebe, das Es, betonte, versuchte Redl (1971) die Realitätsfunktion des Ich zu stärken. Aufgrund aktueller Gewalttaten bei erschreckender Gleichgültigkeit der jugendlichen Täter stellt sich inzwischen sogar die Frage, ob nicht das Über-Ich in seiner Funktion als normsetzende Instanz gestärkt werden muss (Speck 1997).

Primär erhält die Erziehung bei Verhaltensstörungen im psychodynamischen Verständnis die Aufgabe, die Entwicklung durch Befriedigung der emotionalen und sozialen Bedürfnisse zu fördern. Angstfreie Situationen, Berücksichtigung der Bedürfnisse und Gefühle, Ermutigung, Hilfen zur Konfliktbewältigung, Ermöglichung von Erfolgserlebnissen und Ermutigung zu selbstständigem Handeln stehen an zentraler Stelle. Für die Schule ist der Zusammenhang von kognitiven, sozialen und emotionalen Prozessen ausdrücklich zu berücksichtigen, wie dies besonders in musischen Aktivitäten möglich ist (Hußlein 1983).

Bedürfnis-
befriedigung

Eine der aktuell fruchtbarsten Forschungsrichtungen stellt der psychodynamische Ansatz der Bindungsforschung dar (Bowlby 1984, 2005). Die Bedeutung der Bindung an die Bezugspersonen in der frühen Kindheit wird in seiner Bedeutung für die psychische Gesundheit detailliert untersucht. Problematische Bindungsstrukturen, die chaotische Formen annehmen können, führen möglicherweise zu langandauernden Verhaltensstörungen mit weitreichenden Konsequenzen. Die Bindungsforschung entwickelt auf dieser Basis auch Hilfen für die erzieherische Arbeit zur Gestaltung der Beziehung (Julius 2001a, 2001b).

Nach dem Zweiten Weltkrieg dominierte die Tiefenpsychologie in ihren verschiedenen Varianten die Behandlung von Verhaltensstörungen. Kritiker weisen jedoch auf die niedrige Erfolgsrate psychodynamischer Behandlungen hin. Die Anwendung psychodynamischer Handlungsprinzipien auf den Unterricht stellt zudem ein Problem dar, denn die Struktur des Unterrichts entspricht nicht der einer Therapiesituation, so dass es sogar zu einem vermehrten Auftreten der Verhaltensstörungen kommen kann. Zudem besitzen Erzieher und Lehrer in der Regel nicht die Qualifikationen eines Therapeuten. Im Kern betrachtet auch die Tiefenpsychologie das Kind mit Verhaltensstörungen als ein krankes Kind, wenngleich die Ursachen nun nicht mehr in der organischen Verfassung gesucht werden. Die Bedeutung von Umweltfaktoren bleibt auch hier marginal. Zugleich besteht die Gefahr, dass organische Faktoren nicht beachtet und durch jahrelange, teure Psychotherapie falsch behandelt werden. Trotz solcher Kritik bleiben psychodynamische Gedanken ein anregendes Modell für Denken und Handeln bei Verhaltensstörungen.

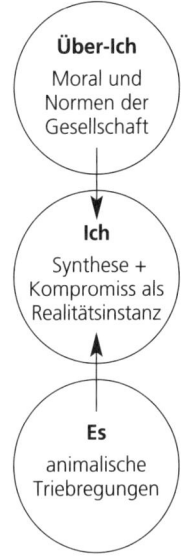

Abb. 7:
Das Instanzenmodell
der Persönlichkeit
nach Freud

3.3 Das verhaltenstheoretische Modell

Den Gegenpol zu den tiefenpsychologischen Theorien bilden die Lerntheorien. Verhalten wird demnach nicht von unbewussten Trieben gesteuert, sondern durch situative Reize und Konsequenzen auf das gezeigte Verhalten gelernt. Verhaltensstörungen werden genauso wie unauffällige Verhaltensweisen in Lernprozessen erworben und im Laufe der Zeit habitualisiert. Die Lernvorgänge selbst folgen bestimmten Gesetzmäßigkeiten, die folglich auch in der Erziehung und Therapie eingesetzt werden können.

Lerntheorien

Drei solcher Lerntheorien, die meist in Tierexperimenten gewonnen wurden, besitzen eine hervorgehobene Bedeutung: das klassische und das operante Konditionieren sowie das Lernen am Modell. Für die Erziehung bei Verhaltensstörungen ist insbesondere die daraus abgeleitete Verhaltensmodifikation von Bedeutung. Eine genauere Darstellung folgt in Kapitel 4.2.

Kognition

Seit Ende der 60er Jahre in der Psychologie die kognitive Wende begann, haben auch kognitive Methoden Einzug in die pädagogische Verhaltensmodifikation gehalten. Verträge, Selbstkontrolle und Selbstbeurteilung, Selbstinstruktion und Selbstverbalisierung erhalten damit auch in der Pädagogik bei Verhaltensstörungen große Bedeutung (Redlich/Schley 1981).

Die Vorteile des verhaltenstheoretischen Modells sind die rationale Klarheit, Anwendbarkeit und störungsbezogene Direktheit des Verfahrens. Die Effektivität wurde in vielen Untersuchungen empirisch untermauert. Das Kind wird hier nicht zum kranken Kind gestempelt, sondern unter allgemein gültigen Kategorien beurteilt. Kritisch diskutiert werden das mechanistische Menschenbild, die Konzentration auf wenige Probleme, die möglicherweise nur eine geringe Bedeutung haben, die Missachtung von Entstehungszusammenhängen der Störung und der seelischen Nöte der Kinder sowie der Charakter einer materialistischen Erziehung, die durch den Einsatz von Verstärkern entsteht. Die große Gefahr der Manipulation durch den Einsatz der Verhaltensmodifikation, die ethisch problematisch ist, beruht auf dem technischen Charakter dieser Handlungskonzeption und hat zu vehementen Ablehnungen geführt.

3.4 Das soziologische Modell

Von Seiten der Soziologie bedeutet insbesondere der Etikettie- Etikettierungs-
rungsansatz eine wichtige Bereicherung der Pädagogik bei Ver- ansatz
haltensstörungen. Demnach steht die Verhaltensstörung am Ende
eines sozialen Prozesses, durch den einem Kind eine Eigenschaft
zugeschrieben und ihm durch eine Kontrollinstanz ein negatives
Etikett verliehen wird. Treten solche Zuschreibungen an die Öffentlichkeit, wird aus dem Etikett ein Stigma. Über einen länger
dauernden Prozess der Auseinandersetzung mit dieser Typisie-
rung akzeptiert das betroffene Kind schließlich das Etikett und
übernimmt es in sein Selbstverständnis. Verhaltensstörungen sind
demnach keine objektiven Erscheinungen, sondern in einem Prozess entstehende Bezeichnungen innerhalb eines bestimmten sozialen Kontextes. Soziale Problemgruppen, beispielsweise aus so-
zio-kulturell benachteiligten Schichten oder durch eine Behinderung gezeichnete Personen, sind von solchen Prozessen in
besonderem Maße betroffen.

Für die Erziehung stellt sich dann die Aufgabe, durch Kontakte Maßnahmen
und soziale Lernprozesse Etikettierung und Stigmatisierung möglichst zu vermeiden oder zu mindern. Dazu gehören auch Fähigkeiten eines Selbstmanagements bei den Betroffenen (Rollendis-
tanz, kommunikative Kompetenz). Rollenspiele, Gruppenarbeit,
kommunikative Didaktik, schülerzentrierter Unterricht und In-
teraktionsübungen werden als praktische Elemente genannt. Da
der Prozess der Etikettierung bis in die Schulstruktur hineinreicht,
stellen Forderungen nach einer veränderten Schulstruktur eine
Konsequenz aus dem Etikettierungsansatz dar. Öffnung und Flexibilisierung des Schulsystems, Hilfen innerhalb der Regelschulen und integrative Schulformen sind wichtige Ansatzpunkte zur
Vermeidung von Stigmatisierungen.

Kritisch einzuwenden wäre die Tatsache, dass der Etikettierungsansatz die Entstehung einer primären Abweichung, aufgrund de-
rer dann der Stigmatisierungsprozess zustande kommt, nicht erklären kann. Die pädagogischen Konsequenzen aus dem Modell
sind nicht leicht zu ziehen, die Effektivität der genannten Elemente zur Vermeidung von Stigmatisierungen erscheint zweifelhaft. Zentrale Elemente der Theorie konnten bisher nicht empirisch bestätigt werden. Die empirisch gesicherte Beobachtung,
dass nach dem Heranwachsendenalter die Straftaten zurückge-
hen, widerspricht aus Sicht einer Pädagogik bei Verhaltensstörung
zudem dem Etikettierungsansatz.

3.5 Das polit-ökonomische Modell

Ökonomische
Verursachung

Für das Modell einer politisch-ökonomischen Verursachung ent-stehen Verhaltensstörungen aus der individuellen, psychischen Verarbeitung konkreter ökonomischer und soziokultureller Gesellschaftsverhältnisse. Insbesondere die kapitalistischen Produktionsverhältnisse seien für die Beeinträchtigung und Verunsicherung der Lebensverhältnisse von Kindern und Jugendlichen, die zu Verhaltensstörungen führen können, verantwortlich. Schwierige Wohnverhältnisse, unsichere Familienbeziehungen, Armut und niedrige Bildung benachteiligen sie in ihrer Selbstverwirklichung und Persönlichkeitsentwicklung. Institutionen der Hilfe führen nach diesem Verständnis im Endeffekt zu weiterer Auffälligkeit, indem sie negative Karrieren dokumentieren und manifestieren. Letztlich werde damit das bestehende Gesellschaftssystem legitimiert und stabilisiert. Die Schule sorge bereits durch ihre Struktur für das Auftreten von Störungen, die Sonderschule führe sogar zur Stabilisierung der kapitalistischen Wirtschaft durch die Bildung billiger Arbeitskräfte. Der polit-ökonomische Ansatz fordert in der Konsequenz eine andere Gesellschafts- und Wirtschaftsform, denn nur dadurch ließe sich die Lage der Betroffenen verbessern.

Für die Erziehung bei Verhaltensstörungen stellt sich gemäß diesem Modell die Aufgabe, an der politischen Aufgabe mitzuarbeiten und zugleich den Betroffenen Hilfe zu ihrer Emanzipation zu leisten. Die kritische Reflexion gesellschaftlicher Verhältnisse mit den Betroffenen gehört ebenso dazu wie deren Qualifizierung für die Durchsetzung eigener Interessen.

Allerdings, und damit setzt die Kritik ein, sind solche Forderungen relativ vage und unklar. Zu Recht weist das polit-ökonomische Modell auf soziale Mißstände und gesellschaftlich-strukturelle Problemlagen hin. Seit den 70er Jahren wurden zahlreiche Reformen aufgrund solcher massiven Kritikpunkte initiiert. Die Häufigkeit der Verhaltensstörungen ging jedoch nicht zurück.

Konkrete, realisierbare Vorschläge für die Erziehung bei Verhaltensstörungen finden sich kaum. Viele der geäußerten Vorschläge ließen sich bisher weder politisch noch erzieherisch realisieren. Die Entstehung von Verhaltensstörungen wird zudem, ähnlich wie im biophysischen Modell, linear und kausal gedacht.

3.6 Das ökologische Modell

Aus ökologischer Sicht lebt auch ein Kind in einem (sozialen) Ökosystem, mit dem das Individuum in Wechselwirkung steht. Die einzelnen Ökosysteme gehören unterschiedlichen Ebenen an: der Mikro-, Meso- oder Makroebene. Familie, Gemeinde und gesellschaftliche Kultur, als Beispiele für diese drei Ebenen, stehen miteinander in wechselseitigen Austauschprozessen. Verhaltensstörungen weisen auf eine gestörte Balance im System des Kindes hin: Das Kind-Umwelt-System ist beeinträchtigt. Verhaltensstörungen haben einen Sinn, sie sind Signale für fehllaufende Interaktionen.

    In einem ersten Schritt auf der Suche nach neuen Handlungsmöglichkeiten ist eine Analyse des sozialen Ökosystems notwendig. Eine solche Analyse folgt aber nicht dem Ursache-Wirkungs-Denken, sondern erkennt komplexe Verknüpfungen mit Netzcharakter an. Eine solche Diagnose kann also niemals nur das Kind allein untersuchen.

    Interventionen müssen versuchen, die Struktur des Ökosystems zu verändern. Nicht das Kind wird therapiert, sondern die Interaktion und Struktur des Systems oder der Systeme wird beeinflusst. Einerseits müssen dafür die Interessen und Bedürfnisse des Kindes berücksichtigt werden, andererseits muss sehr häufig eher ein Lernprozess der Umgebung eingeleitet werden. Die Handlungsansätze der humanistischen Psychologie, wie die Gesprächstherapie von Carl Rogers oder die Themenzentrierte Interaktion nach Ruth Cohn, erhalten im ökologischen Modell eine große Bedeutung für die Erziehung.

    Das systemische Modell befindet sich derzeit auf einem großen Siegeszug durch die Pädagogik bei Verhaltensstörungen und entwickelt eine Reihe von Handlungs- und Interventionsformen (Winkler/Vernooij 1998). Man kann dieses jüngste Modell als Versuch verstehen, die früheren Ansätze in ihren berechtigten Aspekten aufzunehmen, auf einer veränderten Theoriebasis jedoch neu auszurichten. Die Frage nach den Wirkungen systemischer Interventionen kann bisher kaum beantwortet werden, dennoch besitzt dieses Modell zur Zeit die größte Attraktivität im Bereich der Pädagogik bei Verhaltensstörungen.

Ökosysteme

Maßnahmen

3.7 Berechtigung der Modelle

Synthese

Jedes der angeführten Modelle stellt eine legitime und fruchtbare Perspektive auf das weite Feld der Erziehung bei Verhaltensstörungen dar. Häufig wird der Vorschlag gemacht, eine vermittelnde Synthese aus den verschiedenen Konzeptionen zu entwickeln (Myschker 2005, 118). Ein solches Vorgehen verkennt jedoch die Unvereinbarkeit und Konkurrenz der einzelnen Modelle. Aus grundlegend verschiedenen Theorieannahmen ergeben sich auch differente Handlungsformen, die einander teilweise diametral gegenüberstehen. Die unkritische Verknüpfung, Eklektizismus genannt, missachtet die Unterschiede.

Kritikfähigkeit

Die Berechtigung der genannten Modelle bleibt jedoch bestehen, denn sie beleuchten auf ihre Weise einen wesentlichen Aspekt des Problemfeldes Erziehungshilfe bei Verhaltensstörungen. Für die Erzieher wird damit die Fähigkeit zur Unterscheidung, welche Theorie konkret die sinnvollste ist, zu einer zentralen Qualifikation. Für eine solche Kritikfähigkeit aber ist ein fundierter Theorieüberblick durch ein wissenschaftliches Studium eine wesentliche Voraussetzung. Abb. 8 fasst die wichtigsten Modelle in ihren zentralen Begriffen zusammen.

Abb. 8:
Modelle der Pädagogik bei Verhaltensstörungen in zentralen Begriffen

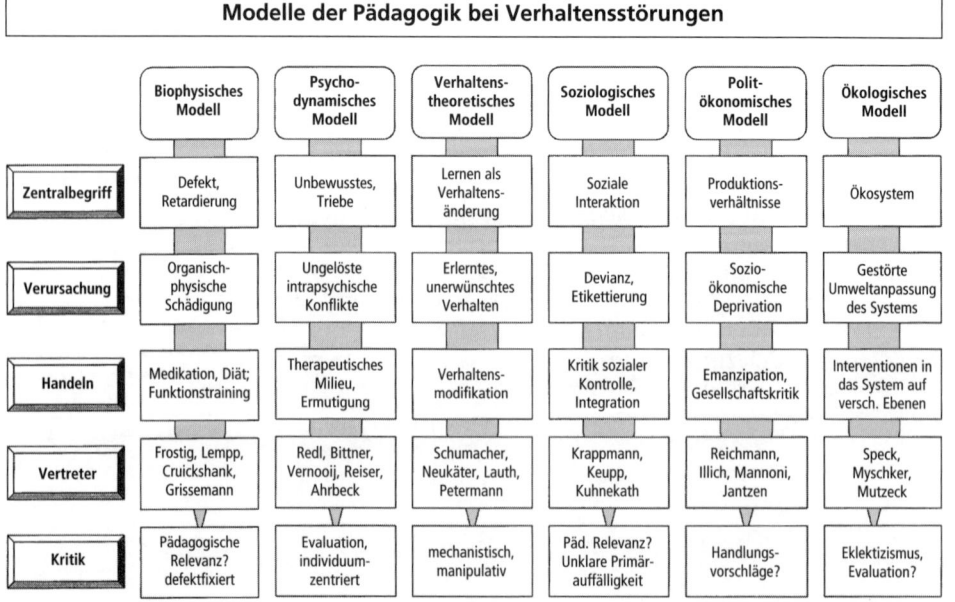

Modelle der Pädagogik bei Verhaltensstörungen

	Biophysisches Modell	Psycho-dynamisches Modell	Verhaltens-theoretisches Modell	Soziologisches Modell	Polit-ökonomisches Modell	Ökologisches Modell
Zentralbegriff	Defekt, Retardierung	Unbewusstes, Triebe	Lernen als Verhaltens-änderung	Soziale Interaktion	Produktions-verhältnisse	Ökosystem
Verursachung	Organisch-physische Schädigung	Ungelöste intrapsychische Konflikte	Erlerntes, unerwünschtes Verhalten	Devianz, Etikettierung	Sozio-ökonomische Deprivation	Gestörte Umweltanpassung des Systems
Handeln	Medikation, Diät; Funktionstraining	Therapeutisches Milieu, Ermutigung	Verhaltens-modifikation	Kritik sozialer Kontrolle, Integration	Emanzipation, Gesellschaftskritik	Interventionen in das System auf versch. Ebenen
Vertreter	Frostig, Lempp, Cruickshank, Grissemann	Redl, Bittner, Vernooij, Reiser, Ahrbeck	Schumacher, Neukäter, Lauth, Petermann	Krappmann, Keupp, Kuhnekath	Reichmann, Illich, Mannoni, Jantzen	Speck, Myschker, Mutzeck
Kritik	Pädagogische Relevanz? defektfixiert	Evaluation, individuum-zentriert	mechanistisch, manipulativ	Päd. Relevanz? Unklare Primär-auffälligkeit	Handlungs-vorschläge?	Eklektizismus, Evaluation?

Als Hilfe für die betroffenen Kinder und Jugendlichen erfordert die Erziehung bei Verhaltensstörungen die Fähigkeit zu mehrperspektivischem Denken und mehrdimensionalem Handeln. Dem entspricht wiederum die Tatsache, dass Verhaltensstörungen multikausal und multifinal zu verstehen sind (Myschker 2005). Diese Komplexität der Aufgaben erfordert theoretische Qualifikationen und lässt sich fachlich adäquat nicht einfach durch „praktische Übung" erwerben.

3.8 Übungsaufgaben

Welche Modelle lassen sich in der Pädagogik bei Verhaltensstörungen unterscheiden? Erklären Sie den Titel jedes Modells. **Aufgabe 12**

Suchen Sie für jedes Modell den zentralen Erklärungsbegriff und den wichtigsten Begriff für den Handlungsansatz. **Aufgabe 13**

Wählen Sie ein Modell aus, und formulieren Sie dessen Anliegen in einem Slogan, der durchaus humorvoll sein darf. **Aufgabe 14**

4 Ausgewählte Konzeptionen der Pädagogik bei Verhaltensstörungen

Konkretisierung Die dargestellten wissenschaftlichen Modelle geben nur die gemeinsamen Grundlagen zahlreicher, z. T. wiederum sehr unterschiedlicher Konzeptionen der Erziehungshilfe wieder. Erst diese konkreten Konzeptionen und die mit ihnen gewonnenen Erfahrungen zeigen die Relevanz und Tragfähigkeit der zugrundeliegenden Theorien. Vier ausgewählte Beispiele, die für die aktuelle Diskussion wichtig sind, zeigen solche Konkretisierungen auf. Auf weitere wichtige Konzeptionen kann im Rahmen einer Einführung nur skizzenhaft hingewiesen werden.

4.1 Psychodynamische Konzeptionen: Ich-Unterstützung nach Redl

Gemeinsame Prinzipien der psychodynamischen Konzeptionen sind die Befriedigung von Grundbedürfnissen, die besondere Beachtung der tiefenpsychischen Prozesse, von Emotionen, Beziehungen und kindlichen Entwicklungsstufen, die für das Verständnis von Verhaltensstörungen als emotionaler Konfliktlage von besonderer Bedeutung sind (Juul 1979). Diese Schwerpunkte gelten auch für die Umsetzung in praktisches Handeln, also in die Erziehung. Bei einem Transfer in die Schule muss der Unterricht die Problemlagen der Schüler berücksichtigen (Bittner et al. 1974) und aktiv zur Konfliktlösung beitragen (Baulig 1982). Die schulischen Möglichkeiten dieses Ansatzes sind an anderer Stelle dargestellt (Hillenbrand 1999a).

Eine wichtige psychodynamische Konzeption besitzt bis heute eine große Bedeutung für die Pädagogik bei Verhaltensstörungen: das Prinzip der Ich-Unterstützung von Fritz Redl. Seine Vorschläge bieten bis heute wichtige Anregungen für die Praxis der Erziehung bei Verhaltensstörungen.

4.1.1 Praxisbeispiel

Ein vielleicht etwas ungewöhnliches Beispiel, wie nach der Konzeption der Ich-Unterstützung gearbeitet wird, bietet der Bericht von Redls Mitarbeiterin Barbara Smith.

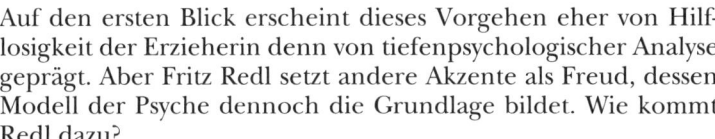

„Mike war heute wegen seiner obszönen Bemerkungen vom Friseur nach Hause geschickt worden. Als ich mit der übrigen Gruppe zurückkam, begrüßte er mich mit einem üblen Schimpfwort, um mich zu provozieren. Unter diesen Umständen hielt ich es für das beste, die Herausforderung zu ignorieren. Ich sagte nichts dazu, sondern versammelte die anderen Jungen um mich und beendete die Geschichte, die ich im Bus begonnen hatte. Das brachte Mike aus dem Konzept. Auf seinem ausdruckslosen Gesicht erschien fast so etwas wie ein fragender Ausdruck, er sah mich an und stellte plötzlich die Attacke ein ... Allmählich schob er sich zwischen die anderen, die mir zuhörten." (Redl/Wineman 1986, 23)

Auf den ersten Blick erscheint dieses Vorgehen eher von Hilflosigkeit der Erzieherin denn von tiefenpsychologischer Analyse geprägt. Aber Fritz Redl setzt andere Akzente als Freud, dessen Modell der Psyche dennoch die Grundlage bildet. Wie kommt Redl dazu?

4.1.2 Zur Person Fritz Redls

1902 wird Fritz Redl in Österreich in der Steiermark geboren. Er studiert in Wien Philosophie, Germanistik und Anglistik, das Studium schließt er 1925 mit der Promotion zum Doktor der Philosophie ab. Zur Sicherung seines Lebensunterhalts wird er anschließend Lehrer. In dieser Tätigkeit erkennt er, dass er nicht genug über seine Schüler und die in ihnen ablaufenden Prozesse weiß. Da ihm auch die übliche Psychologie nicht weiterhilft, beschäftigt er sich mit der Psychoanalyse. Er kommt in Kontakt mit der Tiefenpsychologie Sigmund Freuds und der Individualpsychologie von Alfred Adler. Mit Anna Freud ist er persönlich bekannt. 1938 emigriert Redl in die USA, um der nationalsozialistischen Herrschaft in Österreich zu entgehen. 1941 wird er Professor für Sozialpädagogik an der Universität of Detroit. Er gründet Einrichtungen zur sozialpädagogischen Clubarbeit mit verwahrlosten Straßenkindern, sozialfürsorgerische Hilfseinrichtungen und Beratungshilfe, die er nach gruppentherapeutischen Verfahren konzipiert. 1946 gründet er das Pioneer House in Detroit für schwer gestörte Kinder, die durch keine Erziehungsmaßnahmen und durch keine Therapie mehr erreichbar sind. Durch das Zusammenleben in der Gruppe möchte er vor dem Hintergrund seiner tiefenpsychologischen Ansichten eine Behandlung dieser Heranwachsenden durchführen. Das Pioneer House besteht aufgrund finanzieller Probleme nur knapp zwei Jahre. In den Folgejahren erscheinen zahlreiche Schriften Redls, die die gewonnenen Erkenntnisse auch theoretisch vertiefen. Neben seiner Lehrtätigkeit an der Wayne State University Detroit beteiligt sich Redl weiterhin aktiv am Aufbau diverser Sozialeinrichtungen. Er stirbt 1988.

Biographie

4.1.3 Theoretische Grundlagen

Instanzenmodell

Das von Sigmund Freud entwickelte Persönlichkeitsmodell sieht drei Instanzen vor: Ich, Es und Über-Ich (vgl. Abb. 7, S. 64). Das Triebsystem (Es) bildet die Gesamtheit der Wünsche, Impulse, Bestrebungen und Bedürfnisse, die nach Befriedigung drängen. Die Triebe des Es werden vom Normensystem des Über-Ich kontrolliert. Das Über-Ich ist für die Psychoanalyse die normative Instanz oder das Gewissen des Menschen, das die Werte, Ge- und Verbote der Gesellschaft repräsentiert. Die Aufgabe der Realitätsinstanz oder des Ichs besteht nun darin, zwischen den Impulsen des Es und den Verboten des Über-Ich einen realistischen Weg zu finden (Kap. 3.2). Für Freud bestanden psychische Erkrankungen in den oftmals unbewussten Konflikten zwischen den Instanzen, insbesondere durch die unterdrückten Triebe des Es.

Ich-Störungen

Redl entwickelt, ausgehend von der Basis dieses Persönlichkeitsmodells, ein anderes Erklärungs-, Behandlungs- und Diagnosemodell für Kinder mit Verhaltensstörungen. Nicht so sehr die unterdrückten Triebe des Es führen zu Verhaltensstörungen, vielmehr ist die Realitätsinstanz des Ich nicht in der Lage, seine Aufgabe zu erfüllen. Bei den zehn Straßenkindern, die er in das Pioneer House aufnimmt, unterliegt seiner Ansicht nach das Ich dem Es, und ein Über-Ich ist nicht entwickelt. Redl erkannte also in der Ich-Störung und im Vorhandensein eines überdimensionalen Es die Grundlage für die Verwahrlosung von Kindern.

„Ein schwaches Ich bedeutet oft das Dasein einer stärkeren Triebspannung, als das Ich sie verarbeiten kann" (1987, 23).

Diese Störung hat äußerst negative Folgen. Es kommt zum Verlust der Selbstkontrolle, zu Fehleinschätzungen der sozialen Realität, zu fehlender Frustrationstoleranz, zu Unsicherheit, Angst, Flucht und Panik insbesondere in unbekannten Situationen. Bei seinen delinquenten Jugendlichen steht das Ich im Dienst der Triebbefriedigung, ohne dass sie dabei Schuldgefühle erleben. Sie werden vom Lustprinzip beherrscht, leben Ich-bezogen, besitzen kaum Gemeinschaftssinn, pflegen keine Bindungen und sind hemmungslos. Als eine Form der Ich-Störung beschreibt Redl die Unfähigkeit, mit Aggressionen aufgrund frustrierter Triebe und Wünsche umzugehen.

Die Erziehungshilfe muss auf die zugrunde liegenden Störungen des Ich eingehen und dessen Funktionen unterstützen.

4.1.4 Ich-Unterstützung

Aus den theoretischen Annahmen leitet Redl die heilerzieherische Aufgabe ab, die Funktion des Ich zu stärken. Ein schwaches Ich bedeutet das Vorhandensein einer starken Triebspannung, die das Ich, die Realitätsinstanz, nicht bewältigen kann. Das Leben der Kinder muss nun so gestaltet werden, dass durch angemessene Möglichkeiten der Triebbefriedigung Triebstauungen, die das Ich überfordern würden, vermieden werden. Durch spezielle Hilfen müssen die Ich-Funktionen gestärkt werden.

Ich-Stärkung

Die Ich-Unterstützung nimmt folgende Formen an:

Maßnahmen

- Der Therapeut teilt dem Kind interpretierend mit, was es zugunsten von Realitätsanforderungen vergessen hat oder nicht sehen will;
- ein positives Verhältnis und eine tragfähige Beziehung von Kind und Erzieher;
- indirekte Maßnahmen, etwa Veränderung des Eltern-Verhaltens, der Schulsituation oder positive Freizeiterlebnisse (oft ergeben sich im Tagesablauf „Ereignisse", die sich der Erzieher zunutze machen kann).

Da die gängigen pädagogisch-therapeutischen Maßnahmen bei den Jungen des Pioneer House unwirksam waren, entwickelte Redl ein System von 40 gezielten Techniken der Ich-Unterstützung.

Die Gestaltung der Freizeit stellt eine wichtige und umfassende Aufgabe dar. Es sollen keine ausagierenden Verhaltensweisen aufgrund von Langeweile entstehen. Bestimmte Maßnahmen erwiesen sich dabei als ungeeignet: Wettbewerbsspiele und mechanische Spielsachen führten zur Destruktion. Die Kinder des Pioneer House konnten solche Spannungen nicht aushalten.

Als wichtiges Resultat seiner Arbeit im Pioneer House erkennt Redl die besonderen Chancen des Heimes, die durch die Gruppensituation gegeben sind:

Gruppe

1. Die Betätigung in der Gruppe selbst bietet hervorragende Möglichkeiten der Entwicklungshilfe bei Verhaltensstörungen.
2. Die Dynamik der Gruppe produziert emotionale Ströme, die sich für therapeutische Zwecke nutzen lassen.
3. Die wichtigsten Personen sind die, die im täglichen Kontakt mit den Kindern leben. Bei fachlicher Qualifikation und täglichem Zusammenleben ergeben sich daher besondere Wirkungsmöglichkeiten.
4. Die Therapie findet überwiegend in Situationen des wirklichen Lebens statt (Essen, Spielen, Arbeiten usw.).
5. Die gesamte Atmosphäre im Heim und die organisatorische Struktur wirken als Teil des therapeutischen Prozesses.
6. Regeln in der Gruppe sowie ein einmal gewachsener Gruppenkodex erleichtern das Erfüllen der Aufgaben des Ichs.

Das Konzept bezeichnet Redl als eine Therapie durch die Gruppe. Die Gruppensituation selbst mit der in ihr enthaltenen Dynamik wird als therapeutisches Mittel eingesetzt und reicht in seiner Wirkung daher über die Individualtherapie hinaus. Diese besondere Lebenssituation für die Kinder und Jugendlichen mit Verhaltensstörungen und die Beachtung der Maßnahmen zur Ich-Unterstützung bezeichnet Redl als „Therapeutisches Milieu" – ein Begriff, der inzwischen auch für ganz andere Institutionen und Maßnahmen verwendet wird.

Um die Durchführung der genannten Maßnahmen zu ermöglichen, schulte Redl das Heimpersonal in gruppen- und tiefenpsychologischen Verfahren. Trotz der weitgehend präventiven Handlungsformen des Therapeutischen Milieus mussten die Mitarbeiter des Pioneer House auch besondere Interventionsformen für den Konfliktfall entwickeln.

4.1.5 Interventionsformen

Interventionen

Die zahlreichen Interventionsformen ordnet Redl hierarchisch an, um ein reflektiertes Handeln im Gegensatz zu spontanen, emotionalen Reaktionen zu gewährleisten. Als wichtige Formen sind zu nennen (Redl/Wineman 1986):

1. Bewusstes Ignorieren
2. Eingriff durch Signale: Lehrer oder Erzieher als externes Ego
3. Kontrolle durch körperliche Nähe und Berührung
4. Engagement in einer „Interessengemeinschaft"
5. Affektive Zuwendung
6. Spannungsentschärfung durch Humor
7. Hilfestellung zur Überwindung von Hindernissen („Hürden-Hilfe")
8. Deutung als Eingriff
9. Umgruppierung (Ausschluss aus der Institution, Klassenwechsel, Arrangements innerhalb einer Gruppe)
10. Umstrukturierung (Planung verändern): Sie ist dann vorzunehmen, wenn ein gut geplantes, an den Bedürfnissen der Kinder orientiertes Programm plötzlich außer Kontrolle gerät.
11. Direkter Appell: Der direkte Appell ist nur dann möglich, wenn im Kind eine Art Kontrollinstanz besteht. Das Ich und das Über-Ich des Kindes müssen bereits erstarkt sein.
12. Einschränkung der räumlichen Bewegungsfreiheit und der Verfügbarkeit von Gegenständen: Diese Methode teilt sich auf in zwei Ebenen:
    a) Ebene des Vermeidens: Beispielsweise darf kein Geld herumliegen, wenn damit stehlende Kinder in Versuchung geführt werden könnten.
    b) Räumlich-dingliche Begrenzung: Einem Kind werden beispielsweise Werkzeuge oder Räumlichkeiten bei missbräuchlicher Benutzung verwehrt.
13. Antiseptischer Hinauswurf oder situative Entfernung: Das Kind wird emotionslos aus der Gruppe und/oder dem Raum entfernt.

14. Physisches Eingreifen: Das physische Eingreifen ist dann notwendig, wenn dem Kind durch Übererregtheit alle Kommunikationskanäle zu seinem Ich blockiert werden. Es verhält sich hemmungslos und destruktiv, und das an den Tag gelegte Verhalten kann im Interesse des Kindes und der Gruppe nicht geduldet werden. Das physische Eingreifen hat keinerlei strafende Funktion.

15. Erlaubnis und autoritatives Verbot: Das Erlauben teilt sich auf in drei Kategorien:
    a) Erlauben zum Einleiten einer gewünschten Verhaltensweise;
    b) Erlauben zum Unterbinden einer Verhaltensweise;
    c) Erlauben als Kontrolltechnik, um einem unerwünschten Verhalten den „negativistischen Anstrich" zu nehmen.

16. Versprechen und Belohnung: Ein Vertrag mit Erwartungen und Konsequenzen kann geschlossen werden.

17. Bestrafungen und Drohungen: Sie setzen komplexe und intakte kognitive Strukturen und ein Kontrollsystem voraus, über das Kinder mit schweren Störungen häufig nicht verfügen. Dann führen die Maßnahmen zu unerwünschten, sehr negativen Folgen. Sie dürfen nur dann angewendet werden, wenn die Ich-Funktionen des Kindes wiederhergestellt und stabilisiert sind, sonst sind sie kontraindiziert.

Eine besonders interessante Handlungsform entwickelt Redl mit dem Life-Space-Interview.

4.1.6 Das Life-Space-Interview

Der Begriff „Life-Space-Interview", Lebens-Raum-Gespräch, weist darauf hin, dass hier keine Methode für Therapiesitzungen, sondern eine erzieherische Form des Gesprächs vorliegt. Es handelt sich um ein situationsbezogenes Gespräch im aktuellen Kontext. Das eigentliche Ziel des Life-Space-Interviews ist es, ganz bestimmte Ereignisse aus dem Alltag zu bearbeiten. In solchen Alltagssituationen lassen sich langfristige Erziehungsziele herausarbeiten. Die Auswertung findet in zwei Formen statt:

Life-Space-Interview

1. Die therapeutische Auswertung von Ereignissen oder das „Einmassieren" des Realitätsprinzips: Sofort nach einem Vorfall, in den das Kind verwickelt war, wird mit ihm ein Gespräch geführt, in dem ihm die Realität „einmassiert" wird, d. h., dass dem Kind seine Fehleinschätzung in der Situation verständlich gemacht wird. Das Gespräch leitet eine Person, zu der eine Vertrauensbeziehung besteht. Die Wertgefühle beleben, das Anbieten neuer Anpassungstechniken und die Erweiterung der Grenzen des Selbst können dabei hilfreich sein.

2. „Emotionale Erste Hilfe" für das betroffene Kind oder Ablassen von „Frustrationssäure": Durch die mitfühlende Verständigung mit dem Kind, das in Wut ist, und durch sein Eingreifen

verhindert der Erzieher, dass sich der bereits vorhandene Hass noch vergrößert. Unterstützung bei der Bewältigung von panischer Angst, Wut oder Schuldgefühlen durch Aufrechterhaltung der Kommunikation und durch die körperliche Gegenwart sind notwendige Hilfen für die Kinder und ermöglichen oft erst die anschließende Reflexion.

Das Life-Space-Interview als besondere Form des Gesprächs berücksichtigt verschiedene Strategien, Techniken und Prinzipien. Beispielsweise soll es sich auf ein zentrales Thema beschränken, das Thema soll klar und Ich-nah sein. Vor allem soll der Zeitpunkt richtig gewählt sein, also nicht direkt in dem Augenblick etwa, in dem das Kind in seine begehrte Turnstunde gehen möchte. Die Durchführung eines Life-Space-Interviews demonstriert das folgende Beispiel.

4.1.7 Beispiel für ein Life-Space-Interview

Als Beispiel für das Life-Space-Interview dient ein Gespräch zwischen dem Direktor des Pioneer House, Fritz Redl, und dem Jugendlichen Bill.

Direktor: Nun, Bill, es tut mir leid zu hören, daß du heute während des Unterrichts nach Hause geschickt werden mußtest. Wie kam das?

Bill: Dieser verdammte Lehrer, was fällt dem bloß ein, mich herumzuschubsen, mich auf meinen Stuhl zu drücken und so.

Direktor: Was hat er mit dir gemacht?

Bill: Ach, er kam auf mich zu, packte mich und warf mich raus auf den Gang.

Direktor: Warum hat er das getan?

Bill: Woher soll ich denn wissen, warum er das getan hat?

Direktor: Was ich meine ist: Hatte er einen Grund dafür, sich dir gegenüber so zu verhalten ?

Bill: Zum Teufel, natürlich nicht.

Direktor: Es fällt mir schwer zu verstehen, warum dein Lehrer ganz plötzlich so auf dich zukommt, dich packt und dich aus der Klasse wirft.

Bill: Er hat's eben getan.

Direktor: Bill, ich sage nicht, daß er es nicht getan hat. Was ich herauszufinden versuche, ist, ob er irgendeinen Grund dafür gehabt hat. Fällt dir irgend etwas ein, das zur gleichen Zeit geschehen ist und das alles erklären könnte?

Bill: Nein.

Direktor: Schau, Bill, es macht einfach keinen Sinn, daß dein Lehrer dir das aus heiterem Himmel antut. Irgend etwas muß passiert sein.

Bill: Dieser verdammte Joe (ein Kind aus der Klasse) fing an, an meinen Schulsachen herumzumachen. Ich sagte ihm gerade, er soll abhauen, und da kam K. (Lehrer) auf mich zu und zieht mich raus auf den Gang.

Direktor: Das ist alles, was passiert ist?

Bill: Ja.

Direktor: Ging Joe weg, als du es ihm sagtest?

Bill: Was?

Direktor: Hat Joe deine Sachen in Ruhe gelassen, nachdem du ihn dazu aufgefordert hattest?

Bill: Zum Teufel, nein. Deshalb habe ich ihn geschubst, und er kam trotzdem zurück. Dann habe ich ihm eine in die Fresse gegeben, und er fing an zu heulen.

Direktor: Und was geschah dann?

Bill: K. kam her und sagte zu mir, ich soll damit aufhören. Er sagte, ich soll mich hinsetzen.

Direktor: Hast du's getan?

Bill: Ich sagte, ich würde nicht zulassen, daß dieser blöde Joe mit meinen Sachen rummacht; und K. sagte, ich soll mich hinsetzen.

Direktor: Hast du's getan?

Bill: Was getan?

Direktor: Dich hingesetzt.

Bill: Ja.

Direktor: Warum hast du dann vorhin gesagt, er hat dich auf den Stuhl gedrückt?

Bill: Er's getan.

Direktor: Ich dachte, du hast gerade gesagt, daß du dich freiwillig hingesetzt hast, als er dich darum bat. Wenn du es getan hast, warum hätte er dich dann auf den Stuhl drücken sollen?

Bill: (Schweigen)

Direktor: Irgend etwas stimmt hier nicht, Bill.

Bill: Nun, als er auf mich zu kam, sagte er, ich soll Joe in Ruhe lassen; und ich sagte, ich würde es nicht zulassen, daß er mit meinen Sachen rummacht.

Direktor: Und was geschah dann?

Bill: Er sagte: „Setz dich hin, und ich kümmere mich darum." Ich sagte, er soll besser von hier verschwinden.

Direktor: Wo war Joe zu dieser Zeit?

Bill: Wieder auf seinem Platz.

Direktor: Warum dann die ganze Aufregung?

Bill: Ich wollte sichergehen.

Direktor: Sicher wegen was?

Bill: Dass er nicht zurückkommen würde. K. sagte: „Setz dich hin." Deshalb sagte ich, ich setze mich nicht hin, wenn der Joe nicht von meinen Sachen wegbleibt.

Direktor: Was geschah dann?

Bill: K. sagte: „Setz dich hin."

Direktor: Und dann?

Bill: Er setzte mich hin.

Direktor: Was geschah dann?

Bill: Ich sagte: „Laß mich los, du Arschloch."

Direktor: Und dann?

Bill: Er nahm mich mit raus in den Gang und sagte, ich darf nicht so zu ihm sprechen. Und dann rief er hier an, und der Counselor kam mich abholen.

Direktor: Mit anderen Worten, du hast dich geweigert, dich hinzusetzen und mit dem Streit aufzuhören.

Bill: Ja.

Direktor: Und als K. dich hinsetzte, hast du ihn beschimpft, wo alle dabei waren.

Bill: Ja.

Direktor: Warum?

Bill: Warum sollte ich zulassen, daß der blöde Joe meine Sachen versaut?

Direktor: Hat er es immer noch gemacht?

Bill: Nein.

Direktor: Warum hast du dann deswegen den Lehrer beschimpft?

Bill: (Schweigen)

Direktor: Das war nicht der Grund, weshalb du ihn beschimpft hast, nicht wahr?

Bill: Was meinst du damit?

Direktor: Nun, wie kann das der Grund sein, wenn Joe gar nichts mehr machte?

Bill: (Schweigen)

Direktor: In Wahrheit hast du K. beschimpft, weil er darauf bestand, daß du dich hinsetzt. Er hat nicht gesagt, es sei in Ordnung, daß Joe deine Sachen versaut – oder?

Bill: Nein.

Direktor: Aber du hast es ihm vor der ganzen Klasse gegeben, weil er dich hingesetzt hat, als du dich nicht von selbst hinsetzen wolltest.

Bill: Das stimmt.

Direktor: Aber ist das richtig?

Bill: Er hat kein Recht, mich auf meinen Platz zu setzen. Ich brauche mich nicht hinzusetzen, wenn ich nicht will.

Direktor: Nun sag mir mal: Wo glaubst du wohl, könntest du mit solchem Verhalten durchkommen? In welcher Schule könntest du einfach hinter einem Kind herrennen, wenn der Lehrer dir gerade gesagt hat, du sollst auf deinem Platz bleiben?

Bill: (Schweigen)

(Redl/Wineman 1988, 133ff)

Redl gegenüber erzählt Bill die Ereignisse in der Schule in seiner verzerrten Wahrnehmung: Der Lehrer habe grundlos etwas gegen ihn getan. Redl versucht nun im Gespräch Schritt für Schritt, die Vorgänge durch Bill selbst rekonstruieren zu lassen, ohne ihm Schuldgefühle zu machen. Bill erhält dadurch die Möglichkeit, Realität adäquat zu erleben und so sein Ich zu stärken. Das Realitätsprinzip wurde, mit den Worten Redls, einmassiert. Der Transfer in die Realität wird am Schluss versucht, indem Redl fragt: In welcher Schule könntest du ein Kind schlagen und den Lehrer beschimpfen?

Nicht vergessen werden darf dabei, dass das Life-Space-Interview Teil des Therapeutischen Milieus ist, das die Atmosphäre des Heims prägt.

4.1.8 Kritik

Da das Pioneer House nur kurze Zeit bestand, gibt es keine empirisch-wissenschaftlichen Überprüfungen des Erfolgs oder Misserfolgs von Fritz Redl. Es sind eher seine theoriegeleiteten Ideen und Praxisvorschläge, die seine Konzeption bis heute interessant machen. Die von ihm hervorgehobene Stärkung des Ich durch die Beziehung von Erzieher und Kind rückt zudem subjektive Faktoren in den Vordergrund. Die Betonung der innerpsychischen Verursachung von auffälligen Verhaltensweisen führt leicht dazu, dass situative und soziale Einflüsse vergessen werden. Die Kooperation von Pädagogen und Psychotherapeuten, die bei Redl so unproblematisch erscheint, ist in der Realität häufig sehr belastet. Oftmals stehen organisatorisch-strukturelle Bedingungen gegen die hier dargestellten erzieherischen Handlungsformen.

4.2 Lerntheoretische Konzeptionen: Kognitive Verhaltensmodifikation

Die Lerntheorien stellen gewissermaßen das Gegenmodell zu den psychodynamischen Ansätzen dar. Nicht unbewusste, tiefenpsychische Prozesse, sondern nur das von außen beobachtbare Verhalten und dessen empirische Überprüfbarkeit sind Gegenstand wissenschaftlicher Forschung (Behaviorismus). Jede Form von Verhalten wird als Ergebnis eines Lernprozesses betrachtet. Lernen wiederum gilt als eine überdauernde Änderung des beobachtbaren Verhaltens.

Aus diesem Forschungsansatz wurden seit Beginn dieses Jahrhunderts zahlreiche Lerntheorien entwickelt (zum Überblick: Edelmann 1994). Auch Verhaltensstörungen sind nach den Lerntheorien das Ergebnis von Lernvorgängen. Zugleich erlaubt diese Sichtweise einen positiven Blick auf die Beeinflussungsmöglichkeiten: Wenn das störende Verhalten gelernt wurde, ist es auch möglich, durch neue Lernprozesse das Problemverhalten zu verändern und abzubauen. Eine wissenschaftlich fundierte Handlungskonzeption für diese Aufgabenstellung verbreitete sich seit den 70er Jahren: Die *Pädagogische Verhaltensmodifikation* galt nun als wissenschaftlich fundierte, effiziente Technologie für erzieherische Problemsituationen (Belschner et al. 1975), gerade auch bei Verhaltensstörungen.

Aus der Sicht der Pädagogik bei Verhaltensstörungen umschreibt Neukäter die Pädagogische Verhaltensmodifikation mit folgender Definition:

Lerntheorien

Pädagogische
Verhaltens-
modifikation

„Unter Verhaltensmodifikation wird eine systematische Verhaltensanalyse und -beeinflussung verstanden, die vornehmlich pädagogische Lernfelder wie z. B. Familie, Kindergarten, Schule und sozialpädagogische Einrichtungen betrifft. Orientiert an experimentell kontrolliertem Vorgehen und lerntheoretischen Ansätzen postuliert der verhaltenstheoretische Ansatz, daß alles Verhalten und Erleben mit Ausnahme von physiologischen Reifungsprozessen und medikamentösen Einwirkungen das Ergebnis von Lernprozessen seien. … Das schließt damit auch ein, daß sogenannte Verhaltensstörungen als abweichendes Verhalten Lernprozessen unterliegen, die mit denselben Methoden der Verhaltensbeeinflussung zu steuern sind wie nicht-abweichendes Verhalten." (1998, 83f)

Die ursprüngliche Konzeption der Pädagogischen Verhaltensmodifikation wurde inzwischen erheblich weiterentwickelt. Die kognitive Wende in der Psychologie, die sich gerade die Erforschung der nicht beobachtbaren kognitiven Prozesse zum Ziel setzte, wirkt seither auch in die therapeutische Arbeit hinein. Durch den Einbau kognitiver Elemente ändert sich die Pädagogische Verhaltensmodifikation grundlegend. Die Kognitionen, die zum Auftreten und zur Stabilität eines unerwünschten Verhaltens beitragen, erhalten nun eine zentrale Bedeutung.

Welche theoretischen Grundlagen sind für die Kognitive Verhaltensmodifikation relevant? Und welche Handlungsstrategie wird daraus entwickelt?

4.2.1 Theoretische Grundlagen

Prinzipien
des Lernens

Das Verhalten des Menschen wird als Ergebnis von Lernprozessen verstanden, mit Ausnahme von physiologischen Reifungsprozessen und medikamentösen Einwirkungen. Bei den Lernprozessen des Menschen wirken die zentralen Prinzipien von Verstärkung, Löschung und Bestrafung. Verstärkung meint die Erhöhung der Auftretenswahrscheinlichkeit eines Verhaltens durch positive Reize nach diesem Verhalten. Erlebt ein Kind beispielsweise durch aggressives Verhalten größere Anerkennung bei seinen Klassenkameraden, wird sich diese Verhaltensweise häufen. Tritt nun die Anerkennung durch andere Personen nicht mehr auf, vielleicht aufgrund einer veränderten Gruppensituation, verschwindet also der positive Reiz als Folge des gezeigten Verhaltens, dann reduziert sich die Häufigkeit des Verhaltens. Man spricht dann von Löschung oder Extinktion. Durch das Setzen negativer Konsequenzen auf ein Verhalten, die Bestrafung, tritt ein unerwünschtes Verhalten ebenfalls seltener auf – allerdings auf Kosten unerwünschter Effekte wie Beeinträchtigung der Beziehung oder negative Emotionen.

Die Lerntheorien gehen nun grundlegend davon aus, dass jedes Verhalten, angepasst oder unangepasst, erwünscht oder unerwünscht, auf die gesetzmäßige Realisierung der Prinzipien von Verstärkung und Löschung in Verbindung mit Anlagebedingungen und kognitiven Prozessen zurückzuführen ist. Nach Wolpe stellt gestörtes, neurotisches Verhalten eine unangepasste Verhaltensgewohnheit dar, die von einem Organismus über Lernvorgänge erworben wurde.

Eine genauere Erklärung des Lernprozesses und zugleich eine theoretische Fundierung der Veränderung von Verhalten leisten die Lerntheorien des

1. klassischen Konditionierens (Pawlow),
2. operanten Konditionierens (Skinner) und
3. Modell-Lernens (Bandura).

Die Untersuchungen von Pawlow an Hunden führten zur *Theorie des klassischen Konditionierens.* In einem Experiment bot man einem Hund Futter als natürlichen Reiz an. Der Speichelfluss erfolgte als natürlicher Reflex. In einer zweiten Phase führte man gleichzeitig mit dem Futter einen neutralen Reiz, nämlich das Läuten einer Glocke, zu. Nach mehrmaliger Wiederholung dieser Kombination zeigte sich der Reflex des Speichelflusses auch beim Läuten der Glocke ohne Präsentation von Futter. Auf das Reaktionspaar unbedingter Reiz (Futter) – unbedingte Reaktion (Speichelfluss) wurde ein bedingter Reiz (Glocke) konditioniert. Die auf den bedingten Reiz folgende Verhaltensweise wird nun bedingter Reflex genannt. Durch die Verbindung eines neutralen Reizes (Licht, Ton) mit einer autonomen Reiz-Reaktionsfolge (Speichelfluss) kann nun eine Reflexkette unabhängig vom natürlichen Reiz (Futter) ausgelöst werden. Ein neutraler Stimulus wird zum konditionierten Stimulus.

Klassisches Konditionieren

Welche Relevanz hat diese Lerntheorie für menschliches Verhalten? Der Lerntheoretiker Watson führte dazu ein klassisches, dennoch erschreckendes Experiment mit dem 11 Monate alten Albert durch. Zunächst hatte der Junge keine Angst vor einer harmlosen weißen Ratte, sie stellte einen neutralen Reiz dar. Wenn man jedoch sehr laut auf eine Eisenstange schlug (unkonditionierter Reiz), erschrak Albert heftig und weinte (unkonditionierter Reflex). Durch die Konditionierung des neutralen Reizes „weiße Ratte" auf den Reiz „laute Eisenstange" entwickelte Albert Angst vor der Ratte. Diese Furcht generalisierte sich sogar auf Pelze allgemein.

Seit den 60er Jahren wird diese Lerntheorie auch für die Behandlung von Ängsten durch die systematische Desensibilisierung herangezogen, indem mit der Präsentation eines Angst auslösenden Reizes zugleich ein stärkerer positiver Reiz geboten wird. Mit diesem Prinzip werden die Angst auslösenden Reize auf einer zuvor erhobenen Angsthierarchie des Patienten Stufe für Stufe neutralisiert. Für die Entstehung und Behandlung emotionalen Verhaltens scheint die klassische Konditionierung also besondere Hinweise zu liefern.

Operantes Konditionieren

Die *Theorie des operanten Konditionierens*, entwickelt von Skinner, betont im Gegensatz zum klassischen Modell der Konditionierung, dass Lernen entscheidend durch die positiven oder negativen Konsequenzen gesteuert wird. Das Verhalten des Menschen wird demnach nicht durch einen vorhergehenden Reiz ausgelöst, sondern tritt auch spontan als Reiz auf. Entscheidend sind die dann folgenden Reaktionen der Umwelt: Ein Verhalten wird häufiger auftreten, wenn eine positive Reaktion folgt. Von operantem Lernen spricht man also, wenn ein Verhalten, das von einem Organismus spontan gezeigt wird, aufgrund der Konsequenzen der Umwelt häufiger oder seltener auftritt. Die Auftretenswahrscheinlichkeit eines Verhaltens wird durch positive Konsequenzen erhöht und durch negative Konsequenzen gemindert – eine Verhaltensänderung, also Lernen im behavioristischen Sinn, findet statt.

Verstärker

Die positiven Reize, also die unmittelbar auf ein Verhalten folgenden angenehmen Konsequenzen, nennen die Lerntheorien Verstärker. Verstärkung eines Verhaltens kann auch darin bestehen, einen negativen Zustand zu verbessern: Ein missachteter Jugendlicher kann durch delinquentes Verhalten immerhin eine gewisse Form der Aufmerksamkeit bewirken. Verschiedene Verstärkerformen lassen sich unterscheiden:

- Primäre Verstärker sind mit Trieben, Wünschen und Bedürfnissen verbunden, etwa Hunger, Durst, Bewegung oder Sexualität.
- Sekundäre Verstärker besitzen eine soziale Struktur wie Zuwendung, Lob, Anerkennung und angenehme Aktivitäten.
- Negative Verstärker bestehen darin, einen unangenehmen Zustand oder Reiz zu beenden (z. B.: unangenehme Gerüche, Lärm etc.).

Damit lässt sich ein schematischer Überblick über mögliche Verfahren zur Verhaltensänderung gewinnen. Die Verfahren in den hervorgehobenen Feldern dienen dem Aufbau von erwünschten Verhaltensweisen.

Tab. 2:

Verfahren zur Verhaltensänderung. Die unterlegten Techniken dienen dem Aufbau von erwünschtem Verhalten.

Reiz / Aktivität	Positiver Stimulus	Negativer Stimulus
Setzen	Positive Verstärkung	Bestrafung
Entziehen	Löschung	Negative Verstärkung

S	O	R	C	K
Stimulus:	**Organism:**	**Reaction:**	**Consequence:**	**Kontingenz:**
ein dem Verhalten vorausgehendes Ereignis in seiner subjektiven Bedeutung	Befindlichkeit, Kognition des Individuums	erwünschtes oder unerwünschtes Verhalten	Folgen des Verhaltens (Verstärkung, Bestrafung, Löschung)	Einschätzung des Zusammenhangs von R und C

Abb. 9:
SORCK-Modell zur Erklärung von Verhaltensabläufen

Die Grundstruktur des operanten Lernens besteht nach Skinner aus der Abfolge Reaktion und Konsequenz (R – C). In der weiteren Diskussion verknüpfte man seine Theorie mit der Theorie des Klassischen Konditionierens, indem die Kategorie eines möglicherweise vorhergehenden Reizes (Stimulus) eingefügt wurde: S – R – C. Es zeigte sich jedoch, dass die internen Einschätzungen und Erwartungen des Menschen eine wesentliche, in diesem einfachen Modell nicht berücksichtigte Funktion für das gezeigte Verhalten besitzen. Aus diesem Grund erweiterten Kanfer und Philipps das einfache Modell S – R – C um zwei entscheidende Kategorien zum bekannten *SORCK-Modell* (Abb. 9) (Neukäter 1998, 86).

Die Variable Organismus steht in diesem Modell für die internen Prozesse und Kognitionen des Individuums. Diese mentalen Prozesse werden damit als entscheidende Variable für das Verhalten anerkannt. Die Variable Kontingenz bezieht sich auf den Zusammenhang zwischen dem gezeigten Verhalten und den erlebten Konsequenzen: Die Einschätzung dieses Zusammenhangs durch das Individuum selbst ist entscheidend für die zukünftige Auftretenshäufigkeit des Verhaltens. Hier ist von Bedeutung, dass das Ereignis C in enger zeitlicher Kontingenz zum Verhalten R gesehen wird. Wird kein solcher Zusammenhang zwischen den Konsequenzen und dem vorhergehenden Verhalten unterstellt, werden auch gesetzte positive Reize nicht zu einer vermehrten Äußerung des Verhaltens führen. Die Maßnahmen zur Verhaltensänderung, wie Verstärkung oder Bestrafung, haben also in möglichst enger zeitlicher Nähe zum Verhalten zu erfolgen, andernfalls kann nur eine abgeschwächte oder gar keine Wirkung erwartet werden. Die beiden Komponenten O und K verdeutlichen die Berücksichtigung kognitiver Elemente und damit die Erweiterung der klassischen Lerntheorien.

Das SORCK-Modell als Weiterentwicklung des Operanten Konditionierens fasst damit fünf Variablen zusammen, die für das Erlernen von Verhaltensweisen, damit aber auch für die Beeinflussung durch eine Verhaltensmodifikation maßgebend sind.

Lernen am Modell   Mit Beginn der 60er Jahre erarbeitete Bandura ein weiteres verhaltenstheoretisches Erklärungsmodell, das als *Theorie des Lernens am Modell* bezeichnet wird. Dieses Modell macht darauf aufmerksam, dass der Mensch viele Verhaltensweisen erwirbt, ohne sie vorher erprobt zu haben. Bandura wies nach, dass Verstärkungsprozesse beim Erwerb neuer Verhaltensweisen nicht zwingend nötig sind. Ganze Verhaltensketten werden durch Abschauen und anschließendes Imitieren gelernt. Es handelt sich hier um eine schon sehr früh realisierte Form des Lernens, insbesondere wenn man die Prozesse im Säuglingsalter und in der frühen Kindheit betrachtet. Vor allem der Erwerb komplexer Handlungsabläufe lässt sich auf der Basis klassischen und operanten Konditionierens nur schwer erklären, das Lernen am Modell erweist sich hier als besser geeignet.

Für die Wirksamkeit des Lernens am Modell bilden insbesondere die Attraktivität des Modells und die Konsequenzen, die das Modell erlebt, entscheidende Faktoren (Bundschuh 2002, 274f). Als Modelle können natürliche Menschen der Umgebung, aber auch irreale Figuren fungieren: Eltern, Geschwister und Lehrer, Schauspieler und sogar „Helden" aus Zeichentrickserien. Angesichts der kontinuierlichen Präsentation von Gewalt in vielen Massenmedien kann durch das Lernen am Modell der Erwerb externalisierender Verhaltensweisen bei Kindern und Jugendlichen erklärt werden.

Zwei Phasen   Das Lernen am Modell erfolgt in zwei Phasen:

1. Die Aufnahmephase: Der Beobachter nimmt das Modellverhalten und seine Konsequenzen wahr (Aufmerksamkeit), er speichert die Wahrnehmung (Gedächtnis) und erprobt das Verhalten möglicherweise in kognitiver Form.

2. Die Ausführungsphase: Der Beobachter wird nun selbst aktiv und zeigt das beobachtete Verhalten. Entscheidend für die dauerhafte Übernahme des Verhaltens in das eigene Repertoire sind die darauf folgenden Reaktionen und deren Bewertung.

Das Modelllernen basiert damit auf kognitiven Fähigkeiten des Menschen, bezieht die Prinzipien des klassischen und operanten Konditionierens mit ein und berücksichtigt auch die intrapsychischen Prozesse wie Wahrnehmung, Aufmerksamkeitsverhalten und Gedächtnisfunktion.

Generalisierung   Ohne die Mechanismen der *Stimulus-Generalisierung* und der *Reaktions-Generalisierung* ist jedoch der Aufbau komplexer Verhaltensformen nicht erklärlich. Hierbei handelt es sich um Transferleistungen, die situationsspezifisches Lernen verallgemeinern.

Die Stimulus-Generalisierung besagt, dass es gleiche Reaktionen auch bei ähnlichen Reizen gibt. Im Beispiel des kleinen Albert ruft später nicht nur eine weiße Ratte die Angstreaktion hervor, sondern auch Pelze, ein weißer Bart oder Baumwolle.

Die Reaktions-Generalisierung bedeutet, dass durch den gleichen Stimulus verschiedene Reaktionen gezeigt werden können. Auf einen Misserfolg im Unterricht können dann die Reaktionen Wut, verbale und materielle Aggression, motorische Unruhe oder Fluchtverhalten folgen.

Für Maßnahmen zur Veränderung von Verhalten wird es notwendig, diese Generalisierungsprozesse durch *Diskrimination* zu modifizieren. Ein Kind muss dabei lernen, dass ein erworbenes Verhalten nicht in allen Situationen angebracht ist. Es muss das der Situation adäquate Verhalten unterscheiden lernen. Dazu sind Informationen, Belehrungen und Modellsituationen zum erwünschten und unerwünschten Verhalten in bestimmten Situationen notwendig, damit das Kind ein sozial adäquates Verhaltensrepertoire entwickeln kann.

Das komplexe Verhalten des Menschen kommt durch ein Zusammenwirken der verschiedenen Arten des Lernens zustande. Die Lernarten sind in ihrer Verbindung zu sehen, da sie aufeinander aufbauen, ergänzend wirken und kooperativ funktionieren. Für die Verhaltensmodifikation stellt sich damit die schwierige Aufgabe, komplexere Verhaltensweisen über mehrere Schritte hinweg zu vermitteln. Dazu wurden eine Reihe von differenzierten Techniken der Verhaltensformung entwickelt (Bundschuh 2002, 275ff).

Die theoretischen Grundlagen der Lerntheorien werden einerseits zur Diagnose des Problemverhaltens in der Verhaltensanalyse, andererseits zur Veränderung des Verhaltens in der Verhaltensmodifikation verwendet.

4.2.2 Verhaltensanalyse

Die Verhaltensanalyse versucht zu klären, worin das unerwünschte, störende Verhalten besteht, in welchen Situationen und unter welchen Bedingungen es gezeigt wird.

In einem ersten Schritt beschreibt die Problemdefinition genau die gezeigten unerwünschten Verhaltensweisen. Dazu kommt im zweiten Schritt die Klärung der Situationen, in denen das Verhalten auftritt. Insbesondere die hier wirksamen Verstärker sollen aufgedeckt werden. Mögliche Ursachen für die Entstehung des Problemverhaltens sind festzuhalten (biologische Ursachen, soziale Probleme, Entwicklungsverlauf des Problems). Mit dem

Problemverhalten werden zugleich inkompatible Verhaltensweisen beobachtet, beschrieben und festgestellt. Aus kognitiver Perspektive sind insbesondere die Selbstbewertung und vorhandene Ansätze der Selbstkontrolle zu analysieren. Die Wirkung von Veränderungen des unerwünschten Verhaltens sollten eingeschätzt und in der Planung der Maßnahmen berücksichtigt werden.

Durch die genaue Definition des Problemverhaltens unter Angabe der sozialen Situationen kann anschließend eine Erhebung von Beobachtungsdaten zur Häufigkeit, Dauer und Intensität des störenden Verhaltens erfolgen. Mit dieser Beobachtung der Grundrate des störenden Verhaltens sind gleichzeitig Erhebungen über das Vorkommen von erwünschten, mit dem Problemverhalten inkompatiblen Verhaltensweisen durchzuführen. Damit wird in der Verhaltensanalyse der Ausgangszustand erhoben, der für die laufende Evaluation der Maßnahmen entscheidend ist.

Nach der Durchführung der Ist-Analyse mit Hilfe der verhaltenstheoretischen Diagnostik ist nun zu entscheiden, welche Verhaltensziele im Rahmen des Interventionsplanes anzusteuern sind.

4.2.3 Planung und Durchführung der Verhaltensmodifikation

Auf der Basis der Verhaltensanalyse erfolgen die Planung, Durchführung und Evaluation der Verhaltensmodifikation. Der erste Schritt besteht in der Zielformulierung. Eine Definition der angestrebten Verhaltensweisen in genau bestimmten Situationen, analog zur Bestimmung des Problemverhaltens, bildet die Basis. Die Verhaltensziele müssen operational beschrieben sein, so dass zwischen den Beteiligten Einigkeit herstellbar ist. Bei einer verhaltensmodifikatorischen Intervention verfolgt man allgemein das Ziel, sozial erwünschtes Verhalten zu verstärken und sozial unerwünschtes Verhalten zu schwächen. Von ihrem Anspruch her analysiert und verändert eine Verhaltensmodifikation nicht isoliert auftretendes gestörtes Verhalten, sondern Interaktionen innerhalb konkreter sozialer Situationen (Neukäter 1998). Grundsätzlich sind dazu die Kompetenzen des Schülers in den Mittelpunkt zu stellen, d. h., es ist direkt an dessen positiv zu wertenden Fähigkeiten anzuknüpfen. Die Beobachtungen der Verhaltensanalyse werden daher auf die vorhandenen Ansätze für das erwünschte Verhalten hin untersucht, um Ansatzpunkte für die Verstärkung zu erkennen.

Die Planung von Interventionsmaßnahmen zum Abbau des störenden Verhaltens und gleichzeitiger Verstärkung des erwünschten Verhaltens legt die Handlungen für die Durchführung fest. Anschließend erfolgen der Einsatz der geplanten Maßnah-

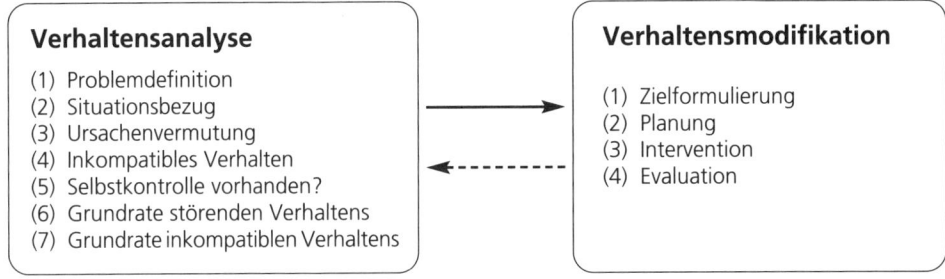

men und die Durchführung der Interventionen. Ihre Wirkung wird durch Verhaltensbeobachtungen ständig kontrolliert, so dass negative Effekte schnell zu einer Änderung der Maßnahmen führen können. Neben dieser begleitenden Evaluation gibt es auch eine abschließende Feststellung des Erfolgs oder Misserfolgs der Maßnahmen. Das Vorgehen der Verhaltensanalyse und Verhaltensmodifikation ist in Abb. 10 festgehalten. {Abb. 10: Ablauf der Verhaltensanalyse und Verhaltensmodifikation}

In der Verhaltensmodifikation unterscheidet man zwei Gruppen von Interventionen: {Intervention}

• Maßnahmen zum Aufbau, zur Stärkung und Ausformung von angemessenem Verhalten und
• Maßnahmen zur Schwächung bzw. Abbau von nicht zielrelevantem Verhalten.

Beide Formen sollten kombiniert eingesetzt werden. Denn durch den Gewinn von positiven Reizen wird der „emotionale Gewinn", den das Kind früher aus dem störenden Verhalten zog und den es jetzt nicht mehr erhält, ausgeglichen. Die Kombination von Verhaltensaufbau und Verhaltensabbau dient der Vermeidung eines emotionalen Verlusts des Betroffenen.

Wichtige Interventionsstrategien zur *Erhöhung der Auftretens-wahrscheinlichkeit* einzelner Verhaltensweisen sind: {Verstärkung}

positive Verstärkung: Jedes erwünschte Verhalten erhält eine positive Konsequenz.

intermittierende Verstärkung: Nur nach einer gewissen Anzahl der gewünschten Verhaltensweisen erfolgt ein positiver Reiz; dadurch wird ein Verhalten auf stabilere Weise erworben.

Münzverstärkung (Token): Nach festgelegten Regeln erwerben die Kinder Token, also Münzen, Chips o. Ä., für erwünschtes Verhalten, die dann in primäre (Smarties) oder sekundäre Verstärker (Spiel) umgetauscht werden können.

Kontingenzverträge: Ein Vertrag zur Änderung des Verhaltens zwischen den Beteiligten, in dem die Bedingungen für die Verstärkung definiert sind, wird ausgehandelt. Die Einhaltung des Vertrags wird von beiden Seiten überwacht.

Insbesondere das Aushandeln und Abschließen eines Kontingenzvertrages berücksichtigt die kognitive Dimension. Diese Form kann zur Selbstkontrolle und Selbstverstärkung anleiten.

Als wichtige Interventionsformen für die Ausformung komplexer neuer Verhaltensweisen gelten (Bundschuh 2002, 276ff):

Verhaltensformung (shaping): Die Zerlegung einer Verhaltenskette in kleine, leicht ausführbare Schritte mit entsprechend gezielter Verstärkung. Bei Verhaltensweisen, die z. B. gar nicht oder zu selten geäußert werden, müssen bereits Ähnlichkeiten mit dem Zielverhalten als wichtige Teilziele in die Modifikation eingebaut werden. Allmählich wird das Verhalten dem Ziel nähergeführt (sukzessive Approximation).

Verhaltensverkettung (chaining): Die Aufteilung einer Verhaltensweise in mehrgliedrige, leichte Sequenzen, die einzeln erworben und dann zum Zielverhalten verknüpft werden. Der Aufbau der Verhaltenskette erfolgt von hinten nach vorn.

Verhaltenshilfe (prompting): Für schwierige Verhaltensweisen erhält der Lernende Hilfen, Lösungsansätze oder Teillösungen angeboten.

Ausblenden (fading): Die Hilfestellungen werden allmählich ausgeblendet.

Für die Reduzierung von externalisierenden Verhaltensweisen sind durch diese Interventionen solche erwünschten Verhaltensweisen aufzubauen, die mit dem unerwünschten Verhalten inkompatibel sind.

Abbau

Daneben finden auch eine Reihe von Verfahren Verwendung, die aktiv und direkt die *Auftretenshäufigkeit* des unerwünschten Verhaltens *reduzieren* sollen:

Verstärkerentzug: Die bisher vorhandene Verstärkung für das Problemverhalten wird konsequent entzogen.

Ablenkung: Bereits kleinste Ansätze zu einem Fehlverhalten werden gehemmt (Ablenken, Angebot anderer Aktivitäten). Das störende Verhalten wird erst gar nicht ermöglicht.

Auszeit (time-out): Wenn die verstärkende Wirkung einer Gruppe ausgeschaltet werden soll, wird der Schüler kurzfristig aus der Gruppe genommen.

Bestrafung im engeren Sinne: Die Zufügung eines negativen Reizes erfolgt direkt nach dem Problemverhalten. Wegen der daraus entstehenden emotionalen Belastung versucht die Verhaltensmodifikation, diese Interventionsform möglichst zu vermeiden.

Kontrolle

Ein Merkmal der verhaltensmodifikatorischen Intervention ist die empirische Kontrolle der Vorgehensweise. Anhand von Beobachtungs- und Beurteilungsdaten ist der jeweilige Erfolg bzw. Misserfolg der Intervention zu erheben und zu beurteilen (Neukäter 1998). Auf dieser Basis erfolgen dann die Revision der Interventionen oder eine neue Verhaltensanalyse mit einem neuen Ansatz der Verhaltensmodifikation.

4.2.4 Kritik

Die Verhaltensmodifikation besitzt eine technologische Struktur: Die Ziele werden nicht thematisiert, sondern als gegeben hingenommen. Es wird nur nach Zweck-Mittel-Zusammenhängen gesucht, die möglichst erfolgreich die gegebenen Ziele umsetzen können. Schon aufgrund der Herkunft aus Tierexperimenten entsteht die Frage, ob solche Erkenntnisse überhaupt ohne Weiteres auf den Menschen übertragbar sind. Daher erhebt sich der Vorwurf, die Verhaltensmodifikation werde dem Menschen nicht gerecht. Die Gefahr der Manipulation unter Missachtung der Würde und Freiheit des Menschen ist tatsächlich sehr groß. Zwischen einem Lehrer, der beispielsweise ein Token-Programm einsetzt, und den betroffenen Schülern kann sehr leicht eine „Handelsbeziehung" mit Warencharakter entstehen.

Die Weiterentwicklungen zur kognitiven und kooperativen Verhaltensmodifikation verändern zwar den ursprünglichen Ansatz bedeutend. Insbesondere die internen, komplexen Prozesse wie Emotionen, Motivationen und Kognitionen werden jedoch auch in den weiterentwickelten Formen zu wenig beachtet. Für Neukäter (1998) hat es sich daher aus Gründen der besseren Wirksamkeit als günstig erwiesen, die Zielperson aktiv in ein Selbstveränderungsprogramm einzubeziehen. So könnte der betroffene Schüler zum Beispiel selbst über seine Leistungen Buch führen, sich nach Erledigung einer bestimmten Aufgabe selbst belohnen oder zusätzliche Freizeit zur Eigentätigkeit erhalten. Dieses Selbstmanagementtraining ist für ihn das eigentliche Ziel der verhaltensmodifikatorischen Intervention. Damit jedoch ist der ursprüngliche Ansatz der Lerntheorien ganz erheblich revidiert worden, ohne allerdings die grundsätzlichen Kritikpunkte ausräumen zu können.

4.3   Ökologische Konzeptionen: Systemtheorien

Systemische Konzeptionen stehen in der Pädagogik bei Verhaltensstörungen zur Zeit im Mittelpunkt der Diskussion. Dabei greift die Pädagogik bei Verhaltensstörungen allerdings wiederum Theorieentwicklungen anderer Wissenschaften auf: Insbesondere aus der Biologie, Soziologie und der Kybernetik werden viele Grundbegriffe und Denkmodelle entlehnt.

4.3.1 Theoretische Grundlagen

Entstehung

Das Denken in Systemen lässt sich als eine Folge der ökologischen, politischen und wirtschaftlichen Krisenerscheinungen seit den 70er Jahren verstehen. Dabei zeigte sich, dass linear-kausales Denken unzureichend ist. Ursache-Wirkungs-Zusammenhänge und deren Nutzung in technischen Anwendungen können sogar katastrophale Folgen haben, weil sie übergeordnete Zusammenhänge, eben die Systeme, nicht berücksichtigen. Systemische Theorien entwickeln ein zirkuläres Denken in Kreisläufen und Netzen. Die Grundeinheit der Beobachtung ist nicht ein einzelnes Objekt, sondern ein aus mehreren Elementen und Verknüpfungen bestehendes System. Insofern versteht sich die systemische Zirkularität als Gegenmodell zum linear-kausalen Denkmodell der modernen Wissenschaften und versucht dessen Überwindung, auch durch politische Bewegungen wie etwa in der Ökologiebewegung.

B

Als biologisches Beispiel systemischen Denkens lässt sich das dynamische Gleichgewicht von Hasen und Luchsen (Kriz 1985, 228f) anführen: Eine wachsende Anzahl von Hasen verbessert die Nahrungsgrundlage von Luchsen, was zu deren Zunahme führt. Nach einer gewissen Zeit nimmt aufgrund der großen Population von Luchsen die Zahl der Hasen ab, und in der Folge geht auch die Zahl der Luchse wieder zurück. An diesem Beispiel wird deutlich: Zwar besitzen kausale Erklärungen eine gewisse Gültigkeit, für den Gesamtzusammenhang sind sie jedoch falsch. Das System Hasen – Luchse verändert sich zwar dynamisch und die einzelnen Elemente wechseln, die Struktur des Systems bleibt jedoch stabil.

Vertreter

Als wichtige Vertreter des systemischen Denkens sind Heinz von Foerster und Ernst von Glasersfeld aus der Kybernetik, Niklas Luhmann aus der Soziologie, aus der Anthropologie Gregory Bateson, aus der Biologie Humberto Maturana und Francisco Varela und aus der Kommunikationsforschung Paul Watzlawick zu nennen. In der Pädagogik bei Verhaltensstörungen greift Otto Speck auf ökologisch-systemische Positionen zurück. Die vertretenen Positionen sind durchaus divergent. Korrekterweise muss man daher im Plural von „systemischen Theorien" sprechen.

System

Die Verknüpfung verschiedener Wissenschaften wird schon am Grundbegriff System deutlich: Aus der Kybernetik stammt die Bestimmung, dass ein *System* aus einzelnen *Elementen* und deren *Relationen* besteht. Eine einfache Rechenmaschine etwa besteht aus Elementen, die in einer bestimmten Weise miteinander in Verbindung stehen. Ein zentrales Erklärungsprinzip des systemischen Modells bringen die Biologen Maturana und Varela ein. Ein System reagiert auf veränderte Umwelten in autonomer, also nicht vorhersagbarer Weise, um sein Überleben zu sichern. Diese Selbstorganisation nennen Maturana und Varela „Autopoiese". Systeme konstituieren und verändern sich nach internen Vorgaben, die zwar durch die Umwelt angestoßen, jedoch nicht determiniert werden.

Schon bei der Übertragung solcher systemischen Theoreme in andere Wissenschaftsgebiete entstehen sehr verschiedene Modelle. Der Begriff „System" selbst wiederum kann auf unterschiedlichste Objekte angewandt werden: vom Atom über die einzelne Person oder den Organismus bis auf den Staat oder die Welt. Für den Anthropologen Bateson entsprechen die Elemente den Personen, Relationen sind die Kommunikationen zwischen ihnen. Besonders dieses Verständnis von „System" ist über die Familientherapie (Watzlawick, Stierlin) in der Pädagogik bei Verhaltensstörungen aufgenommen worden. Dagegen versteht der Soziologe Luhmann, der in der Allgemeinen Pädagogik von großer Bedeutung ist, als Elemente die Handlungen von Personen und gelangt daher zu einer anders gearteten Systemtheorie.

Damit wird deutlich: Systemisches Denken ist ein flexibles Erklärungsmodell (Heurismus), ein Modell für die Suche nach Erkenntnis. Der Grundbegriff „System" ist zwar anwendbar auf sehr verschiedene Bereiche und Ebenen, darf aber nicht als ein real existierender Gegenstand verstanden werden. Insbesondere der Konstruktivismus (Foerster, Glasersfeld) als Spielart der Systemtheorien betont, dass der Vorgang des Erkennens selbst bereits ein konstruktiver Prozess ist, zu dem der Erkennende als Bestandteil des Systems gehört und für den es keine außerhalb liegende Realität als Erkenntnisbasis geben kann. Auf die Erkenntnismöglichkeiten verschiedener Systemtheorien und deren Ertrag oder Problematik für die Heilpädagogik hat König (1997) hingewiesen.

Erkenntnismodell

4.3.2 Anwendungen bei Verhaltensstörungen

Für die Pädagogik bei Verhaltensstörungen wirksam wurden insbesondere die im Rahmen der Kommunikationstheorie (Watzlawick) und der Familientherapie (Stierlin) entwickelten Grundlagen. Dazu zählen die Axiome der Kommunikationstheorie, verschiedene Begriffe zur Analyse kommunikativer Prozesse und bestimmte therapeutische Strategien.

Die Axiome der Kommunikationstheorie nach Watzlawick fasst Kriz (1985, 243–246) zusammen:

Kommunikation

1. Man kann nicht nicht kommunizieren.
2. Jede Kommunikation hat einen Inhalts- und einen Beziehungsaspekt, derart, dass letzterer den ersteren bestimmt und daher eine Metakommunikation ist.

3. Die Natur einer Beziehung ist durch die Interpunktionsabläufe seitens der Partner bedingt. (Die Verhaltensweisen der Teilnehmer folgen aufeinander oft nach einem charakteristischen Schema: Immer wenn A spricht, antwortet B sofort, A antwortet allerdings nicht auf B.)
4. Menschliche Kommunikation bedient sich digitaler und analoger Modalitäten. Der Inhaltsaspekt wird oft in digitaler, der Beziehungsaspekt in analoger Form vermittelt. (Die Kommunikation verwendet digitale, also eindeutige, durch Konvention gültige Zeichen, aber auch analoge Zeichen, deren Aussagen durch Ähnlichkeiten und Annäherungen zustande kommen.)
5. Zwischenmenschliche Kommunikationsabläufe sind entweder symmetrisch oder komplementär, je nachdem, ob die Beziehung zwischen den Partnern auf Gleichheit oder Unterschiedlichkeit beruht.

Für die Analyse der Kommunikationen dienen folgende Begriffe (Kriz 1985, 246–248):

1. Rückkoppelung (feed-back): Die Handlung eines Elements wirkt in zeitlicher Verzögerung auf das Element selbst zurück. Das Feed-back kann Veränderungen oder Stabilität bewirken.

2. Geschlossene versus offene Systeme: Ein geschlossenes System steht nur in Kontakt mit sich selbst, die Elemente stehen nur in Relation zu anderen Elementen des Systems. In einem offenen System hingegen stehen einige Elemente in Kontakt zu Elementen außerhalb des Systems.

3. Homöostase, Kalibrierung, Stufenfunktion: Systeme besitzen die Tendenz, sich zu regulieren, um in ein Gleichgewicht, Homöostase, zu gelangen. Andererseits steht ein System auch in einer gewissen Entwicklung, die sich teilweise in Sprüngen vollzieht. Auf der neuen Stufe findet sich wieder ein Gleichgewicht – das System hat sich strukturell neu kalibriert.

4. Kommunikative Paradoxien: Die Aufforderung „Sei spontan!" stellt eine Paradoxie dar, denn eine solcherart aufgeforderte Person kann gerade nicht mehr spontan sein. Für kommunikative Strukturen bestehen ähnlich paradoxe Situationen, wenn etwa verbale Äußerungen eine gegenteilige Aufforderung beinhalten. Wenn die Mutter ihrem Kind ihre Liebe verbal zusagt, gleichzeitig aber körpersprachlich Ablehnung signalisiert, hat das Kind keine Möglichkeit einer angemessenen Handlung. Mit dieser „Double-bind"-Theorie wird bspw. die Genese von Schizophrenie erklärt.

Therapie

Aus den systemischen Therapieversuchen entwickelten sich einige therapeutische Strategien (Winkler/Vernooij 1998, 161–163):

Joining: Der Therapeut tritt erstmals mit den Klienten des Systems in Kontakt. Es werden Regeln und ein Arbeitsbündnis abgesprochen. Als Bedingung gilt daher oft die Gegenwart aller Beteiligten.

Reframing (Umdeuten): Das pathogene Familiensystem führt zu starren Kommunikations- und Interpretationsmustern, die nun in einen neuen Rahmen gestellt werden. Durch die Technik positiver Konnotationen, die gerade auch die auffälligen Verhaltensweisen umdeutet, erschüttert der Therapeut diese starre Struktur und kann dabei die Funktion des Symptoms im System ermitteln.

Zirkuläres Fragen: Da jedes Verhalten ein kommunikatives Angebot an die anderen darstellt, wird nach der vermuteten Wirkung dieser Mitteilung gefragt. Thema kann auch die vermutete Beziehung zweier anderer Mitglieder des Systems sein. Daran werden neue Sichtweisen deutlich, die das System in Bewegung bringen.

Genogramme: Die Familiengeschichte von bis zu drei Generationen wird grafisch übersichtlich dargestellt. Dabei sind neben Rahmendaten auch besondere Ereignisse (Heirat, Unfälle, Umzüge, Adoptionen, Fehlgeburten) aufzunehmen. Damit wird der Klient nicht auf die Anklagebank gesetzt, sondern in eine sachlich dargestellte Geschichte eingeordnet. Daher eignet sich dieses Verfahren besonders zur Anamnese.

Skulpturarbeit: Mit Hilfe pantomimischer Darstellungen lassen sich die Relationen und Positionen im System ausdrücken, wobei ein Familienmitglied den Regisseur spielt. Wichtige Dimensionen, wie Nähe/Distanz, Blickkontakt, Körperhaltung, Mimik und Gestik, repräsentieren die Systemstrukturen, die vielleicht nicht bewusst sind.

Symptomverschreibung (Paradoxe Intervention): Der Therapeut fordert zur Beibehaltung des störenden Verhaltens auf – jedoch unter genau angegebenen Bedingungen. Dafür lassen sich der Ort, die Zeit oder die Häufigkeit festlegen. Diese Verschreibung stürzt den Symptomträger in einen Zwiespalt: Wenn er das Problemverhalten zeigt, befolgt er die Anweisung des Therapeuten, ordnet sein bisher freiwillig gezeigtes Symptom also einer Regelung unter. Befolgt er die Anweisung nicht und demonstriert seine Unabhängigkeit, müsste er das Problemverhalten aufgeben.

Diese Interventionsformen können bereits zur Diagnose, insbesondere aber für die therapeutische Arbeit eingesetzt werden. Sie dienen in erster Linie der Familientherapie, aber es existieren inzwischen auch Vorschläge der Umsetzung systemischer Handlungsweisen bei Verhaltensstörungen in der Schulwirklichkeit (Molnar/Lindqvist 1990, Palmowski 1998).

4.3.3 Systemtheorien in der Pädagogik bei Verhaltensstörungen

Welche Anwendungen systemischen Denkens lassen sich in der Pädagogik bei Verhaltensstörungen beobachten? Es gewinnt in zunehmendem Maße für alle Themenbereiche an Bedeutung, denn das Anliegen, prinzipiell das Kind nicht als isolierten Problemfall mit bestimmten Symptomen zu sehen, sondern in seinen Lebenszusammenhängen zu verstehen, lässt sich mit systemischem Denken sehr gut formulieren.

Pädagogischer Ertrag

Anwendungen des systemischen Modells betonen in manchen Arbeiten die Ebene der Interventionen (Winkler/Vernooij 1998) und der schulpsychologischen Praxis in der Einzelfallhilfe (Hennig/Knödler 1995). Die Erklärung der Entstehung von Lernstörungen (Betz/Breuninger 1987) und von Schulversagen (Sander 1988) stellen ebenfalls wichtige Beiträge dar. Sehr grundlegend dient das systemische Denken bei anderen Autoren dazu, die gesellschaftlichen und moralischen Bedingungen bei Verhaltensstörungen aufzudecken (Speck 1997) oder die wissenschaftliche Theoriebildung auf eine neue Grundlage zu stellen (Palmowski 1997).

Auch für das Verstehen von Verhaltensstörungen dient systemisches Denken als ein neuer Zugang.

4.3.4 Verstehen von Verhaltensstörungen

Gestörtes System

Die Verhaltensstörung weist demnach auf eine Inkongruenz und fehlende Balance des Ökosystems hin, in dem sich das auffällige Kind befindet. Dieses System kann die Familie, aber auch die Schulklasse sein. Eine Diskrepanz zwischen den Erwartungen oder Anforderungen der Umwelt und den Bedürfnissen und Fähigkeiten des Kindes stellt eine mögliche Systemstörung dar. Kinder mit Verhaltensstörungen repräsentieren nur die im System bestehende Störung nach außen. Die Kontextabhängigkeit der störenden Verhaltensweisen ist also vordringlich zu beachten.

Wie das Denken in Kategorien der Systemtheorien ein anderes, möglicherweise besseres Verstehen von Kindern und Jugendlichen mit Verhaltensstörungen ermöglichen kann, demonstriert Werning eindrücklich. Er formuliert vier Orientierungen des Verstehens:

- *„Statt Ursachen zu ergründen, wird versucht, die subjektiven Sinnperspektiven zu entschlüsseln"* (1996, 50, H.i.O.): Zu welchem Zweck, mit welchem Ziel verhält sich das Kind so? Jedes Verhalten stellt eine Botschaft dar, die es zu erschließen gilt.
- *„Jedes Verhalten ist regelgeleitet"* (51, H.i.O.): Das Verhalten spielt sich in einem Kontext und in einer Biographie ab, die bestimmende Regeln vorgeben. Nach welchen Vorgaben richtet sich das Kind aus? Es kommt darauf an, diese impliziten Regeln zu bestimmen.
- *„Die Bedeutung eines Verhaltens erschließt sich erst aus seiner kontextuellen Einbettung"*: Das System, in dem das Verhalten gezeigt wird, gibt die Sinnperspektive vor. Welchen Beitrag leistet das Verhalten für die Aufrechterhaltung des Systems, in das das Kind eingebettet ist? In welcher Beziehung steht es zu den Verhaltensweisen der anderen Mitglieder?

- *„Nicht das Kind ist auffällig, sondern bestimmte Verhaltensweisen in bestimmten Situationen/Kontexten werden als auffällig wahrgenommen":* Die Auffälligkeit existiert nur vor einem bestimmten sozialen Hintergrund. Welche soziale Situation bildet den Hintergrund, vor dem das Verhalten auffällt? Gibt es andere soziale Situationen, in denen das Verhalten nicht auftritt?

Es geht also nicht mehr um eine möglichst genaue Beobachtung und Festlegung des Störverhaltens, die eine präzise Diagnostik und Klassifizierung nach sich zieht. Vielmehr formuliert Werning das Ziel systemischen Verstehens folgendermaßen:

> „Aus der verstehenden Perspektive sind auffällige Verhaltensweisen individuelle Problemlösungsversuche in einer gestörten Kind-Lebenswelt-Beziehung." (52)

4.3.5 Erziehen bei Verhaltensstörungen

Auf der Basis dieses Verstehensprozesses intendiert systemisches Handeln die Veränderung des ökologischen Systems. Man kann bei den Rahmenbedingungen ansetzen (Hausaufgabenhilfe), bei einzelnen Settings des Systems (Familie, Klasse), auf verschiedenen Ebenen des Settings (Klasse oder Schulsystem), aber durchaus auch bei den Kompetenzen des Kindes beginnen. Dabei gelangen Vertreter systemischer Erziehung nicht zu spezifischen Handlungsformen, vielmehr wird eklektisch eine Vielzahl bereits entwickelter Methoden aus verschiedenen Disziplinen herangezogen und auf den gegebenen Kontext hin abgestimmt. Vorhandene Chancen und Möglichkeiten sind ausdrücklich zu nutzen. Aufgrund der Komplexität der Systeme können jedoch keine voraussagbaren, sicheren Erfolge im Sinne von „Wenn-dann-Beziehungen" erwartet werden. Die Handlungen sollen vielmehr zu einem Anstoß des Systems führen, das sich dann neu kalibrieren und strukturieren muss.

Systemische Erziehung

Als Beispiele für die schulische Umsetzung nennt Werning (1996, 55–59):

Umsetzung

- die Stärkung des Selbstkonzepts der Schüler, z. B. durch Leistungsförderung gerade in den Kompetenzbereichen des Schülers, und die Ermöglichung von Eigentätigkeit;
- die Förderung sozialer Beziehungen, indem soziale Prozesse einen Raum erhalten (Feiern, Fahrten, gemeinsames Essen, kooperativer Unterricht, Klassenrat, Konfliktgespräche);
- das Verstehen des subjektiven Sinns von auffälligen Verhaltensweisen für die Lebenswelt des Kindes, insbesondere durch einen hypothesengeleiteten Reflexionsprozess gemeinsam mit Kollegen;

- die Förderung sozial positiver Verhaltensformen in den verschiedenen Unterrichtsfächern, die sich auch in unterrichtlichen Aktionsformen (Gruppenarbeit) widerspiegelt;
- die Erstellung transparenter Anforderungen für Verhalten und Leistungen, die auf Klassen- und Schulebene mit den Schülern erarbeitet werden und deren Einhaltung tatsächlich überwacht wird.

Auf einer höheren Systemebene erweisen sich die Anforderungen an eine „gute Schule" (Aurin) als wesentliche Handlungsperspektiven:

- die Verbesserung der kollegialen Kooperation,
- die Vernetzung im sozialen Umfeld,
- eine positive Gestaltung des Schulklimas.

Zahlreiche vorhandene Initiativen und Maßnahmen deckt das systemische Modell theoretisch ab. Auch institutionelle Maßnahmen im Lebensraum des Kindes, wie ambulante Dienste, Erziehungsberatung und Familienhilfen, erfahren hier eine besondere Wertschätzung. Die Möglichkeiten der Verknüpfung mit therapeutischen Interventionen und deren Transfer in die Lebenswelt der Kinder und Jugendlichen entsprechen dem Denken in systemischen Kategorien.

4.3.6 Kritik

Für den Bereich der systemischen Therapien übt Kriz deutliche Kritik an den sehr unklaren, z. T. widersprüchlichen Begrifflichkeiten. Teilweise werden auch alte Arbeitsmodelle als neue Errungenschaft verkauft. Insbesondere die erkenntnistheoretische Position des Konstruktivismus kämpft gegen einen so genannten Realismus, der aber in der dargestellten Form gar nicht existiert. Die oftmals unberechtigte Vereinnahmung berühmter Autoren, von Kant über Adler bis Piaget, verleiht zwar dem systemischen Denken scheinbar eine höhere Würde, zeigt aber auf der anderen Seite das recht unklare Profil, insbesondere für wissenschaftliche Ansprüche.

4.4 Ökologische Konzeptionen: Das handlungstheoretische Modell

Auf der Basis der psychologischen Handlungsforschung entwickelte Wolfgang Mutzeck eine umfassende Konzeption der Diagnose, Erziehung, Unterrichtung und Beratung bei Verhaltensstörungen.

4.4.1 Theoretische Grundlagen

Im Aufbau seines Modells versucht Mutzeck, alle Entscheidungen offen darzulegen. Sein Ansatz beruht demnach auf einem bestimmten Menschenbild, einer Wirklichkeitskonzeption, darauf basieren eine bestimmte Handlungs- und Störungstheorie sowie ein daraus abzuleitendes Vorgehen in Erziehung, Unterricht, Diagnostik, Beratung und Therapie.

Dem handlungstheoretischen Modell liegt ein humanistisches Menschenbild zugrunde. Der Mensch wird als reflexives Subjekt verstanden. Ihm werden humane Eigenschaften und Werte, wie Entscheiden, Sprechen, Handeln, Historizität und die Fähigkeit zur Selbstreflexion, zugeschrieben.

Fähigkeiten

Reflexivität: Durch seine reflexiven Fähigkeiten vermag der Mensch über sich selbst und seine Innenwelt nachzudenken. Er verarbeitet Erfahrungen, gibt ihnen Sinn und Bedeutung. Er entwirft Zielvorstellungen, zu deren Verwirklichung er Pläne entwickelt. Die Reflexivität steuert damit auch das Verhalten. Über sein Erleben und sein Handeln kann der Mensch nachdenken und es korrigieren.

Rationalität: Der Mensch kann sein Handeln rational bestimmen. Er kann es nach positiven Ergebnissen ausrichten, nach Kosten und Nutzen abwägen oder zur Erfüllung bestimmter Anforderungen verändern. Diese Rationalität beruht auf dem subjektiven Wissen und individuellen Informationsverarbeitungen. Dabei strebt der Mensch nach weiterer Erkenntnis und nach Bedürfnisbefriedigung. Insbesondere die psychischen Bedürfnisse wie Sicherheit, Anerkennung und Zuwendung stellen wesentliche Intentionen des Handelns dar.

Emotionalität: Neben der kognitiven Kompetenz besitzt die Gefühlswelt für den Menschen eine zentrale Bedeutung. Sie lässt sich auch nicht von der rationalen Tätigkeit des Menschen trennen. Emotionalität ist eine eigene Dimension, die nicht in Kognitionen aufgelöst werden kann.

Verbalisierungsfähigkeit und Kommunikationskompetenz: Der Mensch ist in der Lage, seine Emotionen und seine Kognitionen in Sprache auszudrücken. Dies ermöglicht die Kommunikation mit anderen über seine Innenwelt, über die nur die Person selbst Auskunft geben kann. Das Verständnis des Menschen als einer Reiz-Reaktions-Maschine wird diesen Kompetenzen nicht gerecht.

Handlungsfähigkeit: Der Mensch *re-*agiert also nicht auf Umweltreize, sondern er nimmt Stellung zur Umwelt und zu sich selbst – er handelt. Er ist in der Lage, aktiv seine Wünsche, Absichten und Bedürfnisse zu verfolgen, aber auch, sie zu reflektieren und zu verändern.

Autonomie: Potenziell besitzt der Mensch die Fähigkeit, Entscheidungen in eigener Verantwortung zu treffen. Er ist letztlich nicht den Einflüssen der Umwelt ausgeliefert. Human gestaltete Situationen ermöglichen die Ausübung dieser Autonomie: Vertrauen, Ernstnehmen, Gleichberechtigung, Verstehen und Zuhören sind Ausdrucksformen der anerkannten Autonomie.

Diese Fähigkeiten zeichnen potenziell jeden Menschen aus – auch Kinder und Jugendliche mit Verhaltensstörungen. Auf diesem Menschenbild basiert auch Mutzecks Verständnis von Erleben und Verhalten des Menschen, der menschlichen Wirklichkeit insgesamt. Demnach konstruiert der Mensch aktiv die Wirklichkeit, die inneren Bedingungen bestimmen die Strukturierung der Wirklichkeit.

4.4.2 Handlungsmodell

Handlung

„Handlung" geht über „Verhalten" hinaus, die Handlungstheorie vollzieht eine deutliche Abkehr vom Behaviorismus. Eine Handlung erfolgt bewusst, zielgerichtet, planvoll und absichtlich. Sie ist nicht Produkt eines äußeren Reizes, sondern eines inneren, mentalen und autonomen Prozesses, der natürlich in Kontakt zu den Umweltbedingungen steht. Diese Annahmen müssen auch störenden Verhaltensweisen unterstellt werden:

„Aus Sicht der Handlungstheorie ist bei den meisten normalen wie *abweichenden* Verhaltensweisen davon auszugehen, daß die Person, die eine Handlung ausführt, sich etwas dabei gedacht hat oder sogar ganz gezielt und planvoll vorgeht." (Mutzeck 1998, 190, H.i.O.)

Damit wird es zur unverzichtbaren Aufgabe bei Verhaltensstörungen, die Innensicht, die individuellen Ziele und Bedürfnisse möglichst weitgehend zu berücksichtigen.

4.4.3 Praktische Konsequenzen

Diese Grundannahmen prägen die praktische Gestaltung von Diagnose, Erziehung und Beratung.

Diagnose

Die Diagnose muss die Möglichkeit gewähren, subjektive Sichtweisen zu äußern. Die Perspektive des Betroffenen ist von zentraler Bedeutung, aber auch die Sichtweisen anderer Beteiligter, der Interaktionspartner und des Beurteilers selbst, sollten erhoben werden. Die Diagnose ist der Förderung vor- und zugleich

Situation

Das Verhalten selbst (Wer hat es gemacht?)

Der situative und soziale Kontext

– örtliche, zeitliche, sächliche Bedingungen
– Aktionen und Reaktionen der beteiligten
  Personen und Instanzen sozialer Kontrolle

Sicht des Beobachters	**Sicht des Lehrers**	**Sicht des Schülers**
Welche Verhaltensweisen, welchen Kontext nimmt er wahr?	Was nimmt er wahr (von seinem Verhalten, dem Verhalten anderer, dem Kontext)?	Was nimmt er wahr (von seinem Verhalten, dem Verhalten anderer, dem Kontext)?
Wie erlebt und bewertet er das Wahrgenommene?	Wie erlebt und bewertet er das Wahrgenommene?	Wie erlebt und bewertet er dieses?
Welche Schlussfolgerungen zieht er?	Welche Schlussfolgerungen zieht er?	Welche Schlussfolgerungen zieht er?
	Welche Motive, Begründungen legt er seinem Verhalten zugrunde?	Welche Motive, Begründungen legt er seinem Verhalten zugrunde?

Abb. 11:
Diagnose und Analyse von Handlungen (nach Mutzeck 1998, 199)

untergeordnet (Abb. 11). Die Durchführung der Diagnose erfolgt kindgerecht (Verwendung von Playmobil-Spielzeug) und eher gelöst von den Anforderungen klassischer Testpsychologie. Die Erhebung der Innensicht und ihre sprachliche oder symbolische Darstellung erhalten Priorität.

Die vorgestellten humanistischen Grundannahmen gelten grundsätzlich auch für auffällige Kinder und Jugendliche, daher kennzeichnet eine entsprechend geprägte Erziehungshilfe auch das Vertrauen in die Fähigkeiten und Potenziale des Kindes. Der Aufbau einer vertrauensvollen Beziehungsbasis erweist sich als primäre Aufgabe. Kennzeichnendes Merkmal des erzieherischen Handelns in diesem Modell ist die zentrale Bedeutung der Beratungsphase, insbesondere nach dem Konzept der Kooperativen Beratung (Abb. 12).

Erziehung

In dieser Beratung gilt das auffällige Kind auch als Spezialist: Niemand kann so gut die Innensicht und die Ziele des Handelns erkennen wie das Kind selbst. Im Prozess der Beratung erfolgt die

Beratung

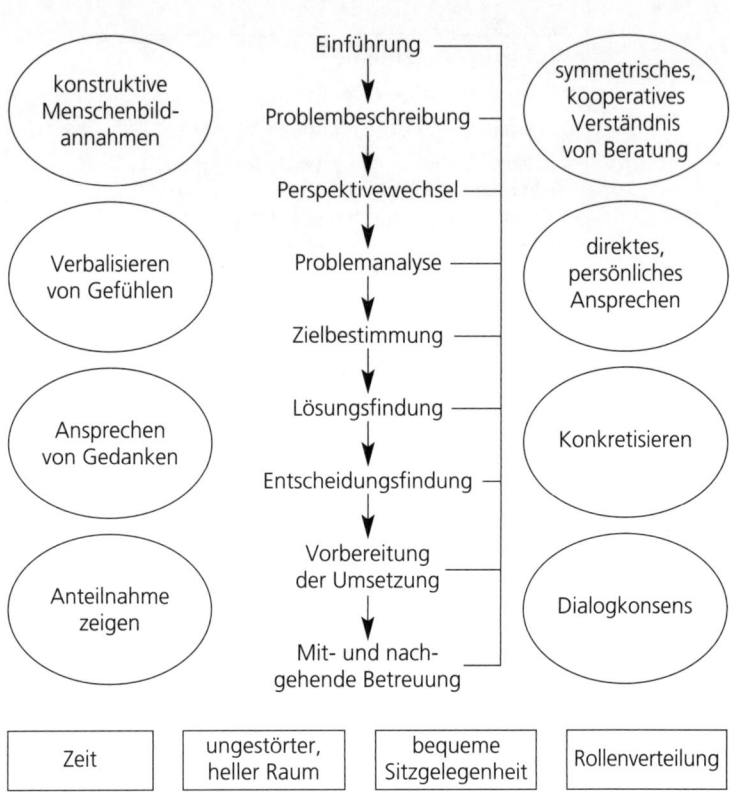

Abb. 12:
Struktur der Koope-
rativen Beratung
(Mutzeck 1998, 203)

gemeinsame Suche nach Lösungen. Der daraus abzuleitende Förderplan sollte im Konsensverfahren entwickelt werden. Gängige und bekannte Verfahren der Erziehung bei Verhaltensstörungen, wie etwa Spiel- und Musiktherapie oder Erlebnisorientierung, erhalten durch diesen Prozess gemeinsamen Aushandelns eine neue Orientierung: Sie werden der Reflexivität, Rationalität, Emotionalität, Kommunikationskompetenz, Handlungsfähigkeit und Autonomie der betroffenen Person unterstellt. Gerade durch diese Struktur erfüllt das handlungstheoretische Modell die selbst gesteckten Anforderungen.

4.4.4 Kritik

Die Konzeption besitzt eine konsistente Struktur. Sie entwickelt weniger eigene Verfahren und Methoden als vielmehr einen veränderten Rahmen für die Erziehung bei Verhaltensstörungen. Die Anerkennung der Handlungskompetenz von Kindern und Jugendlichen mit Verhaltensstörungen stellt den Anschluss an Pestalozzis Konzeption der Selbsterziehung her. Die Beratungskompetenz zukünftiger Erzieher und Lehrer bei Verhaltensstörungen bildet eine zentrale Dimension der Profession, die in der Ausbildung erst noch zu verankern ist.

Die Arbeit auf der Meta-Ebene der Beratung beruht allerdings auf erzieherischen und didaktischen Kompetenzen auf einer primären Ebene. Die Konzeption Mutzecks setzt solche Kenntnisse voraus.

4.5 Weitere Konzeptionen

Auf weitere, wichtige Konzeptionen kann hier nur kurz hingewiesen werden. Einige Stichpunkte ordnen diese Konzeptionen ein und erlauben eine grobe Orientierung.

Eine psychodynamische Konzeption stellt der *individualpsychologische* Ansatz dar, den insbesondere Monika Vernooij (1998) in der Pädagogik bei Verhaltensstörungen und Bleidick (1985) für die Pädagogik bei Lernbehinderungen weiterentwickelten. Basis ist die von Alfred Adler zu Beginn dieses Jahrhunderts konzipierte Individualpsychologie. In Abgrenzung zu seinem Lehrer Freud sieht Adler den Menschen als unteilbare Einheit, die sich nicht in psychische Instanzen wie Ich, Es und Über-Ich aufspalten lässt. Aus diesem Verständnis resultiert die Bezeichnung Individualpsychologie, die das Individuum als ein unteilbares Ganzes mit seinen sozialen Beziehungen herausstellt.

Individualpsychologie

Jeder Mensch, so Adler, entwickelt auf der Basis seiner Auseinandersetzung mit der Umwelt in den ersten Lebensjahren einen Entwurf seines Lebens. Adler nennt es den Lebensstil, Vernooij bezeichnet es als das Lebenskonzept (1998). Die Individualpsychologie versteht das Verhalten des Menschen als zielgerichtet. Sie pflegt eine finale Betrachtungsweise, im Gegensatz zur kausalen Sichtweise, die Verhaltensweisen als durch Ursachen bedingt ansieht. Der Lebensstil oder das Lebenskonzept gibt die Zielrichtung vor, dem die Bemühungen der konkreten Lebensgestaltung folgen. Dabei können auch schädliche, sozial unnütze Strategien auftreten, die eine Korrektur durch Analyse und Aufdeckung benötigen.

Diese psychoanalytische Theorie räumt der Erziehung eine große Bedeutung ein. Die Erziehungsprinzipien der Ermutigung und der Gemeinschaft prägen die Förderung. Die schulpädagogische Realisierung lässt sich am Beispiel der Schule Beroschim in Tel Aviv beobachten, die einen beeindruckenden Praxisbericht vorlegte (Hertzog/Barnea-Braunstein 1980).

Integrations-wissenschaft

In seinem Lehrbuch der Pädagogik bei Verhaltensstörungen entwirft Norbert Myschker eine *integrationswissenschaftliche* Konzeption der Pädagogik bei Verhaltensstörungen (2005). Er versucht die verschiedenen wissenschaftlichen Modelle unter dem pädagogischen Aspekt zusammenzuführen. Zentral ist dabei das Verständnis von Verhaltensstörungen: Sie stellen das Ergebnis der Interaktionen zwischen dem Individuum, seinen Anlagen, der Umwelt und seiner Selbstbestimmung dar. Daher möchte er alle relevanten Erkenntnisse der verschiedenen Modelle und Wissenschaften berücksichtigen. Von besonderer Bedeutung sind für ihn ökologische Theorien, unter die er die Erkenntnisse der anderen Richtungen subsummiert.

Anthropologie

Peter Schmid legte einen interessanten Versuch vor, Verhaltensstörungen auf der Basis einer *anthropologischen* Strukturtheorie zu verstehen und daraus Handlungsmöglichkeiten zu entwickeln (1985). Die pädagogisch-philosophische Theorietradition gibt hier den anthropologischen Rahmen für eine eigenständige Konzeption der Pädagogik bei Verhaltensstörungen ab.

Moral

Ein renommierter Vertreter der Pädagogik bei Verhaltensstörungen, Otto Speck, entwickelt ein spezifisch *moralisch-pädagogisches* Verständnis von Verhaltensstörungen (1997). Mit Hilfe der Systemtheorie analysiert er zunächst die gesellschaftlichen Entwicklungen als Entkoppelungsprozesse, die insbesondere die moralische Dimension betreffen. Die Erziehung wird davon in besonderem Maße betroffen. Die bisher selbstverständlichen Grundlagen gehen in einem Chaos der Werte und Normen verloren. Erziehung wird unsicher und trägt durch die fehlende Orientierung zur Entstehung von Verhaltensstörungen bei. Eine Chance sieht Speck in der ethischen Dimension der Achtung vor dem Anderen, die in der Philosophie des Denkers Lévinas fundiert ist. Speck verknüpft die Philosophie mit vielfältigen Erkenntnissen aus Psychologie, Medizin und Pädagogik und entwirft daraus eine anspruchsvolle Leitlinie der Erziehung. Erziehung dient der Gewinnung von Autonomie, im Sinne Kants verstanden als Freiheit in Verantwortung.

Die zuletzt genannten Konzeptionen verdienen ein intensiveres Studium und steuern wichtige Verständnishilfen bei. Sie führen verständlicherweise auch zu spezifischen Formen von Diagnose, Erziehung und Förderung bei Verhaltensstörungen.

4.6 Übungsaufgaben

Worin liegt der entscheidende Unterschied des Ansatzes von Fritz Redl gegenüber der klassischen Psychoanalyse nach Freud?   **Aufgabe 15**

Was versteht man unter einem Life-Space-Interview?   **Aufgabe 16**

Welche Lerntheorien stellen die theoretische Grundlage für die kognitive Verhaltensmodifikation dar?   **Aufgabe 17**

Erläutern Sie Bestandteile und den möglichen Erkenntnisgewinn des SORCK-Modells!   **Aufgabe 18**

Welche Schritte sind bei einer Verhaltensmodifikation zu beachten?   **Aufgabe 19**

Worin bestehen die Weiterentwicklungen der Verhaltensmodifikation?   **Aufgabe 20**

Was meint der Begriff „System"?   **Aufgabe 21**

Welche Leistungen erbringt systemisches Denken für die Pädagogik bei Verhaltensstörungen?   **Aufgabe 22**

Wie unterscheidet sich der handlungstheoretische Ansatz vom Ansatz der Verhaltensmodifikation?   **Aufgabe 23**

Informieren Sie sich näher über eine der unter 4.5 vorgestellten weiteren Konzeptionen der Pädagogik bei Verhaltensstörungen!   **Aufgabe 24**

5 Diagnostik bei Verhaltensstörungen

In der Erziehung und im Unterricht von Kindern und Jugendlichen mit Verhaltensstörungen stellt sich häufig die Frage nach der richtigen Bezeichnung für eine vorliegende Störung, nach den Entstehungszusammenhängen, insbesondere aber nach Handlungsmöglichkeiten und zukünftigen Entwicklungsmöglichkeiten. Von der Beantwortung dieser Fragen werden wichtige Hinweise für ein sachgemäßes Handeln in Erziehung, Unterricht und Beratung erwartet. Die Problemsituationen müssen also einer Beurteilung und Unterscheidung unterworfen werden. Die dafür notwendigen Erkenntnisse lassen sich aus dem Prozess der *Diagnostik* gewinnen.

Diagnostik

Der Begriff Diagnostik stammt aus dem Griechischen und meint die Unterscheidung, unterscheidende Beurteilung oder einfach die Erkenntnis. Heute versteht man darunter eine methodisch reflektierte Untersuchung spezieller Fragestellungen im medizinischen, psychologischen oder pädagogischen Bereich mit Hilfe von diagnostischen Verfahren.

Insbesondere in der Psychologie, aber auch in der Medizin und in der Pädagogik sind differenzierte Erkenntnismethoden der Diagnostik bei Verhaltensstörungen entwickelt worden. Prägend für die Gestaltung des Diagnostikprozesses bleibt jedoch der theoretische Hintergrund, wie er in den wissenschaftlichen Modellen der Pädagogik bei Verhaltensstörungen zum Ausdruck kommt. Eine systemtheoretische Diagnostik ist grundsätzlich anders strukturiert als eine biologisch-medizinische oder verhaltenstheoretische Diagnostik.

Welchem Zweck dient nun Diagnostik im Zusammenhang mit Verhaltensstörungen?

5.1 Ziele und Aufgaben der Diagnostik

In der Sonderpädagogik erhält die Diagnostik insbesondere folgende Aufgaben:

Aufgaben

1. **Deskription:** Sie muss eine Beschreibung der Verhaltensstörungen, aber auch der positiven Ansatzpunkte und Kompetenzen des Heranwachsenden bieten.

2. **Klassifikation:** Die Zuordnung zu anderen Verhaltensweisen und die Einordnung in ähnliche Gruppen von Phänomenen erlauben die Kommunikation über die Problemstellung.

3. **Ätiologie:** Soweit möglich, sucht die Diagnostik die Ursachen und Entstehungszusammenhänge von Verhaltensstörungen zu erkunden. Häufig muss sie die Befunde anderer Disziplinen (Medizin, Psychologie) zur Kenntnis nehmen. Allerdings bleibt es oft fragwürdig, welche pädagogisch relevanten Einsichten hieraus gewonnen werden können.

4. **Prognose:** Gerade bei Kindern und Jugendlichen spielt die Entwicklungsperspektive angesichts erschwerter Lebensbedingungen eine große Rolle. Prognostische Aussagen setzen relativ dauerhafte Persönlichkeitseigenschaften (traits) voraus. Die Dynamik und Flexibilität psychosozialer Entwicklungen bei Heranwachsenden stellt diese Stabilität jedoch in Frage.

5. **Pädagogisch-therapeutische Zielsetzungen und Indikationen:** Für den Einsatz von besonderen Maßnahmen der Hilfe, von Beratung und Behandlung bis hin zu therapeutischen Verfahren sind genaue Erkenntnisse über Handlungsmöglichkeiten notwendig, um nicht ohne Wirkung zu bleiben oder sogar schädigende Effekte herbeizuführen.

6. **Evaluation:** Die Wirkung der initiierten Maßnahmen muss kontrolliert werden, auch dafür sind diagnostische Prozesse notwendig.

Im Rahmen der Pädagogik bei Verhaltensstörungen ist als Aufgabenstellung festzuhalten: Diagnostik dient der Erkenntnisgewinnung in einem Entscheidungsprozess. Sie ist kein Selbstzweck, sondern „Teil eines Handlungsablaufs, der – oft mehrfach rückgekoppelt – informationssuchende und zustandsverändernde Handlungen umfaßt" (Pawlik 1976, 33). Das methodische Vorgehen muss sich daher jeweils an der Fragestellung bzw. an der zu treffenden Entscheidung orientieren. Diagnostik geht von Annahmen und Vermutungen aus, die man zu bestätigen oder zu widerlegen versucht: Sie arbeitet hypothesengeleitet.

Ziel

Das Ziel des diagnostischen Prozesses besteht in der fundierten Entscheidung für eine bestimmte Handlung, die einer Problemlösung dient. Diagnostik legitimiert sich durch ihren Nutzen für eine anstehende Entscheidung. Methoden und Verfahren müssen sich an der Fragestellung orientieren. Die Handlungsalternativen, über die zu entscheiden ist, können verschiedener Art sein:

Selektion: Die Auswahl einer bestimmten Personengruppe aus einer größeren Gruppe nach bestimmten Kriterien, etwa Personen mit aggressiven Verhaltensweisen oder einer hohen Risikobelastung, für die besondere Maßnahmen initiiert werden.

Klassifikation oder Platzierung: Alle untersuchten Personen erfahren eine Behandlung, es muss jedoch entschieden werden, welcher Form der Behandlung das Individuum zuzuordnen ist. Die Zuweisung zu einer Sonderschule stellt eine Platzierungsentscheidung dar.

Modifikation: Es muss eine Entscheidung getroffen werden, mit welchen Vorgehensweisen angestrebte Veränderungen erreicht werden können. Die Veränderungen können das Individuum, aber auch eine Änderung der Umweltverhältnisse betreffen.

Zur Einschätzung dieser Handlungsalternativen ist festzuhalten:

„Während bei Selektions- und Zuordnungsentscheidungen die für die Auswahl und Plazierung vorgegebenen Bedingungen invariant sind und durch die diagnostische Entscheidung eine bestmögliche Passung von Personen und gegebenen Bedingungen erreicht werden soll, geht man bei Entscheidungen über Modifikationsstrategien davon aus, dass sowohl die Merkmale der Individuen als auch die äußeren Bedingungen veränderbar und veränderungswürdig sind." (Furch-Krafft 1993, 1019)

Für die Erziehung bei Verhaltensstörungen besteht naturgemäß ein sehr großes Interesse an Erkenntnissen über sachgemäße Modifikationsstrategien: „Zu fordern wäre auf jeden Fall im pädagogischen Bereich eine Betonung der Modifikationsstrategie" (Bundschuh 1999, 35). In der Praxis reduziert sich die Diagnostik jedoch häufig auf eine Platzierungsentscheidung: Soll dieser Schüler auf die Sonderschule überwiesen werden? Soll das Kind in ein Heim oder eine psychiatrische Institution aufgenommen werden? Diese Ausrichtung der Diagnostik auf Selektion und Platzierung erfährt häufig Kritik von sonderpädagogischer Seite. Diese Entscheidungen sind möglicherweise notwendig – ohne die Einleitung weiterreichender Hilfsmaßnahmen erscheint die Legitimität eines solchermaßen reduzierten diagnostischen Prozesses zweifelhaft.

5.2 Modelle der Diagnostik bei Verhaltensstörungen

Das Vorgehen der Diagnostik wird entscheidend durch die zugrunde liegenden Vorstellungen von Verhaltensstörungen geprägt. Die verschiedenen Konzeptionen von Diagnostik differieren in der Fragestellung, der Hypothesenbildung, der Datenbeschaffung, der Methode der Datenverarbeitung und dem Verständnis des Zusammenhangs von Diagnostik und Intervention.

5.2.1 Medizinische Diagnostik

Nach dem medizinischen Diagnostikmodell lässt sich aus den feststellbaren Symptomen eine bestimmte Ursache der Störung ermitteln. Zunächst muss eine Klassifikation nach einem gegebenen Schema erfolgen, also eine gültige Diagnose der Störung erstellt werden. Dazu greift man heute auf die internationalen Klassifikationssysteme DSM oder ICD zurück (Remschmidt/Schmidt 1994). Für eine Störung werden bestimmte Kriterien angegeben, deren Erfüllung die Zuordnung der Störung zu dieser Kategorie erlaubt. Die diagnostischen Methoden zielen daher auf die objektivierte Erhebung von relevanten Merkmalen des betroffenen Individuums. Sie verfahren möglichst unabhängig vom Beobachter (objektiv), sind streng standardisiert und quasi mechanisiert. Aus der Diagnose, so die Grundannahme, lässt sich der Behandlungsplan ableiten. Die abschließende Evaluation nutzt wiederum die diagnostischen Verfahren zur Überprüfung des Behandlungserfolgs.

Als Kritik ist festzuhalten, dass hierbei in der Regel die Bedeutung der sozialen und dinglichen Umwelt vernachlässigt wird. Das medizinische Diagnose-Therapie-Modell erfasst kaum die situativen, prozessualen, sozialpsychologischen und gesellschaftsrelevanten Dimensionen von Verhaltensstörungen, die doch zentrale Anteile darstellen.

Medizin

5.2.2 Behaviorale Diagnostik

Auf dem verhaltenstheoretischen Modell basiert auch eine verhaltensorientierte Diagnostik. Charakteristisch dafür sind die möglichst konkrete Beschreibung des Problemverhaltens, der Situationen, in denen das Problemverhalten auftritt, und die quantitative Erhebung des Problemverhaltens. Drei Arbeitsschritte lassen sich als Zusammenfassung der oben bereits dargestellten Verhaltensanalyse (Kap. 4.2.2) unterscheiden:

Behaviorismus

1. Identifizierung des Problems: Das störende Verhalten wird benannt und operationalisiert, also hinsichtlich seiner beobachtbaren Ausprägung und der situativen Gegebenheiten genau bestimmt. Dasselbe wird für erwünschte, mit dem Störverhalten unvereinbare Verhaltensmuster durchgeführt. Das zu verändernde Verhalten und die Zielrichtung der Veränderung werden festgelegt.

2. Sammlung der Daten: Häufigkeit, Auslöser und Konsequenzen des störenden wie des erwünschten Verhaltens werden in der Verhaltensbeobachtung protokolliert und die Daten ausgewertet.

3. Entwicklung eines therapeutischen Konzepts: Ein Plan für die Durchführung einer Verhaltensmodifikation lässt sich auf der Basis der gewonnenen Daten erstellen. Das unerwünschte Verhalten soll durch Nichtbeachten gelöscht, das erwünschte Verhalten durch Verstärkung aufgebaut werden.

Die behaviorale Diagnostik steht in der Gefahr, dass die Ziele, Inhalte und Formen der Verhaltensbeobachtung und der anschließenden Verhaltensmodifikation den Bedürfnissen und dem Entwicklungsstand des Kindes nicht entsprechen, sondern den Interessen von „mächtigeren" Instanzen und damit der Manipulation dienen.

5.2.3 Interaktionistische Diagnostik

Interaktionismus

Die interaktionistische Diagnostik nimmt grundlegend an, dass Verhaltensstörungen das Ergebnis sozialer Handlungen und Prozesse darstellen. Als Grundlagen dienen diverse psychologische Theorien wie Handlungstheorie, System- und Kommunikationstheorie, Familientherapie oder klientenzentrierte Therapie. Problematische Verhaltensweisen werden als Bereiche auf einem Kontinuum zu unauffälligem Verhalten verstanden, die nur innerhalb eines bestimmten sozialen Bezugsrahmens als gestört gelten. Daher spielen immer vielfältige Entstehungsbedingungen, mögliche Ursachen und aufrechterhaltende Konstellationen eine Rolle.

Diagnostik versteht sich daher nicht als Urteilsspruch über ein mit Störungen belastetes Kind, sondern als Beschreibung für ein komplexes Interaktionssystem. Die Verfahren versuchen primär durch Beobachtung und Befragung die Beschreibung zwischenmenschlicher Beziehungen, ihrer Systeme und Voraussetzungen, z.B. auch der Kognitionen aller Beteiligten. Drei Ebenen untersucht eine interaktionistische Diagnostik:

1. die Einstellungen, Bewertungen, Erwartungen und Beurteilungsmaßstäbe der Interaktionspartner,
2. die Wahrnehmungen und Bewertungen der Wahrnehmungen der Interaktionspartner,
3. das Verhalten mit genauer Beobachtung des Interaktionsverlaufs.

Der Neuansatz einer interaktionistischen Diagnostik sieht sich von Seiten klassischer Diagnostik dem Vorwurf gegenüber, dass hier ein nicht standardisierbares Vorgehen propagiert wird, in dem klassische Gütekriterien nur eingeschränkt gelten. Dieses Vorgehen führe daher kaum zu validen Aussagen (Bundschuh 2002).

Wie ist eine Diagnostik bei Verhaltensstörungen aus heilpädagogischer Sicht durchzuführen? Welche Schwerpunkte und Orientierungen sind von Bedeutung?

5.3 Sonderpädagogische Förderdiagnostik

Innerhalb der Heilpädagogik haben sich eigene Vorstellungen von Diagnostik entwickelt, die in kritischer Distanz zur Diagnostik nach dem medizinischen Modell stehen. Das behaviorale und interaktionistische Modell der Diagnostik steuert für heilpädagogische Fragestellungen wertvolle Sichtweisen gegenüber der früheren, das Defizit in den Mittelpunkt stellenden Vorgehensweise bei. Die beiden Modelle führen zu einer stärkeren Betonung von Lernprozessen, sozialen Entwicklungsbedingungen und der Suche nach positiven Handlungsmöglichkeiten unter der Zielsetzung Förderung. Diese Suche wird mit dem Begriff Sonderpädagogische Förderdiagnostik bezeichnet. Folgende Kritikpunkte gegenüber einer Diagnostik nach dem medizinischen Modell führt Bundschuh aus heilpädagogischer Sicht an (2002, 222ff):

Förderdiagnostik

1. Die Anwendung spezieller diagnostischer Messverfahren impliziert die Gefahr, das Verhalten von Kindern mit Behinderungen lediglich auf Teil- oder Funktionsbereiche zu reduzieren.
2. Diagnostische Messverfahren erfassen nicht die Lebens- und Entwicklungsbedingungen eines Kindes mit Behinderungen. Sie diagnostizieren nicht, was ein Kind bisher gelernt hat, wo, wie und warum es handelt.
3. Das Verhalten eines Kindes mit Behinderungen auch nur approximativ verstehen und interpretieren zu wollen, setzt das Bemühen um eine Beziehung zum Kind voraus. Die anthropologisch-pädagogische Dimension besitzt also Priorität.
4. Als förderdiagnostisch relevant erweisen sich die Beobachtung und Beschreibung der Lernausgangslage mit der anschließenden systematischen Suche nach Anknüpfungsmöglichkeiten, der Entdeckung von Lernwegen sowie der Prüfung der Effizienz versuchsweise initiierter Fördermaßnahmen. Die didaktische, bisweilen auch therapeutische Dimension bildet die Zielorientierung Sonderpädagogischer Förderdiagnostik.

Tab. 3:
Gegenüberstellung
von klassischer
psychologischer
Diagnostik und Son-
derpädagogischer
Förderdiagnostik
nach Bundschuh
(1999, 56f)

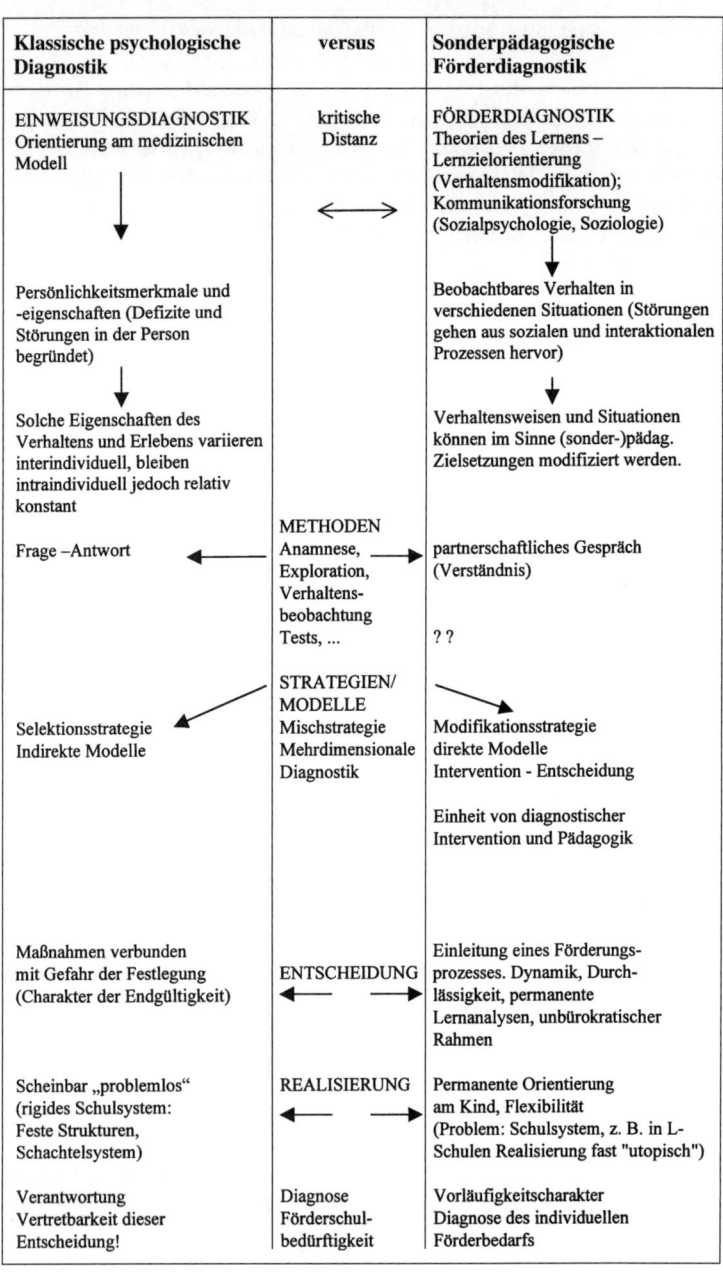

Klassische psychologische Diagnostik	versus	Sonderpädagogische Förderdiagnostik
EINWEISUNGSDIAGNOSTIK Orientierung am medizinischen Modell	kritische Distanz ←→	FÖRDERDIAGNOSTIK Theorien des Lernens – Lernzielorientierung (Verhaltensmodifikation); Kommunikationsforschung (Sozialpsychologie, Soziologie)
Persönlichkeitsmerkmale und -eigenschaften (Defizite und Störungen in der Person begründet)		Beobachtbares Verhalten in verschiedenen Situationen (Störungen gehen aus sozialen und interaktionalen Prozessen hervor)
Solche Eigenschaften des Verhaltens und Erlebens variieren interindividuell, bleiben intraindividuell jedoch relativ konstant		Verhaltensweisen und Situationen können im Sinne (sonder-)pädag. Zielsetzungen modifiziert werden.
Frage –Antwort	METHODEN Anamnese, Exploration, Verhaltens- beobachtung Tests, ...	partnerschaftliches Gespräch (Verständnis) ? ?
Selektionsstrategie Indirekte Modelle	STRATEGIEN/ MODELLE Mischstrategie Mehrdimensionale Diagnostik	Modifikationsstrategie direkte Modelle Intervention - Entscheidung
		Einheit von diagnostischer Intervention und Pädagogik
Maßnahmen verbunden mit Gefahr der Festlegung (Charakter der Endgültigkeit)	ENTSCHEIDUNG ←→	Einleitung eines Förderungs- prozesses. Dynamik, Durch- lässigkeit, permanente Lernanalysen, unbürokratischer Rahmen
Scheinbar „problemlos" (rigides Schulsystem: Feste Strukturen, Schachtelsystem)	REALISIERUNG ←→	Permanente Orientierung am Kind, Flexibilität (Problem: Schulsystem, z. B. in L-Schulen Realisierung fast "utopisch")
Verantwortung Vertretbarkeit dieser Entscheidung!	Diagnose Förderschul- bedürftigkeit	Vorläufigkeitscharakter Diagnose des individuellen Förderbedarfs

5. Die kindorientierte, individuelle Beschreibung der Lernausgangslage zur Entdeckung heilpädagogischer Handlungsmöglichkeiten kann primär mit den Methoden der teilneh-
   menden Beobachtung in verschiedenen Alltagssituationen
   (Familie, Heim, Unterricht, Spiel- und Freizeitbereich), der
   Analyse der Biographie unter Einbezug der sozialen Prozesse
   sowie der Analyse der aktuellen sozialen Situation geschehen.
   Die soziale Dimension erhält daher einen zentralen Stellenwert.

Die damit gegebenen unterschiedlichen Schwerpunkte sind in
Tabelle 3 gegenübergestellt.

Für die Diagnostik bei Verhaltensstörungen besitzen die för- **Charakteristik**
derdiagnostischen Orientierungen besonderen Wert: Die Beach-
tung sozialer Bezüge, der Aufbau einer Beziehung, die Bedeutung der Lebenswelt des Kindes und die Suche nach Möglichkeiten der Erziehungshilfe stellen für das Verständnis von Kindern
und Jugendlichen mit Verhaltensstörungen und für ihre Erziehung fundamentale, ja unverzichtbare Orientierungen dar. Die
Abwendung von der klassischen Diagnostik manifestiert sich insbesondere in der Zielrichtung solcher Diagnostik, gerade auch
bei Verhaltensstörungen.

„Förderdiagnose zielt hin auf Förderung und Hilfe im pädagogischen Bereich,
auf Integration im sozialen Bereich unter Einbezug der Familie und der übrigen sozialen Umwelt, auf Entwicklung und Entfaltung im psychischen Bereich,
auf Heilung und Therapie im allgemeinen, soweit dies im sonderpädagogischen Feld möglich sein kann." (Bundschuh 1995, 54)

Diese Zielstellungen leiten den Prozess der Sonderpädagogischen
Förderdiagnostik an.

5.4 Der diagnostische Prozess

In der Durchführung der Diagnostik sind bestimmte Phasen zu
beachten (Abb. 13). Nur dadurch wird ein problemgemäßes Vorgehen gewährleistet.

In der Phase der *Vorinformation* sind das Problem und die Fra- **Vorinformation**
gestellung als Grund der diagnostischen Untersuchung zu klären.
Die Vorinformationen von Schule, Jugendamt, Eltern, Lehrer
oder Fachpersonal bilden den Ausgangspunkt. In der Anamnese erfolgen Gespräche mit Eltern und Bezugspersonen über die
Entwicklung des Kindes. Dazu kann die Sichtung vorliegender
Informationen (Akten) hilfreich sein. Für die Gesprächsführung
liegen Fragebogen vor, an denen sich der Sonderpädagoge orientieren kann. In einer ersten Exploration werden von der Prob-

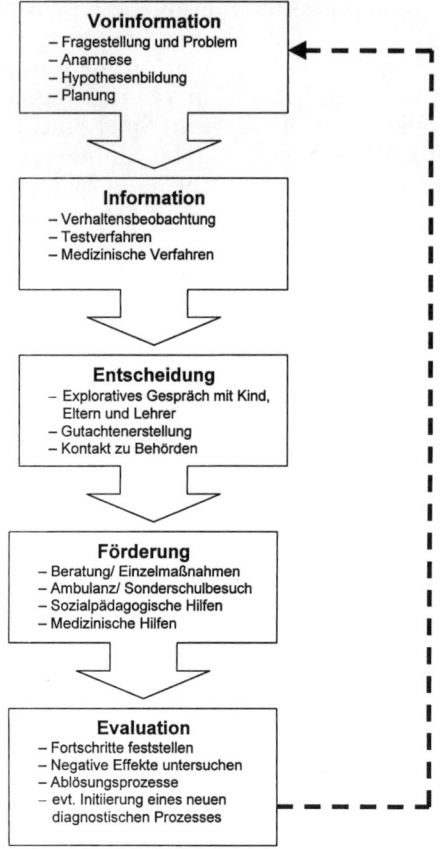

Abb. 13:
Phasen des diagno-
stischen Prozesses

lemlage betroffene Personen befragt. Auf dieser Basis erfolgt die Hypothesenbildung. Es werden dabei Vermutungen über die Konstellationen, Entstehungs- und Erhaltungszusammenhänge formuliert. Gemäß dieser Arbeitshypothese findet anschließend die Planung des diagnostischen Prozesses statt, in der über die einzusetzenden Verfahren der Informationsgewinnung, besondere Maßnahmen der Informationsgewinnung, die zeitliche Abfolge und die notwendigen Kontakte zu entscheiden ist.

Information

Die Phase der *Information* dient der Gewinnung von Erkenntnissen, um zu einer Entscheidung über die Fragestellung zu gelangen. Folgende Verfahren werden herangezogen:

1. Die *Verhaltensbeobachtung* wird häufig in unsystematischer, systematischer und teilnehmender Form durchgeführt.

2. Die Verwendung von *Testverfahren* erfolgt gemäß der Arbeitshypothese. Sie bestimmt die Auswahl der Tests. Durch die Verhaltensbeobachtung während der Durchführung eines Testverfahrens lassen sich ebenfalls wichtige Erkenntnisse gewinnen.

3. Die *Exploration,* also das diagnostische Gespräch mit dem Kind, mit Erziehern, Lehrern, Freunden und Eltern in der Lebenswirklichkeit, vermag die verschiedenen Perspektiven aufzudecken.

4. *Medizinische Untersuchungen* klären Fragen der Sinnestüchtigkeit, organischer Bedingungen und psychiatrische Fragen.

Die Phase der *Entscheidung* erfordert ebenfalls die Rückbindung an die Perspektive der Betroffenen, keine einsame „Expertenentscheidung". Im explorativen Gespräch mit dem Kind, den Eltern, Erziehern und Lehrern wird das Ergebnis der Informationsgewinnung, der Befund, dargestellt. Auf der Basis möglichst gesicherter Ergebnisse werden in Form offener Fragen die möglichen Hilfs- und Lösungsmöglichkeiten entwickelt. Die dann folgende Darstellung im Förderdiagnostischen Gutachten führt die relevanten Punkte auf (s. u.). Auf der Basis der Ergebnisse erfolgt die Beratung mit zuständigen Stellen wie Schulaufsicht oder Jugendamt. Die Beratung über die diagnostischen Ergebnisse zielt auf die Einleitung institutioneller und ambulanter Hilfeleistungen. **Entscheidung**

Die Phase der *Förderung* ist durchaus als Teil einer Sonderpädagogischen Förderdiagnostik zu verstehen. Denn oftmals ergeben sich weiterführende Erkenntnisse aus der erzieherischen Arbeit selbst. In engem Zusammenhang zur Diagnostik steht die Beratung von Eltern, Erziehern und Lehrern, die zu einer Veränderung von Erziehungs- und Unterrichtsstil führen können, aber auch Hilfen für konkrete Konfliktfälle und Kontakte zu weiteren Institutionen anbieten. Die unterschiedlichen Formen ambulanter Hilfe (pädagogisch-therapeutische Maßnahmen, Gruppenprozesse), Einzelmaßnahmen (Klassen- und Schulwechsel, Nachhilfe, Aufbau eines Tutorensystems in der Schule, Einsatz einer Verhaltensmodifikation), die Aufnahme in die Schule für Erziehungshilfe, Initiierung sozialpädagogischer Maßnahmen (Tagesstätte, Erziehungsberatung, Heim) und medizinische Hilfen (Kontakte zu Ärzten, Kliniken) werden durch die diagnostischen Ergebnisse angeleitet. **Förderung**

Die Begleitung der Förderung und die Kontrolle ihrer Wirkungen, also die *Evaluation* der Maßnahmen, stellt ebenfalls eine Aufgabe sonderpädagogischer Förderdiagnostik dar. Positive Entwicklungen, aber auch die Feststellung negativer Effekte besonderer Hilfen (Stigmatisierung, Entmutigung) werden dokumentiert und Modifikationen initiiert. In der Ablösung der besonderen Hilfen, z. B. durch neue Beziehungsangebote und durch den **Evaluation**

Rückzug des Sonderpädagogen, können Probleme auftreten, die dokumentiert und analysiert werden müssen. Gerade in dieser Phase kann deutlich werden, dass die getroffenen Maßnahmen nicht treffend oder unzureichend waren. Dann ist an die Initiierung eines neuen diagnostischen Prozesses zu denken.

5.5 Diagnostische Verfahren und Methoden

Auf einige wichtige Verfahren der Diagnostik bei Verhaltensstörungen sei an dieser Stelle hingewiesen:

- Als Rating-Verfahren bei Verhaltensstörungen können insbesondere die Child Behavior Checklist (CBCL) und der Entwicklungstherapeutische Lernzieldiagnosebogen (ELDiB) herangezogen werden. Die aus den USA stammende und inzwischen übersetzte CBCL stellt ein wichtiges Screening-Instrument für die Einschätzung durch Lehrer und Eltern dar, das in wissenschaftlichen Untersuchungen mehrfach wertvolle Dienste geleistet hat. Der ELDiB wurde für pädagogische Kontexte entwickelt und erlaubt die Ableitung von Zielen und Maßnahmen sonderpädagogischer Förderung.
- Die Intelligenz lässt sich in den zum sonderpädagogischen Standardrepertoire gehörenden Tests Hamburg-Wechsler-Intelligenztest (HAWIK-R), Culture-Fair-Test (CFT) oder Adaptives Intelligenz Diagnostikum (AID) überprüfen.
- In die Verhaltensbeobachtung führen Faßnacht (1995) oder Belschner et al. (1975) ein.
- Für eine systematische Anamnese kann der Diagnostische Eltern-Fragebogen (DEF) hilfreich sein.
- Als projektive Verfahren finden der Sceno-Test und der Schulangst-Test (SAT) Verwendung.
- Zur Erhebung der Problemsicht der Betroffenen selbst wird recht häufig der Persönlichkeitsfragebogen für Kinder zwischen 9 und 14 Jahren (PFK 9-14) empfohlen. Die Persönlichkeitsdimensionen von Neurotizismus und Extraversion erhebt die Hamburger Neurotizismus- und Extraversionsskala für Kinder und Jugendliche (HANES-KJ) im Alter von 8 bis 16 Jahren.
- Das Phänomen Angst prüfen der Angstfragebogen für Schüler (AFS) und der Schulangst-Test (SAT).
- Aggressivität in ihrem situativen Kontext erhebt der Erfassungsbogen für aggressives Verhalten in konkreten Situationen (EAS).
- Die Aufmerksamkeit testen der „d 2" Aufmerksamkeits-Belastungs-Test und der Bonner Aufmerksamkeits-Test (BAUT). Sie haben besondere Gültigkeit für die Problematik von Verhaltensstörungen bewiesen.

- Die in der Regel sehr schwierige soziale Position von Kindern und Jugendlichen mit Verhaltensstörungen lässt sich mit dem Soziometrischen Test für 3.–7. Klassen (ST 3–7) beschreiben. Für die Probleme in integrativen Klassen bietet sich der Fragebogen zur Erfassung der Dimensionen von Integration (FDI 4–6) an.

Diese Verfahren stellen nur eine Auswahl bekannter und relativ häufig verwendeter Diagnoseinstrumente dar. Insbesondere die Bedeutung der Verhaltensbeobachtung ist hervorzuheben. Eine gründliche Einführung und Einübung der Beobachtungstechniken stellt eine wichtige Kompetenz für Pädagogen mit Qualifikation in der Pädagogik bei Verhaltensstörungen dar. Zahlreiche weitere Verfahren zur Diagnose stellt der Katalog der Testzentrale dar (siehe Anhang).

Nicht verschwiegen werden darf jedoch die Kritik am Ertrag von Testverfahren für die Pädagogik bei Verhaltensstörungen. In einer neueren Untersuchung erscheint die Trennschärfe von psychologischen Testverfahren bei Verhaltensstörungen eher fragwürdig. Die scheinbar so relevanten Verfahren wie AFS, HANES und EAS konnten nicht zwischen Schülern von Grundschulen und von Schulen für Verhaltensgestörte trennen. Hingegen zeigten sich bei Verfahren zur Erhebung der Aufmerksamkeit und der kognitiven Leistungsfähigkeit deutliche Unterschiede: „… so scheinen der d 2, der BAUT und der CFT 20 so sensibel zu sein, daß sie zwischen den Versuchsgruppen deutlich trennen“ (Neukäter et al. 1995, 190). Mit den Autoren ist daraus der Schluss zu ziehen, dass die Diagnostik bei Verhaltensstörungen sich keinesfalls auf die Aussagen von psychologisch-pädagogischen Testverfahren verlassen kann, sondern immer die biographischen, sozialen und institutionellen Bedingungen in den Blick nehmen muss.

5.6 Gutachten

Das sonderpädagogische Gutachten dokumentiert den Prozess der diagnostischen Informationsgewinnung gemäß der zu Beginn formulierten Fragestellung und Hypothesen. Es enthält Vorschläge, Empfehlungen oder Entscheidungen. Das Gutachten besitzt also darstellende und urteilende, aber auch beratende Funktionen.

Die Ergebnisse der einzelnen diagnostischen Methoden werden in einem Befund dargestellt. Für den Befund gilt die Anforderung, die relevanten Ergebnisse objektiv, ohne Interpretation und übersichtlich darzustellen (Bundschuh 1999, 300ff). Eine sinnvolle Gliederung eines Gutachtens kann wie in Abb. 14 aussehen (nach Bundschuh 1999, 334ff).

Aufbau eines Förderdiagnostischen Gutachtens

1. Situation und Untersuchungsanlass, Fragestellung, Untersuchungsbedingungen
2. Kennzeichnung der bisherigen Entwicklungsumstände
   Anamnese, Lebenswelt des Kindes, frühere Untersuchungsergebnisse, soziale Beziehungen, schulisches Verhalten
3. Auswahl der Verfahren zur weiteren Informationsgewinnung
   gewählte Verfahren mit Begründung, Bereiche und Situationen der Verhaltensbeobachtung
4. Darstellung der Ergebnisse
   relevante Befunde der einzelnen Verfahren, übersichtlich und objektiv dargestellt
5. Diskussion und Interpretation der Ergebnisse
   in vorsichtiger, hypothesenprüfender Form werden die störenden Verhaltensweisen, die Entstehungsbedingungen und situativen Kontexte zusammengefasst
   Wichtige Bereiche: Lernfähigkeit, Intelligenz, Gedächtnis, Schulleistungen, Sprache, Wahrnehmung, Sozialverhalten, Arbeitsverhalten, Emotionalität, Motivation und Motorik
6. Zusammenfassung wesentlicher Untersuchungsergebnisse
   knappe Darstellung der wichtigsten Ergebnisse
7. Beantwortung der Fragestellung
   eine Antwort auf die zu Beginn formulierte Frage wird gegeben, oftmals mit einem vorläufigen Charakter
8. Fördervorschläge
   pädagogische, didaktische und methodische Vorschläge zur Förderung stellen das Ziel eines sonderpädagogischen Gutachtens dar

Abb. 14:
Aufbau eines Förderdiagnostischen Gutachtens (nach Bundschuh 1999, 334ff)

An diesem Aufbau eines Sonderpädagogischen Gutachtens wird die Grundstruktur deutlich: Ausgehend von einem Problem der Erziehungspraxis versucht die Sonderpädagogische Förderdiagnostik Informationen zu gewinnen, um erzieherische Modifikationen begründet vorschlagen und begleiten zu können.

Bedeutung

Sonderpädagogische Gutachten begründen häufig sehr weit reichende Entscheidungen. Sie legitimieren einen Schulwechsel, z. B. die Aufnahme in die Sonderschule oder die Herauslösung aus der Familie in eine sozialpädagogische Maßnahme (Heim). Daher stellt die Diagnostik ein sehr verantwortungsvolles Tätigkeitsgebiet dar. Wenn für solche wichtigen Entscheidungen ein erheblicher Zeitaufwand notwendig ist, sollte er auch tatsächlich zur Verfügung stehen. Die hohe Kompetenz des Diagnostikers bleibt zugleich eine basale Voraussetzung.

5.7 Diagnose und Förderung

Wie lassen sich nun Maßnahmen der Erziehungshilfe und sonderpädagogischen Förderung aus der Diagnose gewinnen? Es ist durchaus umstritten, ob die Ableitung von Förderansätzen aus diagnostischen Erkenntnissen überhaupt logisch-stringent möglich ist. Denn an welchem Punkt soll man ansetzen? Bei einem festgestellten Defizit? Sehr oft sind gerade die defizitären Verhaltensweisen in ein komplexes Bedingungsgefüge eingebunden (Familiensystem, Peers), das erzieherischer Einwirkung kaum zugänglich ist. Der Ansatz bei den Schwächen kann zudem erhebliche emotionale Probleme provozieren und die Beziehung zum Sonderpädagogen schwer belasten. Die Förderung der Stärken eines Kindes mit Verhaltensstörungen vermeidet solche Effekte, weicht aber der vorhandenen Problematik aus. Für diese grundsätzlichen Probleme gibt es z. Zt. keine wissenschaftlichen Lösungen, sie verlangen nach pragmatischen Vorgehensweisen.

Fördermaßnahmen

Die Entwicklung der individuellen Fördermaßnahmen bei Verhaltensstörungen stellt damit eine anspruchsvolle Aufgabe des praktizierenden Sonderpädagogen dar. Es gibt in der Pädagogik bei Verhaltensstörungen kein wissenschaftlich fundiertes Konzept der Umsetzung von diagnostischen Ergebnissen in erzieherisches Handeln. In anderen sonderpädagogischen Fachrichtungen entwickeln sich erste Strukturhilfen (Eggert 1997). Es ist daher nicht verwunderlich, wenn bisher nur pragmatische Arbeitshilfen angeboten werden.

Eine solche pragmatische Hilfe stellen die in Bayern verwendeten „Übersichtsblätter zur diagnosegeleiteten individuellen Förderung" dar (Abb. 15). Sie sollen den Transfer von diagnostischen Erkenntnissen in den Förderplan gewährleisten (Staatsinstitut für Schulpädagogik und Bildungsforschung München 1994a, 229). Sie leisten auch gute Dienste für die Arbeit im Team. Die erste Spalte des Übersichtsblattes führt die möglichen Problembereiche mit den dafür relevanten Testverfahren und Untertests an. In der zweiten Spalte ist die Informationsquelle anzugeben. Die dritte Spalte gibt die einzuleitenden Fördermaßnahmen wieder, deren Durchführung in der vierten Spalte anzugeben ist. Es steht auch Raum für die Zusammenfassung von Gesprächsergebnissen mit Erziehern, Lehrern und Eltern zur Verfügung. Farbige Markierungen (rot für Förderbedarf, grün für Stärken) erleichtern den Überblick. Neben der Förderung von sozial-emotionalen Bereichen erweist sich in der Regel die Förderung kognitiver und schulleistungsbezogener Kompetenzen als dringende Aufgabe. Die Förderplanung soll aus dem Übersichtsblatt (Abb. 15) gewonnen werden.

Praxishilfen

Abb. 15:
Übersichtsblatt zur
diagnosegeleiteten
Förderung
(Staatsinstitut für
Schulpädagogik und
Bildungsforschung
München 1994a,
233–236)

Schüler _____   Zeitraum: _____   Bearbeitender Lehrer _____

Übersichtsblatt zur diagnosegeleiteten individuellen Förderung

Individuelle Lern- und Leistungsvoraussetzungen; besonderer Förderbedarf	Informationsquellen: Test/Beob./ Einschätzg.	Notwendige Fördermaßnahmen (Förderschwerpunkte)	wann durchgeführt?
● **sprachlich** **rezeptive Sprache:** Sprachverständnis (Wortverständnis: AID-SF, AID-FA, TES-PPVT; Satzverständnis)			
produktive Sprache: aktiver Wortschatz: AID-SF; Grammatik; Sprechklang (z. B. Näseln); Lautbildung (z. B. Stammeln); Redefluß (z. B. Stottern, Poltern);			
Sprachliche Kommunikationsfähigkeit Fremdsprachigkeit			
● **motorisch** (Hand-/Finger-) Feinmotorik (TES-Pn) Graphomotorik Visuell-motorische Koordination (AID-KA, AID-AK, AID-AS, TES-Pn, TES-TRAC) Grobmotorik (TES-WEIT, TES-HÜPF) Sprechmotorik (Lippen-/Zungenbeweglichkeit)			
Körperschema Bewegungsplanung Bewegungssteuerung Bilaterale Integration Körperkoordination Gleichgewicht Hypermotorik Hypomotorik			
● **kognitiv** **Intellektuelle Fähigkeiten:** Allgemeine intellektuelle Leistungsfähigkeit (AID) Manuell-visueller Intelligenzbereich Verbal-akustischer Intelligenzbereich			

Allgemeinwissen (AID-AW)
Begriffsbildung (AID-FA)
Mathematisches Verständnis (AID-AR)
Erkennen von Ursache-Wirkungszusam-
menhängen (AID-SSF, AID-SESR)
Gedächtnis und Merkfähigkeit (AID-UR,
AID-KA)
Aktiver und passiver Wortschatz (TES-
PPVT, AID-SF)
Visuelles, räumliches Vorstellungsver-
mögen (AID-AK, AID-AS)
Unterscheiden von Wesentlichem und
Unwesentlichem (AID-RS, AID-SSF,
AID-FA)
Selbständiges Entwickeln von Lösungs-
strategien (AID-AK, AID-KA:LQ, AID-
AS)
Aufmerksamkeit, Konzentration, Aus-
dauer, Leistungsvermögen unter Zeit-
druck, Arbeitstempo (TES-KHV, AID-
KA, AID-UR)
Kreatives Denken (AID-AK)

Teilleistungen:

Visueller Bereich (TES-RLE, TES-KHV,
TES-WG, TES-F/G, TES-TRAC):
Organische Funktionstüchtigkeit (Augen,
Sehnerv usw.)
Differenzierung und Diskrimination
Gliederung
Figur-Grund-Erfassung

Fokussierung der Aufmerksamkeit
Raumlage und räumliche Beziehungen
Gedächtnis (AID-KA) und Merkfähig-
keit, Serialität
Verbindungen mit anderen Sinneskanälen

Auditiver Bereich:
Organische Funktionstüchtigkeit (Ohren,
Hörnerv usw.)
Differenzierung und Diskrimination
Gliederung
Figur-Grund-Erfassung
Fokussierung der Aufmerksamkeit
Richtungshören
Gedächtnis und Merkfähigkeit, Serialität
(AID-UR)
Verbindungen mit anderen Sinneskanälen

Taktiler und kinästhetischer Bereich			
● **motivational** Leistungsmotivation, schulischer Ehrgeiz (PFK-Mo3:Ehrg) Kausalattributionen und Kontrollüberzeugungen (KÜZ)			
● **sozial und emotional** Aggressivität (PFK-VS2:FeWiKo, PFK-Mo1:Bed-Ichd, PFK-Mo6:Einst-Mask) Konfliktverhalten Soziale Unsicherheit, Kontaktscheuheit (PFK-VS4:Scheu) Angst, Ängstlichkeit (AFS-MA, PFK-SB1:SE-Angst) Schulangst, Prüfungsangst (AFS-PA) Schulunlust (AFS-SU) Selbstwertgefühl, Selbstbewußtsein (PFK-SB2:Selbstüberz, PFK-SB5:SE-Unterl)			
● **schulleistungsbezogen** Mathematik Deutsch - mündlicher Sprachgebrauch Deutsch - Rechtschreiben Deutsch - schriftliche Sprachproduktion Deutsch - Lesen Sachfächer **Arbeitsverhalten:** Selbständigkeit Zielstrebigkeit Sorgfalt Arbeitstempo Ausdauer Arbeitsstil (Impulsivität/Reflexivität) Kooperationsfähigkeit realist. Einschätzung eigener Leistungen			

Zusammenarbeit mit Eltern und außerschulischen Einrichtungen:

**Zusammenfassende Beurteilung
zum Ende des Schuljahres**

5.8 Übungsaufgaben

Klären Sie Begriff, Aufgaben und Ziele der Diagnostik.   **Aufgabe 25**

Skizzieren Sie knapp die verschiedenen Modelle der Diagnostik   **Aufgabe 26**
bei Verhaltensstörungen.

Worin unterscheidet sich die Sonderpädagogische Förderdiag-   **Aufgabe 27**
nostik von der klassischen psychologischen Diagnostik?

Welche Schritte sind im diagnostischen Prozess zu beachten?   **Aufgabe 28**

Welche Elemente zeichnen ein sachgerechtes Gutachten aus?   **Aufgabe 29**

6 Erzieherisches Handeln bei Verhaltensstörungen

So vielfältig die Erscheinungsformen von Verhaltensstörungen und so komplex die Zusammenhänge sind, so vielfältig sind die möglichen Handlungsformen zur Erziehungshilfe. Präventives, intervenierendes und beratendes Handeln stellen zentrale Aufgabenfelder der Erziehung bei Verhaltensstörungen dar.

6.1 Prävention

Der Ausdruck Prävention wird in der Regel mit Vorbeugung übersetzt. Als präventive Maßnahmen können eine Vielzahl von Handlungen verstanden werden: Früherfassung, Frühförderung, Behandlung von gefährdeten Personen und Gruppen, ein Maßnahmenkatalog für bestimmte Institutionen oder die Vermittlung von Inhalten, die vor einer auftretenden Störung aufklären und schützen können. Prävention stellt einen immer schon vorhandenen Aspekt der Erziehung dar, der auch ohne ausdrückliche Absicht praktiziert wird. Dieser immer schon vorhandene Aspekt lässt sich durch die Anwendung wissenschaftlicher Theorien und Methoden vertiefen und zielorientiert umsetzen.

Prävention

Von Prävention spricht man in der Pädagogik bei Verhaltensstörungen dann, wenn gezielte, intendierte Erziehungsmaßnahmen zur Vorbeugung gegen psychische, soziale und emotionale Störungen bei Kindern und Jugendlichen eingesetzt werden. Während früher zwischen primärer, sekundärer und tertiärer Prävention nach Caplan unterschieden wurde, zieht man heute die Begriffe universelle, selektive und indizierte Prävention vor. Diese Neufassung betont die unterschiedlichen Adressatengruppen.

1. Universelle Prävention meint die vorbeugenden Maßnahmen für eine nicht ausgewählte Gruppe von Personen zur Vermeidung von Verhaltensstörungen.

2. Selektive Prävention richtet sich an Personen, die ein erhöhtes Risiko besitzen.

3. Indizierte Prävention nimmt diejenigen Personen in den Blick, die unter einem sehr hohen Risiko leben und bereits erste Störungsformen zeigen.

Diesen drei Formen lassen sich die vorhandenen Maßnahmen zuordnen.

Unter universeller Prävention fasst man vorbeugende Maßnahmen für die gesamte Population oder nicht ausgewählte Teilgruppen zusammen. Hier werden Maßnahmen eingesetzt, die generell der Vorbeugung von Verhaltensstörungen dienen. Professionelle Erzieher reagieren nicht erst auf eine Störung, sondern handeln angesichts möglicher Risiken bereits im Vorhinein. Für solche Maßnahmen bieten sich Institutionen wie der Kindergarten oder die Schule an, durch die eine große Anzahl der anzusprechenden Personen erreicht werden kann. Man erhofft sich insbesondere mit folgenden Ansätzen eine Vermeidung von Verhaltensstörungen:

Universelle Prävention

- Eltern werden durch Information und Beratung in ihrer Erziehungstätigkeit unterstützt,
- der Unterricht behandelt sozial-affektive Inhalte,
- Lehrer arrangieren günstige Lernbedingungen und zeigen sozial und affektiv förderliches Verhalten,
- Kinder und Jugendliche erhalten ein gezieltes Training sozialer Fertigkeiten.

Die Elternbriefe bilden eine flächendeckend praktizierte Form der Primärprävention, deren Effektivität jedoch kritisch einzuschätzen ist. Für den Schulbereich liegen günstigere Erfahrungen vor: Zeigt insbesondere der Lehrer Empathie, gewährt er Freiheit bei eher indirekter Kontrolle, stellt er kognitiv anspruchsvolle Anforderungen, berücksichtigt er die Gefühle und fördert die Leistungsfähigkeit der einzelnen Schüler, so unterstützt er damit die gesunde Entwicklung aller seiner Schüler. Die Anwendung von gezielten Präventionsprogrammen, zur Vermittlung sozial-emotionaler Kompetenzen, zur Vorbeugung gegen Drogen oder Kriminalität, als Inhalte des Unterrichts weist ebenfalls Erfolge auf. Besonders die Anwendung kombinierter psychologischer Programme, eine gezielte Berufsvorbereitung, Kommunikationstraining und kombinierte moralische Erziehungsprogramme führen zum Erfolg (Hillenbrand/Hennemann 2005).

Gerade in der Primärprävention genießen Erziehung und Bildung Priorität und besitzen relativ gute Erfolgsaussichten.

Selektive Prävention wird für eine Population angeboten, die bereits unter dem Einfluss von Risiken steht. Als Risiken gelten insbesondere die (relative) Armut der Familie, zerbrechende Familienstrukturen, psychische Erkrankungen der Mutter oder frühe Erfahrungen von Gewalt und Missbrauch.

Selektive Prävention

Ein bekanntes und sehr erfolgreiches Projekt der Sekundärprävention aus den USA ist das so genannte Primary Mental Health Project von Cowen (1980). Durch ein Screening-Verfahren werden zunächst die Kinder mit einsetzenden Verhaltensauffälligkeiten erkannt. Das Programm umfasst dann die gezielte Förderung von Schulanfängern, Elternarbeit, Interventionen bei Krisen wie Scheidung oder Tod der Eltern und ein gezieltes Training bei ausagierenden Verhaltensweisen. Diese Maßnahmen werden durch Hilfskräfte durchgeführt, die ein spezielles Training durchlaufen haben. Für die professionellen Fachkräfte besteht die Aufgabe, diese Hilfskräfte auszubilden, Evaluationen durchzuführen und Weiterentwicklungen zu projektieren. Für den deutschsprachigen Raum gibt es leider nur wenige Programme der selektiven Prävention (Brezinka 2003).

Indizierte Prävention

Für diejenigen Personen, die unter einer hohen Risikobelastung leben und bereits Ansätze von Störungen zeigen, sollen gezielte Präventionsmaßnahmen der Entwicklung weiterer Störungen zuvorkommen. Hier gibt es auch Übergänge zu Interventionsmaßnahmen, die eine gezielte Hilfe für die Störungen selbst leisten wollen. Auf dieser Ebene lassen sich die meisten sonderpädagogischen Maßnahmen, aber auch verschiedene Therapien einordnen. Die Feststellung der Risikobelastung oder manifesten Störung ist Voraussetzung für die Hilfe, die gerade dadurch aber einen erschwerten Startpunkt erhält.

Die Aufnahme in die Schule zur Erziehungshilfe oder in ein Heim stellt eine solche indizierte Prävention dar. Aufgrund der dort gegebenen Bedingungen wird der Auftrag jedoch teilweise erschwert: Weitere störende Verhaltensweisen sind an Mitschülern zu beobachten, die soziale Position im Lebensumfeld erfährt eine Herabsetzung, und individuelle Zukunftsperspektiven mit ihren Auswirkungen auf das Selbstkonzept werden eher negativ beeinflusst.

Für die Prävention als Aufgabe der Erziehung bei Verhaltensstörungen sprechen viele Gründe. Insbesondere die universelle Prävention verspricht eine effektive und wirksame Hilfe bei Verhaltensstörungen ohne negative Nebeneffekte. Wie lassen sich solche aufwändigen Maßnahmen jedoch finanzpolitisch verantworten und durchsetzen – schließlich kann hier nicht auf bestehende und zu behandelnde Probleme hingewiesen werden? Unter diesen Bedingungen geraten Präventionsmaßnahmen oftmals in finanzpolitische Legitimationsnöte.

Als problematisch für selektive Präventionen erweist sich insbesondere die Aufgabe des Screenings von risikobelasteten Personen. Die zu Unrecht für belastet bzw. zu Unrecht für unbelastet eingestuften Heranwachsenden erfahren möglicherweise eine falsche Behandlung.

Für die indizierte Prävention zeigen sich erhebliche Probleme aufgrund unerwünschter Nebenwirkungen und der bereits manifesten, damit aber nur unter erschwerten Bedingungen zu behandelnden Problematik. Die Schule für Erziehungshilfe, aber auch die Heimerziehung leiden unter dieser Konstellation. Dennoch besteht Einigkeit in der Forschung wie in der fachöffentlichen Diskussion, dass präventivem Handeln unbedingt der Vorzug zu geben ist gegenüber dem späteren, übrigens meist auch viel kostspieligeren Intervenieren. Auch die Forschung muss diese Aufgabe verstärkt angehen.

6.2 Interventionen

Die Pädagogik bei Verhaltensstörungen kann keine eigenständigen, spezifischen Erziehungsmittel und Methoden vorlegen. Die Handlungsmöglichkeiten sind vielmehr in der alltäglichen Erziehung häufig vorhanden, erhalten jedoch eine spezielle Akzentuierung. Die Pädagogik bei Verhaltensstörungen entwickelt diese schon vorhandenen Handlungsformen gezielt im Hinblick auf die besonderen, erschwerten Erziehungssituationen weiter. Unter anderem greift sie dabei auf Erkenntnisse verschiedener psychotherapeutischer Schulen zurück. So entstehen modifizierte und intensivierte erzieherische Handlungsformen (Hußlein 1983).

Die im Folgenden vorgestellten Maßnahmen sind daher nicht als kurzzeitige, defektspezifische Interventionen zu verstehen, sondern finden in der Regel in einer bestimmten Konzeption eine verknüpfende Zusammenstellung und Akzentuierung. Grundlage bilden die Beziehung des Erziehers und Lehrers zum Kind, die Strukturierung des Lebensraums für die Kinder und Jugendlichen und die Gesprächsführung. Sie werden zunächst dargestellt. Auf dieser Basis bauen die anschließend vorgetragenen pädagogisch-therapeutischen Verfahren in der Erziehung bei Verhaltensstörungen auf.

6.2.1 Grundlagen

Grundlegend für jede Form von Erziehung ist die *Beziehung* zwischen Kind und Erzieher. Klassiker der Pädagogik haben diese Dimension in den Vordergrund gestellt (Pestalozzi, Nohl, Spranger, Buber, Erikson). Der Aufbau einer Beziehung, die Entwicklung von Vertrauen, Ermutigung und Selbstwert, der Dialog und das Gegenüber-Sein von Erwachsenem und Kind bilden wichtige Aspekte dieser allgemeinen Grundlage der Erziehung.

Zu erweitern ist die dyadische Erzieher-Kind-Beziehung durch die häufig vorhandene Einbindung des Beziehungsprozesses in

Beziehung

eine Gruppensituation. Dadurch erhalten dialogische Beziehungen neue Strukturen, die zu beachten sind. Wenn die Beziehungsdimension in den Blick genommen wird, darf jedoch der soziale Kontext nicht vergessen werden: Erziehungsprozesse finden immer in einem bestimmten gesellschaftlichen Rahmen statt, der besondere zeit- und kulturspezifische Strukturierungen vorgibt.

Gerade die basale Dimension der Beziehung erscheint bei Kindern und Jugendlichen mit Verhaltensstörungen gestört zu sein. Vertrauen wurde enttäuscht und ist unmöglich geworden, Beziehungs- und Dialogfähigkeit ist nicht entwickelt, und die Bereitschaft zum Aufbau einer Beziehung fehlt häufig. Die auftretenden Verhaltensweisen stören meist gerade die Beziehungsprozesse zum Erwachsenen und in der Gruppe. Die Grundlage des Erziehungsprozesses steht damit in Frage.

Erziehung bei Verhaltensstörungen setzt genau an diesem Fundament an: Sie versucht den Neuaufbau einer bisher gescheiterten oder verfehlten erzieherischen Beziehung. Daraus entstehen besondere Belastungen für den Erzieher und das soziale Umfeld, aber auch herausfordernde Chancen für die Entwicklung der handelnden Personen. Ein solcher Prozess verändert häufig auch die Person des Erziehers.

Zugänge   Zur Anbahnung einer erzieherisch tragfähigen Beziehung muss oft ein individueller Zugang zum Heranwachsenden gesucht und gefunden werden: Besondere Interessen (altersgemäße Musik, Sport, Handwerk), erlebnisreiche Situationen (Ausflüge, Segelturn, Klettern) und die alltäglichen Lebensbedingungen (Essen zubereiten, Gestaltung von Räumen, gemeinsame Planung von Inhalten und Methoden des Unterrichts) ermöglichen oft erst die Entstehung einer erzieherischen Beziehung. Eine notwendige Bedingung stellt die personelle und zeitliche Kontinuität dar: Erst wenn aus organisatorischer Sicht eine gewisse Stabilität ermöglicht wird, kann auch eine Stabilisierung der Beziehung eintreten.

Die Frage, ob die Erziehung bei Verhaltensstörungen eine Form der Therapie darstellt, ist innerhalb der Pädagogik bei Verhaltensstörungen umstritten. Grundsätzliche theoretische Erwägungen sprechen gegen eine Gleichsetzung von Erziehung und Therapie (Böhm 1992; Oelkers 1984). Der Versuch, hier eine Kontinuität oder Zweipoligkeit zu konstruieren, missachtet die logisch-fundamentalen Unterschiede zwischen Erziehung und Therapie. Erziehung bleibt eine eigene soziale Handlungsform unter den sie bestimmenden Zieldimensionen der Entwicklung, Sozialisation und Personalisation. Sie kann dennoch von psychologischen Therapien lernen, indem sie wichtige Handlungsformen gemäß ihrer Ziele umarbeitet und einsetzt.

Lebensraum   Eine wichtige Hilfe bedeutet die Bereitstellung eines *spezifisch*

Erziehungsziele	Äußere Organisation	Innere Organisation
Vertrauen S Selbstvertrauen E Gemeinschaftssinn S	Kleinheim/Wohngruppe/ Pflegefamilie/Kinderdorf	Dauerbezugsperson, stabile menschliche Beziehungen, kein Schichtdienst, Akzeptanz und Ermutigung
Selbstbestimmung/ Selbstständigkeit E	Selbstorganisation des Lebens, z. B. keine Putzfrau, freie Gestaltung der Räume	Selbstständiges Wirtschaften, Selbstversorgung
Selbstkontrolle (Ich-Stärke) E Durchsetzungsvermögen E Kritikfähigkeit E	Planung des Tages, der Woche, des Monats, ... des Lebens	Gruppendynamik, Interaktions- spiele und andere Aktivitäten für soziales Lernen
Kooperationsfähigkeit S Teamgeist S Fairness S Rücksichtnahme S Hilfsbereitschaft S	Busfahrt ins Ausland Hüttenaufenthalt „Jugendheim auf See"	Erlebnis-/Abenteuerpädagogik, Reisen, Feste, Sport und Spiel, Kunst- u. musiktherapeutische Förderung
Kognitive Aktivität und Belastbarkeit L	Räume für Hobbys und Interessengruppen, Leseecke	Bücher, Zeitschriften, ausge- wählte Fernsehprogramme und Videos, Lernspiele, Meditation
Soziale Aktivität und Belastbarkeit L	Mitgliedschaften in Vereinen, Gruppenprojekte, Auslandskontakte	Konflikttraining, Rollenspiel, Gruppenpädagogische/ -therapeutische Aktivitäten (z. B. Musik, Tanz, Theater)
Emotionale Aktivität und Belastbarkeit L	Tierhaltung, Gartenpflege, Diskothek, Altenhilfe, Kontakte zu Geistig-/Körperbe- hinderten u. Sinnesgeschädigten	Freundschaften, Angst- und Aggressionsbewältigung, Sexualpädagogik
Somatische Aktivität und Belastbarkeit L	Turn-, Gymnastik-, Fitnessraum, Sport-, Spielplatz	Sport, Wanderungen, Pädagogische Mototherapie, Erste-Hilfe-Kurs, adäquater Wach-/Schlafrhythmus, Auto- genes Training, Meditation

Tab. 4:
Gestaltung des
Lebensraums Heim
für spezifische
Zielbereiche
(Myschker 2005, 214f).
E = Emanzipation/
Autonomie,
S = Solidarität,
L = Leistungsfähigkeit
und -willigkeit

strukturierten Lebensraumes. Schule und Heim können durch ihre Gestaltung in den Bereichen

• Personal,
• Themen und Inhalte,
• Methoden und Aktivitäten,
• Zeit und Raum

wichtige Rahmenbedingungen für eine positive Entwicklung geben. Einen Überblick über solche Gestaltungsmöglichkeiten im Heim, die den Erziehungszielen dienen, gibt Tabelle 4.

Eine grundlegende Kompetenz für den Erzieher besteht in einer hilfreichen, problemangemessenen *Gesprächsführung.* Gerade bei auftretenden Verhaltensstörungen können negative Emotionen sehr hinderlich für eine adäquate Gesprächsführung sein. Aversionen, Schuldgefühle, Aggressionen und Erregungen verhindern oft einen produktiven Austausch. Ein Gespräch in einer positiven Atmosphäre unter Beachtung bestimmter Merkmale kann hingegen einen wertvollen Beitrag liefern.

Gespräch

Die Pädagogik bei Verhaltensstörungen führt häufig die Prinzipien der Gesprächspsychotherapie nach Carl Rogers an. Die Bedingungen für ein hilfreiches Gespräch bestehen demnach in einer angenehmen Atmosphäre, einer positiven Beziehung, einem dialogischen, offenen und ehrlichen Verhältnis, in der Anerkennung der Emotionalität und Selbstständigkeit der Gesprächspartner. Die Würde und Identität der Gesprächspartner ist zu respektieren. Für den Berater oder Helfer nennt Rogers drei Grundhaltungen:

- Echtheit und Selbstkongruenz (Übereinstimmung mit sich selbst),
- emotionale Wärme, Wertschätzung und positive Zuwendung,
- Empathie und einfühlendes Verstehen.

Die Echtheit ist eine Bedingung für das Entstehen einer Beziehung, meint jedoch keineswegs ein unreflektiertes, gefühlsbestimmtes Ausleben. Vielmehr erhält der Klient einen Einblick in die Wahrnehmungen und Gefühle des Helfers zum Thema, so dass er die Situation realistisch einschätzen lernt, Offenheit und Vertrauen erlebt und selbst entwickeln kann. Das Prinzip der Ich-Botschaften trägt in entscheidender Weise zur Verwirklichung der Echtheit bei. Die dabei gezeigte emotionale Wärme vermittelt die Akzeptanz durch den Helfer. Durch die Empathie erlebt die Person, dass sie vom Berater verstanden wird. Dieses einfühlende Verstehen zielt darauf ab, dem Gesprächspartner zum Verständnis seiner affektiven Lage zu verhelfen.

Die Grundhaltungen sind auch bei ausagierenden, unerwünschten und kontraproduktiven Verhaltensweisen zu praktizieren. Nur dadurch wird nach Rogers eine positive Entwicklung und Veränderung im Klienten ermöglicht. Diese Kriterien des Gesprächs gelten sowohl für Einzelgespräche als auch für Gruppengespräche, die in Abhängigkeit von der Problemlage und der Konfliktsituation angesetzt werden können.

Rogers betont zwar mehrfach die partnerschaftliche Struktur einer solchen Gesprächsführung. Allerdings bleibt der Helfer in einer leitenden Position, denn er strukturiert die Situation und bringt das Gespräch durch Anstöße, Fragen und Vorschläge im Hinblick auf bestimmte Ziele voran. Für die Gliederung eines Gesprächs kann daher eine Orientierung an folgenden Phasen sinnvoll sein:

- Problembestimmung,
- Zusammenhänge und Hintergründe,
- Lösungsmöglichkeiten,
- Bewertung der Vorschläge und Entscheidungsfindung,
- Realisierung,
- Bewertung der realisierten Lösung.

Eine Rückkoppelung und erneute Problembehandlung erweist sich als sinnvoll und notwendig. Die Vermittlung solcher Ge-

sprächskompetenzen an die Betroffenen trägt oftmals zu einer besseren Sozialkompetenz bei und stellt eine wertvolle Hilfe dar.
Neben diesen grundlegenden Handlungsformen der Erziehungshilfe, nämlich Beziehungsgestaltung, Strukturierung des Lebensraumes und Gesprächsführung, erweisen sich einige spezifische Ansatzpunkte der Förderung, häufig auch mit dem missverständlichen Begriff „pädagogisch-therapeutische Verfahren" bezeichnet, als wertvoll und hilfreich.

6.2.2 Ansätze der Förderung: Spiel

Gerade das Spiel hat in der Heilpädagogik breite Beachtung gefunden (Goetze 1981, Heimlich 1995, Reiser 1993). Spielen ist eine natürliche Handlung von Kindern und stellt ein wichtiges Erprobungsfeld für sozial-emotionale Entwicklungsprozesse dar. Daher bietet sich das Spiel als Methode der Erziehungshilfe in besonderer Weise an.

Spiel

In verschiedenen relevanten Kontexten findet das Spiel denn auch große Beachtung: Die Pädagogik und die Entwicklungspsychologie thematisieren Spiel und seine Bedeutung für die kindliche Entwicklung ausführlich. Auch als psychotherapeutisches Verfahren bei Verhaltensstörungen wird es seit langem eingesetzt. Schon Anna Freud, die Tochter des Erfinders der Psychoanalyse, verwendete das kindliche Spiel für die therapeutische Arbeit mit Kindern. Virginia Axline entwickelte diesen Ansatz weiter und ihr Verfahren der nicht-direktiven Spieltherapie stellt heute ein verbreitetes Modell dar (2002). Herbert Goetze (1998) kombiniert diesen Ansatz mit den gesprächstherapeutischen Prinzipien von Rogers und schlägt diese Konzeption für die Verwendung in der Erziehungshilfe vor.

Die spieltherapeutische Förderung verläuft nach Goetze in vier Phasen: non-personale Phase, non-direktive Phase, klientenzentrierte Phase und personenzentrierte Phase.

Phasen

Im *non-personalen Stadium* besteht noch keine Beziehung zwischen Kind und Erzieher. Die sachlichen Vorbereitungen sind zu treffen. Der Erzieher muss sich über seine eigenen Gefühle Rechenschaft geben und versuchen, die möglichen Gefühle des Kindes zu antizipieren.

In der *non-direktiven Phase* steht der Beziehungsaufbau im Vordergrund. Das Kind kann ganz nach eigenen Wünschen im Spielzimmer mit den angebotenen Spielsachen handeln. In dieser Phase gelten die Prinzipien der nicht-direktiven Spieltherapie von Axline:

1. vollständige Annahme des Kindes,
2. Herstellung eines Klimas des Gewährenlassens,

3. Achtung vor dem Kind,
4. Wegweisung durch das Kind,
5. Nicht-Beschleunigung der Therapie,
6. Gestaltung der Beziehung,
7. Erkennen und Reflektieren von Gefühlen sowie
8. das Begrenzen.

Auf der Basis der nach einiger Zeit entstandenen Beziehung können in der *klientenzentrierten Phase* die vorhandenen Probleme durch das Spielhandeln des Kindes thematisiert werden.

In der anschließenden, *personenzentrierten Phase* bestehen bereits ein partnerschaftliches Verhältnis und eine belastungsfähige Beziehung. Der Erzieher wird vom Therapeuten zum Helfer. Das Reflektieren von Gefühlen tritt in den Hintergrund, konstruktive Formen der Konfliktlösung werden praktiziert. In dieser Phase können auch gezielte Hilfen angeboten werden: Entspannungsübungen, Interaktionsspiele und Rollenspiele bereiten zugleich die Phase der Ablösung vor. Goetze verdeutlicht seine Strukturierung an einem fiktiven Fall, in dem ein aggressiver Junge durch die Spieltherapie in seiner Schulklasse verbleiben kann.

Einen realen therapeutischen Prozess bei einem hochängstlichen Jungen dokumentiert Virginia Axline in ihrem Standardwerk zur non-direktiven Kinderspieltherapie ausführlich (Axline 2002, 106–113). „Der Fall Franz veranschaulicht in ausgezeichneter Weise die *Fähigkeit* im Individuum, etwas aus sich zu machen, *wenn* man ihm die Gelegenheit dazu gibt" (Axline 2002, 107, H. i. O.). Der Junge wird wegen einer hochgradigen Angst- und Entwicklungsstörung therapeutisch behandelt. Er ist vier Jahre alt, spricht noch nicht, ist emotional sehr instabil, hat erhebliche Essstörungen und zeigt eine geistige Retardierung. Vor allen Dingen scheint er bisher keine Fähigkeiten zur Selbstbestimmung entwickelt zu haben. Im Verlaufe von acht Stunden der Spieltherapie können deutliche Veränderungen erreicht werden, wie die hier folgenden, ausgewählten Abschnitte der therapeutischen Dokumentation belegen.

Zu Beginn der ersten Therapiestunde begrüßt die Therapeutin das Kind und nimmt es mit in das Spielzimmer.

„Franz starrte das Spielzeug im Spielzimmer an. Dann nahm er es in die Hand, warf einen kurzen Blick darauf und ließ es auf den Boden fallen. Er grunzte und murmelte unverständlich vor sich hin. Er nahm den Lastwagen, zeigte ein flüchtiges Lächeln und warf auch ihn auf den Boden. Er stellte die Pappschachtel mit der Puppenfamilie auch dorthin. Eine Puppe nach der anderen nahm er heraus und ließ sie auf den Boden fallen. Dann machte er sich in der gleichen Weise an die Schachtel mit den Bauklötzen, indem er die Klötze ziellos über den Boden verstreute. Während dieses Spiels brummte und murmelte er halblaut vor sich hin. Seine Bewegungen waren nervös, schnell, unkoordiniert. Manche Dinge fielen ihm aus der Hand. Er machte keinerlei Anstrengung, sie wieder aufzuheben. Dann nahm er den Hammer und hämmerte gegen das Garderobenbord, aber er konnte den Hammer nicht dirigieren. Bald darauf warf er ihn weg und verstreute die Spielmesser, -gabeln und -löffel über den ganzen Boden. Schließlich lag alles, was er erreichen konnte, auf dem Fußboden. Franz nahm den kleinen Wagen und fuhr damit herum.

Sowie Franz während dieses Spiels einmal lachte, sagte die Therapeutin: ‚Franz tut das gerne' oder: ‚Das macht Franz aber Spaß!' Manchmal hob er einen Lastwagen oder eine Puppe hoch und brummte die Therapeutin an. Sie nannte den jeweiligen Gegenstand dann beim Namen. Franz schien von diesem Vorgang äußerst befriedigt. Er stellte diese Art von Beschäftigung in den Mittelpunkt seiner Aktivität: Er hob das betreffende Spielzeug auf, sah die Therapeutin an, diese nannte den Namen, er lachte, legte es hin und hob ein anderes hoch.

Nach einer Weile fing er an, ein ums andere Mal den Lastwagen auszuwählen. Die Therapeutin fuhr fort, die Namen der Spielsachen zu wiederholen, besonders ‚Lastwagen', das Spielzeug, das er zwischendurch immer wieder in die Höhe hielt. Schließlich sagte Franz selbst ‚Lastwagen', als er ihn aufhob. Es war, als schlösse er die ganze Zeit die Augen; er kramte mehr zwischen den Spielsachen herum, als daß er richtig mit ihnen spielte.

Schließlich ging er zum Wagen zurück und schob ihn vor sich her. Die Therapeutin sagte, indem sie sich an seine augenblickliche Tätigkeit dabei hielt: ‚Franz schiebt den Wagen.' ‚Franz schießt mit der Kanone.' ‚Franz wird die Lastwagen kaputtmachen.' Dann begann er zu brüllen. Er schlug die Lastwagen immer heftiger gegeneinander. Dazu brüllte er etwas, was etwa heißen konnte: ‚Lastwagen kaputt'.

Dann fuhr eine Dampfwalze am Haus vorbei. Franz ließ sofort ab von dem, was er gerade tat, wimmerte, lief zur Therapeutin hinüber und nahm ihre Hand. ‚Franz hat Angst vor dem Lärm', sagte sie. Sofort lächelte Franz. Er ging zum Puppenhaus, nahm alles Mobiliar heraus und warf es auf den Boden. Er ergriff das Telefon, hielt es an sein Ohr, warf es auch auf den Boden, ging zum Fenster, versuchte hinaus zu schauen und nahm sich dann wieder einen Lastwagen. Die Dampfwalze fuhr mit Krach wieder zurück. Franz reagierte in der gleichen Weise wie vorher, und wieder sagte die Therapeutin: ‚Franz hat Angst vor dem Lärm.'

Dann ergriff Franz die Hand der Therapeutin und versuchte ihr etwas mitzuteilen. Er sagte nachdrücklich: ‚Tu's! Tu's!' – ‚Du willst, daß ich etwas für dich tun soll', meinte die Therapeutin. Franz zog noch heftiger an ihrer Hand und wiederholte: ‚Tu's!' Schließlich stand die Therapeutin auf, Franz führte sie zum Spielkasten auf dem Boden und ließ sie dann wissen, was er eigentlich wollte: Er steckte ihre Hand in die Spielschachtel auf dem Boden, gab ihr ein Spielzeug hinein, das er dann in seine Hand gleiten ließ. So teilte er ihr seinen Wunsch mit, daß sie ihm das Spielzeug geben sollte. Sie tat es, jedes Mal ein Stück, das er dann prompt auf den Boden fallen ließ. Er zerrte auch noch weiter an ihrer Hand, als sollte sie noch etwas anderes tun. Sie begann, jedes Stück beim Namen zu nennen, wenn sie es Franz gab, und das war es denn auch, was er wollte. Er lächelte. Schließlich plapperte, lachte und brüllte er dabei. Manchmal schrie er: ‚Lastwagen!' Dann setzte er sich auf den Boden, auf dem nun alle Spielsachen herumlagen, und schubste sie lachend und jauchzend hin und her.

Am Ende der Stunde war Franz nicht aus dem Spielzimmer herauszubringen. Er fing wieder an zu wimmern. ‚Nein!' schrie er. Aber als die Therapeutin ging, folgte er ihr doch."

Die Annahme des Kindes und das Klima des Gewährenlassens stehen zunächst im Vordergrund. Der Aufbau der Beziehung besitzt in der non-direktiven Phase Priorität. Im weiteren Verlauf versucht die Therapeutin die Gefühle des Kindes zu erkennen und zu reflektieren. Besonders ab der zweiten Stunde stehen seine Angstgefühle, im Beispiel akut ausgelöst durch die gerade überstandene Straßenbahnfahrt zur Klinik, im Vordergrund.

„Franz spielte während der ganzen Stunde seine Angst aus. Er holte sich die hölzernen Tiere und Puppen und schubste sie hin und her. Eine der Puppen blieb rein zufällig stehen, als er sie aus der Kiste herausgeworfen hatte. Franz sah sie an und lachte. ‚Franz freut sich, daß sie steht', sagte die Therapeutin. Dann versuchte er, die anderen Puppen zum Stehen zu bringen, und war begeistert von seinem Erfolg. Als sie alle standen, warf er sie wieder um. In dieser Weise spielte er etwa 10 Minuten mit den Tieren und Puppen; dann kam er auf sein vorheriges ‚Spiel' zurück, alles auf den Boden zu werfen. Er tat das fast die ganze Zeit. Dann nahm er den Farblappen und tauchte ihn in das Gefäß mit Wasser zum Fingermalen. Er drückte den Lappen fünf Minuten lang wieder aus.

Jedes Mal, wenn eine Straßenbahn vorbeikam, wimmerte und weinte er. Jedes Mal sagte die Therapeutin: ‚Franz hat Angst vor dem Lärm.' Am Schluss der Stunde ging er ans Fenster, als eine Bahn vorbeifuhr, aber ohne zu weinen und zu wimmern. Er sah nur aus dem Fenster. ‚Straßenbahn', sagte die Therapeutin. ‚Bahn', erwiderte Franz, ‚Bahn!' "

Am Umgang mit diesem angstbesetzten Objekt wird die positive Entwicklung in der dritten Stunde besonders deutlich.

„Seit Franz' letztem Besuch war ein Sandkasten zur Ausstattung des Spielzimmers hinzugekommen. Er kletterte sofort hinein. Die Therapeutin half ihm dabei. Drei Minuten lang warf er mit Händen voll Sand um sich. Dann versuchte er, aus der Kiste wieder heraus zu klettern. Franz wimmerte, als wollte er, daß die Therapeutin ihn herausheben sollte. Sie sagte: ‚Franz möchte aus der Sandkiste heraus.' Franz fing an, es allein zu versuchen, sie gab ihm nur ein Minimum an Hilfe dabei.

Er ging hinüber an den Spielkasten und nahm wieder ein Spielzeug nach dem anderen heraus. Er sah zur Therapeutin hinüber und brummte irgend etwas. Sie lächelte und sagte: ‚Franz will die Spielsachen aus der Schachtel nehmen.' Franz drehte ihr den Rücken zu. Er durchsuchte die Schachtel mit den Spielsachen und nahm den Lastwagen heraus. Er hielt ihn der Therapeutin hin und sagte: ‚Lastwagen'.

Dann nahm er eine Kuh aus Holz und hielt sie der Therapeutin hin. Es sah absolut so aus, als wolle er, daß sie die Namen der Spielsachen sagen solle. Also wurde das gewohnte Spiel wieder aufgenommen. Dann wählte Franz bedächtig den Lastwagen, die Kuh und die Jungenpuppe. Eines nach dem anderen hob er hoch. Die Therapeutin nannte ihm die Namen. Dann sagte Franz: ‚Lastwagen', ‚Kuh', ‚Junge'. Er ging mit ihnen durch das Zimmer zur Sandkiste. Dort stieg er ohne Hilfe hinein und warf mit Sand um sich. Er blieb etwa fünf Minuten in der Sandkiste, dann kletterte er ohne Hilfe wieder heraus.

Fuhren Straßenbahnen vorbei, ging er jedes Mal ans Fenster, sah hinaus und wimmerte. Jedes Mal reflektierte die Therapeutin seine Angst vor dem

Lärm. Er nahm die Babypuppe hoch, wiegte sie in seinen Armen und warf sie dann auf den Boden.

Er kletterte auf die Bank und deutete auf das Glas mit der blauen Finger-farbe. Die Therapeutin schraubte das Glas auf und tat etwas blaue Farbe auf das Papier. Franz beugte sich vor und sah sie sich an. ‚Siehst du?‘, sagte die Therapeutin. Sie zeigte ihm, wie man die Farbe verschmiert. Franz fing an zu wimmern. ‚Franz mag das gar nicht‘, sagte die Therapeutin. Franz mochte es wirklich nicht. Er stieg hinunter vom Tisch. Zu einem späteren Zeitpunkt ging er wieder hin und sah die Sache noch einmal an. Dann ging er zur Therapeutin und führte sie zurück an den Tisch, und indem er ihre Hand in seine tat, drückte er ihre in die Fingerfarbe. Dann ging er schnell weg. Er ging zu einem Holzbrett und machte ein paar schwache Hammerschläge, verstreute ein paar Klötze auf dem Boden, nahm sich die große Puppe und hielt ihr die Babyflasche an die Lippen. Er warf die Puppe auf den Boden und die Babyflasche in die Wiege. Er versuchte wieder, aus dem Fenster zu sehen. Dann nahm er den Lastwagen und schob ihn im ganzen Zimmer herum."

Nach Axlines Bericht zeigen sich ab der vierten Sitzung bereits deutliche Anzeichen einer größeren Selbstständigkeit und eines intentionalen Sprachgebrauchs.

„Franz kletterte ohne Hilfe in den Sandkasten. Er fand einen kleinen Lastwa-gen im Sand und brachte zehn Minuten damit zu, ihn mit Sand zu füllen, da-mit herumzufahren, ihn zu entleeren und wieder zu füllen. Zehn Minuten spä-ter kletterte er aus dem Sand heraus, ging zum Fenster und schaute hinaus. Dann nahm er ein paar Soldaten mit in den Sandkasten. Sand kam in seine Schuhe, er zerrte an ihnen und wimmerte. Die Therapeutin zog ihm die Schu-he und Söckchen aus.

Jedes Mal, wenn eine Straßenbahn vorüberfuhr, hob Franz den Kopf, zeig-te aber keine Angst. Die Therapeutin sagte dann stets: ‚Eine Straßenbahn‘, Franz nickte. Eine halbe Stunde lang sagte er ‚Straßenbahn‘, immer wenn eine vorüberfuhr.

Dann spielte er wieder in der Sandkiste; später kletterte er heraus und hol-te sich das Puppengeschirr. Er nahm eine Tasse und einen Löffel mit in den Sandkasten, tat Sand in die Tasse und nahm ihn mit dem Löffel wieder heraus. Dabei wurde er sehr vergnügt. Er warf ganze Hände voll Sand um sich, brüllte und lachte.

Plötzlich stieg er aus der Kiste heraus, ergriff die Hand der Therapeutin und führte sie zur Tür. Die Therapeutin ging mit ihm. Er ging ins Wartezimmer hinü-ber und sah sich um. ‚Suchst du deine Mutter?‘, fragte die Therapeutin. Er ging ins Spielzimmer zurück und wieder in den Sandkasten.

Er beerdigte alles Geschirr und den Handkarren im Sand. Dann nahm er die Hand der Therapeutin und gab ihr zu verstehen, daß sie jetzt alles wiederfin-den sollte. Sie grub die Dinge wieder aus. Dann nahm er zwei Sandkarren und knallte sie aufeinander und rief laut dabei: ‚Peng! Peng!‘ und lachte. Da läu-tete die Glocke, und die Stunde war um. Franz zuckte bei dem Geräusch zu-sammen, dann lachte er.

Die Therapeutin zog ihm Schuhe und Socken an, und Franz ging zurück ins Wartezimmer."

Die Entwicklung zur erweiterten Sprachkompetenz und Selbstständigkeit verläuft in den folgenden Stunden parallel zum Abbau der Angst, wie die fünfte Sitzung zeigt.

„Als Franz ins Spielzimmer kam, setzte er sich auf den Boden, um seine Schuhe und Socken auszuziehen; ganz allein brachte er das nicht fertig, die Therapeutin half ein wenig. Er kletterte in die Sandkiste. Er spielte dort etwa eine halbe Stunde mit dem Puppengeschirr und den kleinen Lastwagen. Dann kletterte er wieder heraus, holte sich die große, in eine Decke gewickelte Puppe, hielt sie zehn Minuten lang im Arm, legte sie behutsam in die Wiege, kletterte in die Sandkiste und spielte dort die restlichen zwanzig Minuten. Wenn Franz während dieser Zeit irgendein Spielzeug aufnahm, sagte die Therapeutin: ‚Jetzt spielt Franz mit der Ente.' ‚Jetzt spielt Franz mit der Kuh.' Franz bemühte sich die Namen zu wiederholen. Er sagte ‚Ente', ‚Kuh'.

Als während dieser Zeit einmal eine Straßenbahn vorbeifuhr, sah Franz die Therapeutin an und sagte: ‚Straßenbahn'. Während dieser ganzen Stunde war bei ihm kein Anzeichen von Angst zu bemerken.

Am Schluß der Stunde versuchte er, seine Schuhe und Söckchen anzuziehen. Mit wenig Hilfe gelang ihm das ganz gut."

Diese neuen Kompetenzen stabilisieren sich von der sechsten bis zur achten Spielstunde.

„Als Franz ins Spielzimmer kam, zog er seine Schuhe und Socken ganz allein aus und kletterte in die Sandkiste. Er spielte dort etwa eine halbe Stunde. Dann kletterte er wieder heraus. Er nahm die große Puppe auf den Arm und gab ihr zehn Minuten lang aus der Babyflasche zu trinken. Dann legte er sie vorsichtig in die Wiege, holte sich die langen Bauklötze und häufte sie alle auf das Baby. Er ging zum Puppenhaus und verbrachte zehn Minuten damit, die Einrichtung herauszunehmen und auf den Tisch zu stellen. Als das Haus leer war, stellte er alle Möbel zurück, aber nicht nach einem besonderen Plan. Es ging ihm nur darum, das Haus wieder mit Möbeln zu füllen. Dann spielte er für den Rest der Zeit wieder in der Sandkiste.

Er kümmerte sich in dieser Stunde überhaupt nicht um die Straßenbahn oder um irgendwelche anderen Geräusche. Am Ende der Stunde zog er ohne Hilfe seine Schuhe und Socken an. Bei den Schuhen brauchte er ein klein wenig Hilfe, aber er setzte erst alles daran, es allein zu schaffen."

In der siebten Stunde gelingt ihm weitgehend selbstständig die Aufnahme von Spielaktivitäten.

„Franz spielte während der ganzen Stunde mit dem Puppengeschirr, dem Lastwagen und Spieltieren in der Sandkiste. Am Anfang der Stunde zog er Schuhe und Socken aus – ganz ohne Hilfe –, und am Ende zog er sich die Strümpfe allein an; mit den Schuhen schaffte er es noch nicht ganz ohne Hilfe."

Die letzte Stunde zeigt eine weitgehend selbstständige Aufnahme von Spielaktivitäten.

„Franz spielte die erste halbe Stunde auf dem Boden mit den Tieren, die er sich aus der Schachtel genommen hatte. Er stellte sie auf und schubste sie hin und her; es kam jetzt eine gewisse Ordnung in sein Spiel. Dann kletterte er in die Sandkiste, erinnerte sich an die Schuhe und Socken, setzte sich auf den Boden und zog sie allein aus. Er hatte neue Schuhe an, die eher so etwas wie

Bänder als richtige Schuhriemen hatten. Damit wurde er allein fertig. Er kletterte in die Sandkiste und spielte mit den Tieren, dem Puppengeschirr und dem Lastwagen, also mit den von ihm erwählten Lieblingsspielsachen. Er tat das – meist lachend – die ganze Stunde über. Nach einer halben Stunde kam eine Dampfwalze vorüber; Franz beachtete sie überhaupt nicht. Als es Zeit zum Aufbrechen war, zog er Socken und Schuhe allein an; nur die Schuhbänder konnte er nicht ohne Hilfe zubinden."

Aufgrund äußerer Bedingungen musste nach der achten Stunde die Therapie abgebrochen werden. Die Mutter berichtet über bedeutende Entwicklungsfortschritte: Franz zeigt mehr Selbstbewusstsein und sinnvolles Spielverhalten, er versucht zu sprechen, kann nun auch zu Hause Schuhe und Strümpfe selbstständig anziehen, isst besser und zeigt generell mehr Interesse für seine Umwelt (Axline 2002, 112). Diese Entwicklung wird durch die parallel stattfindende, non-direktive Beratung der Mutter unterstützt. Axline interpretiert den Erfolg der Maßnahme als eine Zunahme an Sicherheit, Selbstwertgefühl und Selbstvertrauen bei gleichzeitigem Abbau der früheren Gefühle von Furcht und Angst. „Seine inneren Spannungen ließen nach und er erreichte ein seelisches Gleichgewicht, das ihn zur Kontrolle über sich selbst befähigte." (Axline 2002, 113)

Die Spieltherapie, das betont Goetze mehrfach, lässt sich mittels einiger Anpassungen auch in der sonderpädagogischen Einzelförderung für Kinder mit Verhaltensstörungen realisieren. Ein Sonderpädagoge, der die Spieltherapie einsetzen möchte, sollte jedoch grundlegende Qualifikationen in dieser Therapieform erwerben. Eine Begleitung oder Supervision hält Goetze für sehr sinnvoll. Er schlägt auch die Verknüpfung mit unterrichtlichen Fördermaßnahmen vor.

Einen anderen Charakter besitzt das Spiel als Fördermaßnahme in der Gruppe. Kinder und Jugendliche mit Verhaltensstörungen besitzen die für ein gemeinsames Spiel notwendigen sozialen Kompetenzen oftmals nicht in ausreichendem Maße. Die Einhaltung von Regeln, das Umgehen mit Frustrationen, die erforderlichen Planungen der eigenen Spielweise, die Kreativität und der angemessene Umgang mit dem Spielzeug müssen teilweise erst gelernt werden. Das Spiel stellt hierfür eine besonders geeignete Lern- und Übungsform dar.

Rollenspiele werden in der Literatur sehr häufig für die Bearbeitung schwieriger sozialer Situationen vorgeschlagen. Sie gehören allerdings zu den anspruchsvollsten Spielformen. Rollenspiele ermöglichen als soziales Probehandeln in besonderem Maße den Erwerb von sozial-emotionalen Kompetenzen. Eine strukturierte Einübung in diese Spielform ist dafür unverzichtbar, aber auch Erfolg versprechend (vgl. Baulig 1982).

6.2.3 Ansätze der Förderung: Kunst

Der Einsatz von Kunst zur sozial-emotionalen Förderung besitzt eine breite Anerkennung. In medizinischen Kontexten entwickelte sich die Beschäftigungstherapie: die schöpferische Gestaltung von Materialien mit dem Ziel der Gesundung. Nach dem Zweiten Weltkrieg ist dafür sogar eine eigene Ausbildung entstanden. Aufgrund feststellbarer organischer Wirkungen, positiver psychischer und sozialer Effekte stellt dies eine etablierte Therapieform nach medizinischer Indikation dar.

Aus tiefenpsychologischer Sicht wurden schon früh die heilenden Kräfte schöpferisch-gestaltender Techniken erkannt und zu differenzierten Verfahren entwickelt. Eine Reihe wichtiger tiefenpsychologischer Diagnoseverfahren basiert auf künstlerischen Gestaltungsformen: Mensch-Zeichentest, Familie in Tieren und Sceno-Test sind zu nennen. Eine qualifizierte tiefenpsychologische Ausbildung erweist sich für deren Einsatz und Interpretation als zwingend notwendig.

In der Pädagogik wuchs das Interesse an der schöpferischen Kraft im Kind insbesondere in der Kunsterziehungsbewegung der Reformpädagogik. Für heilpädagogische Zusammenhänge liegen inzwischen zahlreiche positive Erfahrungen mit kunstorientierter Förderung vor, die häufig auf einem Transfer verschiedener Schulen der Kunsttherapie in die erzieherische Praxis bei Verhaltensstörungen beruhen (Myschker 1996). Für die schulische Arbeit bei Kindern und Jugendlichen mit Verhaltensstörungen liegt inzwischen sogar ein eigener didaktischer Ansatz auf kunsttherapeutischer Basis vor: Der Unterricht knüpft mittels künstlerischer Ausdrucksformen an der Lebenswelt und den Lebensproblemen der Schüler an (Bröcher 1997).

Begründung Die Grundlage für die Wertschätzung künstlerischer Tätigkeit besteht darin, dass das schöpferische Gestalten eine Äußerung der Identität des Kindes, damit auch seiner Lebensproblematik und seiner Konflikte darstellt. Die Pädagogische Kunsttherapie bietet nach dem Verständnis Myschkers „ein komplex ansetzendes und wirkendes Verfahren ..., um in einen Prozeß adäquater Persönlichkeitsentwicklung zu kommen" (1996, 206; siehe auch Bloch-Aupperle 1999). Die Wirkungen solch einer Pädagogischen Kunsttherapie betreffen sehr verschiedene, häufig gerade bei Kindern und Jugendlichen mit Verhaltensstörungen zu behandelnde Persönlichkeitsbereiche:

- Wahrnehmung und Motorik, insbesondere Differenzierung der Wahrnehmung, Sensomotorik, Fein- und Grobmotorik,
- Emotionalität, Entspannung, Entlastung, Ermutigung, Katharsis, Aktivierung von Selbstheilungskräften,

- soziale Kompetenzen, dialogisches Verhältnis, nonverbale Kommunikationsformen, Spielen.

Heilpädagogische Förderung durch eine solche Pädagogische Kunsttherapie bietet damit interessante und vielfältige Ansatzpunkte in notwendigen Kompetenzbereichen.

Wie sehen konkrete Handlungsformen aus?   Formen

Kunsttherapeutische Spiele: Zur Entspannung und Auflockerung können kleine Spiele, die mit wenig Zeit- und Materialaufwand auskommen, durchgeführt werden (blind erstellte Zeichnungen, Malen und Beschreiben u. a. m.).

Kunsttherapeutische Techniken: Im Vordergrund steht das Erleben des Gestaltungsprozesses, nicht das künstlerische Ergebnis. Dazu gehören Verfahren wie kommunikatives Malen, Malen nach Musik oder Kleksographien. Von besonderem Wert sind die Möglichkeiten der Einzel- und Gruppenarbeit, der Erwerb anspruchsvoller Gestaltungstechniken (Druck-, Plastiziertechniken) und des Wechsels von Aktion und Reflexion. Konflikte und deren Bewältigung sollten erst auf der Basis einer sicheren Beziehung initiiert werden.

Wahrnehmungsförderung: Die Pädagogische Kunsttherapie ermöglicht vielfältige sensorische Erfahrungen, die bei feststellbaren Störungen auch gezielt angesprochen werden können.

Interaktionsspiele: Die soziale Kompetenz kann auf künstlerischem Weg oft in ganz neuer Weise positiv beeinflusst werden. Spielerische Formen wie das „Spiegeln" zu zweit, die Erstellung einer Gruppenplastik oder pantomimische Spiele vermitteln zugleich Freude an sozialen Kontakten.

Ein Beispiel dieser Förderung sozialer Kompetenzen durch künstlerische Gestaltungsformen stellt das Verfahren des „Gruppenbilds" dar.

Vor einer großen weißen Papierwand stellt sich die Gruppe auf. Ein Dia-Projektor wirft in schräger Perspektive hartes weißes Licht auf die Gruppe. Auf dem Papier erscheinen die Schatten. Der Gruppenleiter versucht nun gemeinsam mit den Gruppenmitgliedern, ein Bild mit diesen Schatten darzustellen. Anschließend zeichnet der Gruppenleiter die Umrisse auf das Papier. Eine gemeinsame Reflexion über den Prozess und das Ergebnis verdeutlicht die sozialen Prozesse in der Gruppe.

6.2.4 Ansätze der Förderung: Musik

Für die praktische Erziehung bei Verhaltensstörungen findet die Musik bisher relativ wenig Beachtung, obwohl gerade hier sehr praxisrelevante Vorschläge, die zum Repertoire jedes Sonderpädagogen gehören sollten, vorliegen.

Musik besteht aus den drei Hauptelementen Rhythmus, Melodie und Harmonie. Diese Hauptelemente stellen zugleich Möglichkeiten für spezifische Schwerpunkte in der Förderung dar. Die

Wirkung von Musik auf den menschlichen Organismus ist in vielfältigen Dimensionen belegt. Musik besitzt eine große Bedeutung für die Kultur, auch als Ausdruck einer Gruppe. Gerade in der Jugendszene erhalten bestimmte Musikrichtungen identitäts- und gruppenbildende Funktionen. Kinder und Jugendliche besitzen unweigerlich einen Erfahrungshintergrund zum Phänomen Musik.

Formen

Für die Erziehung bestehen verschiedene Zugangsweisen. Musik kann in aktiver Form selbst produziert werden. Der aktive Umgang mit Musik erfolgt mit Hilfe der Stimme, eines Instruments oder als pantomimisch-tänzerische Darstellung. Musik kann auch in passiver Weise rezipiert werden, die wieder zu aktivem Ausdrucksgestalten führen kann. Alle Zugangsweisen werden in der Erziehung bei Verhaltensstörungen genutzt.

In die Heilpädagogik fand Musik besonders durch die rhythmisch-musikalische Erziehung Eingang (Mimi Scheiblauer u. a.). Als wertvolle Instrumente im heilpädagogischen Feld werden die Orff-Instrumente herangezogen. Die anthroposophische Heilpädagogik pflegt die Musik in der Eurythmie als seelisches Heilmittel. Die soziale Struktur musikorientierter Förderung erfolgt sowohl in individuellen wie gruppenorientierten Formen. Sehr geeignet ist die Verbindung von Musik mit Malen, Bewegung und Formen der Gesprächstherapie.

Wirkungen

Aufgrund verschiedener Untersuchungen lassen sich folgende positive Wirkungen bei Kindern und Jugendlichen mit Verhaltensstörungen erwarten (Myschker 1993b, 224f):

- Steigerung der Konzentration,
- Beruhigung, insbesondere auf die motorischen Aktivitäten,
- Entspannung,
- Verbesserung der Stimmungslage bei emotional labilen Kindern (Depressionen, Hemmungen),
- höhere Leistungsbereitschaft,
- bessere Gestaltung sozialer Kontakte und
- Aktivierung für eigene Problembewältigungen.

Erklärungen zu den therapeutischen Wirkungen der Musik werden sowohl aus tiefenpsychologischen wie aus lerntheoretischen Richtungen angeboten.

Praktische Konzeption

Eine theoretisch fundierte und in der Erziehung bei Verhaltensstörungen erprobte Konzeption für musikorientierte Förderung legen die Sonderpädagogen Tischler und Moroder-Tischler vor. Diese praxisnahen Vorschläge stellen eigentlich eine Pflicht für Erzieher und Sonderpädagogen dar – und zwar gerade bei wenig vorhandener musikalischer Vorbildung.

Aufgrund der unzureichenden Entwicklungsmöglichkeiten in emotionalen und sozialen Bereichen in der heutigen Gesellschaft sehen sie eine besondere Aufgabe für die Förderung durch mu-

sische Aktivitäten. Die Chance für die Musik gerade angesichts
sozialer und emotionaler Probleme liegt allerdings nicht im klassischen Musikunterricht, vielmehr im Programm „Musik aktiv
erleben".

„Der aktive Umgang mit Musik kann hierbei einen wichtigen Beitrag leisten,
wenn er auf das ganzheitlich-elementare Erleben von und durch Musik in Verbindung mit Sprache, Szene, Bewegung/Tanz und Malen ausgerichtet ist."
(Tischler/Moroder-Tischler 1990, 7)

Die Autoren gehen vom emotionalen Erleben von Musik aus. Je
stärker das emotionale Erleben der Musik erfolgt, desto größer
sind die Wirkungen. Also nicht der Fachunterricht, die Kognition und sprachliche Analyse stehen im Vordergrund. Das primäre Erleben von Musik als Mittel sozialer Kommunikation, sozialer Integration und als Medium des Spiels ermöglicht die
sozial-emotionale Förderung. Eine solche Schwerpunktsetzung erfordert den Verzicht auf Leistungsdruck und benötigt Zeit, Raum
und Muse (1990, 10). Der Aufbau der Förderung erfolgt in Strukturen, die Sicherheit geben. Sehr oft muss von der Imitation musikalischer Aktivität ausgegangen werden, die allmählich zu größe-
rer Eigenaktivität der Kinder hinführt.

Für die praktische Erziehung bei Verhaltensstörungen sehen
die Autoren die Möglichkeit, zwischen einer therapeutischen
und einer erzieherischen Schwerpunktsetzung flexibel zu agieren. Die sonderpädagogische Arbeit mit Musik erfolgt mit wech-
selndem Schwerpunkt im Raum zwischen Therapie und Mu-
sikerziehung, jeweils in Abhängigkeit von der Störungsintensität (12).

Verschiedene Formen der sonderpädagogischen Arbeit mit
Musik werden von den Autoren vorgeschlagen. Zugleich bieten
die Autoren imponierende Praxisvorschläge zu folgenden Bereichen:

1. Musik mit der Stimme: Rollensprechen, Singen.

2. Musikhören: Gestaltung musikalischer Bilder (z.B. die Darstellung von
Smetanas Moldau).

3. Musik mit Instrumenten: Improvisationen, Spiele mit Rhythmen und Tö-
nen, Ausdruck von Gefühlen auf Instrumenten.

4. Musik und Bewegung: Kombination von Musik mit verschiedensten
Sport-Gegenständen, szenische Spiele, Tänze.

5. Musikmalen: Malen nach Musik in den Schwerpunkten Rhythmus, Asso-
ziationen, Themen, Kommunikation.

Als Beispiel für den letztgenannten Bereich steht das Kommunikative Musikmalen mit dem Titel „Begegnung auf dem Eis".

„Jeweils 2 Teilnehmer sitzen sich gegenüber. Zwischen ihnen liegt festes, großflächiges Papier. Bei einsetzender Musik malt jeder mit einem Stift, von seinem Blattrand aus beginnend, Linien auf das Papier, die nicht unterbrochen werden sollen. Jeder entscheidet dabei, in welcher Form und inwieweit er Kontakt mit dem Partner aufnimmt. Für jüngere Teilnehmer bietet sich eine Thematisierung an, z. B. 2 Schlittschuhläufer begegnen sich auf dem Eis." (1990, 147)

Bei dieser einfachen Arbeitsform können sehr intensive soziale und emotionale Prozesse angeregt werden.

6.2.5 Ansätze der Förderung: Entspannung

Anspannung, Verspannung und Verkrampfung scheint bei Kindern und Jugendlichen mit Verhaltensstörungen ein verbreitetes Symptom zu sein. Entspannungsverfahren wie Autogenes Training, Progressive Muskelentspannung und Meditation stellen eine adäquate Hilfe mit zunehmender Bedeutung dar. Solche Verfahren führen zu positiven Effekten im emotionalen und sozialen, aber auch im kognitiven Bereich.

Autogenes Training

Beim Autogenen Training nimmt der Übende zunächst eine Ruhestellung mit geschlossenen Augen in bequemer Lage und bequemer Kleidung ein. In den grundlegenden Schwereübungen suggeriert er sich selbst: „Mein rechter Arm ist schwer." Nach sechsmaliger Wiederholung wird der Satz „Ich bin ruhig, ganz ruhig!" im inneren Sprechen wiederholt. Diese Autosuggestion wird auf weitere Organe ausgedehnt. Durch einige Übung erreicht der Teilnehmer einen tranceähnlichen Zustand. Nach einigen Monaten können positive Vorsätze in das Training eingebaut werden. Die Übung wird jeweils durch Autosuggestion mit körperlichen Aktivitäten beendet: „Tief atmen. Augen auf!" Als Hilfe für Kinder eignen sich auch Märchen und Geschichten, die in das Autogene Training einführen. Empirische Untersuchungen belegen den positiven Effekt des autogenen Trainings auch bei psychosozial belasteten Kindern und Jugendlichen (Myschker 2005, 262ff).

Mandala

Eine andere, fast zur Mode gewordene Form der Entspannung stellt das Malen von Mandalas dar, für die es inzwischen eine Vielzahl von Malvorlagen gibt. Mandalas sind Bildvorlagen für die Meditation, die in vielfältigen Gestaltungsformen existieren. Gemeinsam ist das Ziel, auf eine beruhigende Mitte hinzuleiten. Für Kinder wurde die Form des Ausmalens solcher Bildvorlagen entwickelt. Über die Effekte dieses Verfahrens liegen bisher allerdings keine Befunde vor. Weitere Entspannungsverfahren, die auch in heilpädagogischen Arbeitsfeldern praktiziert werden, sind Yoga und Mantra-Meditation.

Entspannungsverfahren haben sich insgesamt bewährt. Viele Lehrer setzen solche Elemente zu Beginn eines Unterrichtstages ein. Nicht zuletzt stärken solche Verfahren die Psychohygiene des Erziehers selbst und können auch dadurch zu einer besseren Situation für Kinder und Jugendliche mit Verhaltensstörungen beitragen.

6.2.6 Ansätze der Förderung: Erlebnispädagogik

Für besonders gefährdete Jugendliche entwickelten sich spezielle Formen sozialpädagogischer Hilfen: erlebnispädagogische Maßnahmen. Schon in der Reformpädagogik zu Beginn dieses Jahrhunderts wurde das Erlebnis als ein zentrales Mittel der Erziehung aufgegriffen. Die heutige Erlebnispädagogik nutzt häufig Natursportarten wie Klettern, Segeln, Outdoor-Aktivitäten und Auslandsfahrten als besondere Hilfen zur Resozialisierung von verwahrlosten, delinquenten und stark gefährdeten Jugendlichen. Die Beteiligten sammeln neue, andersartige Erfahrungen mit sich selbst und mit den Gruppenmitgliedern. Die Unausweichlichkeit der Anforderungen, das notwendige gegenseitige Vertrauen und die Konfrontation mit der eigenen Belastbarkeit in diesen Ernstfallsituationen bieten oftmals eine (neue) Chance für die Erziehung (Ziegenspeck 1996). Aber auch künstlerische, musische, kulturelle und technische Erlebnismöglichkeiten können dafür genutzt werden. Entscheidend bleibt der Transfer dieser Erfahrungen in die persönliche Lebensgestaltung. Eine pädagogische Begleitung in den eigenverantwortlichen Alltag hinein erleichtert diesen Prozess.

6.2.7 Ansätze der Förderung: Pädagogische Verhaltensmodifikation

Auf der Basis der psychologischen Lerntheorien wurde die Pädagogische Verhaltensmodifikation entwickelt, die bei Verhaltensstörungen recht häufig genutzt wird. Das Vorgehen wurde bereits vorgestellt (Kap. 4.2). Zur Erinnerung werden die wichtigsten Schritte einer Verhaltensmodifikation wiederholt.

Zunächst erfolgt die *Verhaltensanalyse*. Eine operationalisierte Problemdefinition dient zur Verhaltensbeobachtung mit der Erhebung der Grundrate von störendem und inkompatiblem Verhalten. Die Phase der *Verhaltensmodifikation* erfordert zunächst eine operationalisierte Zielformulierung und reflektierte Planung der Interventionen. Die Durchführung der Interventionen unterliegt fortlaufenden *Evaluationsmaßnahmen,* um Erfolg oder Misserfolg der Verhaltensmodifikation zu kontrollieren.

Die Kritik an der Pädagogischen Verhaltensmodifikation weist auf den technischen Charakter einer solchen Vorgehensweise, auf die Gefahr der Missachtung existenzieller Problemlagen und den oft nur mangelhaften Transfer in die Lebensrealität hin.

Heute werden daher kognitive und kooperative Elemente berücksichtigt und für spezielle Störungen weiterentwickelt:

- Für die Förderung von aggressiven Kindern und Jugendlichen liegt von Petermann/Petermann ein umfangreiches Programm mit Anleitungen zur Selbstbeobachtung vor (Petermann/Petermann 1993),
- bei hyperaktiven Kindern hat sich das Training mit aufmerksamkeitsgestörten Kindern mit Elementen der kognitiven Selbstkontrolle bewährt (Lauth/Schlottke 2002),
- die Kooperation mit den Schülern in der Planung und Durchführung der Verhaltensmodifikation betont die Kooperative Verhaltensmodifikation von Redlich und Schley (1981).

Diese Weiterentwicklungen sind bemerkenswert und empirisch als recht erfolgreich belegt. Die grundsätzliche Kritik bleibt dennoch bestehen. Die heute dominierende systemische Sichtweise kritisiert insbesondere die fehlende Berücksichtigung der Beziehungssysteme, die sich gerade bei Verhaltensstörungen als konstitutiv erweisen.

6.2.8 Interventionsstrategien

Bei auftretenden Störungen muss häufig sofort reagiert werden. Zwar stellt eine Reaktion immer die schlechtere Alternative gegenüber präventiven Handlungen dar, aber sie bleibt dennoch bei spontan auftretenden Verhaltensstörungen unvermeidbar. Wissenschaftlich reflektierte Reaktionsformen gehören daher zu einem professionellen Handeln der Sonderpädagogen unverzichtbar dazu. Häufig werden solche Reaktionsformen als Interventionstechniken verstanden. Innerhalb der wissenschaftlichen Diskussion besteht jedoch Konsens, dass von solchen Handlungen kaum positive und langfristige Wirkungen zu erwarten sind. Eher geht es darum, die Konfliktsituationen zu bestehen, ohne die Beziehung und das schon Erreichte in Frage zu stellen. Ein reflektiertes Handlungsrepertoire gehört daher zur professionellen Kompetenz. Hier kann die Auflistung von Fritz Redl (vgl. Kap. 4) gute Dienste leisten, die eine Hierarchie der Handlungsmöglichkeiten bei zunehmender Störungsintensität versucht.

Eine differenzierte Weiterentwicklung für die jeweiligen Altersstufen bietet das Interventionsrepertoire des Entwicklungstherapeutischen Unterrichts von Wood und Bergsson (Hillenbrand 1999a, Kap. 6.7), das auch für außerschulische Situationen ver-

Interventionsstrategien

Tab. 5:
Interventions-
strategien, schulisch
und außerschulisch
einsetzbar
(Bergsson 1995, 11)

STRATEGIE	STUFE I	STUFE II	STUFE III	STUFE IV	STUFE V
Positives Feedback und Lob	3 durch sensorische Erfahrungen und von sich zuwendenden Erwachsenen	3 vom Erwachsenen individuelle Aktivität	3 vom Erwachsenen für Gruppenaktivität	3 vom Erwachsenen und von Peers	2 Peers, Erwachsene und Selbst
Motivation durch Materialien	3	3	3	2	0
Strukturierung des Unterrrichts-geschehens	3	3	2	1	1
Umlenkung und Umgestaltung	2 meist physisch	3 wechselt zu verbal	3	1	1
Reflexion (Spiegelung)	2 Handlunen	3 Worte und Handlungen	3 Worte, Handlungen und Gefühle	1 meist Gefühle	1
Interpretation	0	1	3 der Erwachsene	3 der Erwachsene hilft dem Schüler zu interpretieren	3
Verbale Interaktion zwischen Klassenlehrer und Assistenzlehrer	1	3 Reaktions-modell	3 Gruppenprozeß	1 interpersonales Modell	0
Regeln	0	2	3 der Erwachsene ist die Autorität für Regeln	2 Gruppe entwickelt Regeln	1 Individuum wählt Werte aus
Life Space Interview	0	0	3 Individuum	3 Gruppe und Individuum	2 Individuum
Kontrolle über die Materialien durch den Lehrer	3	2	1	0	
Konfrontation	1 physisch	1 meist physisch	1 meist verbal	2 verbal	1 verbal
Physische Nähe	3 Körperkontakt	2 Berührung	1 körperliche Nähe	0	0
Physische Intervention	3	2	1	0	0
Herausnahme aus dem Raum	0	1	2	1 meist freiwillig	1
Ausschluss aus der Gruppe (Verbleib im Raum)	1	2	0	1	0

3 = vorwiegend eingesetzte Technik
2 = häufiger eingesetzt
1 = gelegentlich eingesetzt
0 = selten oder gar nicht eingesetzt

wendet werden kann. Die Stufe 1 steht dabei für Verhaltensweisen bis zum 2. Lebensjahr, die Stufe 2 bis zum 5. Lebensjahr, die Stufe 3 bis zum 9. Lebensjahr, die Stufe 4 bis zum 12. Lebensjahr und die Stufe 5 bis zum 16. Lebensjahr. Die Interventionsstrategien, die schwerpunktmäßig eingesetzt werden können, ändern sich mit der fortschreitenden Entwicklungsstufe (Tab. 5).

Mit diesem hierarchisch aufgebauten Katalog von Eingriffen bei auftretenden Verhaltensstörungen erhält man eine gestufte Handlungskompetenz, die vor unkontrollierten Reaktionen schützt. Solche differenzierten Handlungsstrategien gehören zum notwendigen Handlungsrepertoire des Sonderpädagogen. Eine dauerhafte und wirksame Hilfe für die betroffenen Kinder und Jugendlichen stellt jedoch nur die umfassende Gestaltung der erzieherischen Situation dar, die zum Erwerb von sozialen und personalen Kompetenzen führt.

6.3 Pädagogische Beratung

Eine zentrale Handlungsform der Erziehungshilfe stellt die Beratung dar. Seit dem Ersten Weltkrieg und insbesondere in der Weimarer Republik etablierten sich die Erziehungsberatungsstellen als eigenständige Einrichtungen. Heute finden sich insbesondere in größeren Städten zahlreiche Beratungsangebote verschiedener Träger. Aber auch außerhalb dieser speziellen Institutionen findet Beratung statt. Beratung wird aus verschiedenen Perspektiven realisiert:

- aus schulischer Sicht als Schullaufbahnberatung, pädagogisch-psychologische Beratung, Unterrichtsberatung und Organisationsberatung,
- aus sozialpädagogischer Sicht als Beratung in allen Alltags- und Lebensproblemen,
- aus psychologischer Sicht als psychotherapeutische Beratung bei vorliegenden psychosozialen Störungen und Gefährdungen,
- aus medizinischer Sicht als Form der Diagnose und Therapie.

In der Sonderpädagogik stellt die Aufgabe der Beratung ein immer noch wenig beachtetes und selten praktiziertes Aufgabenfeld dar. Gerade in der Erziehung bei Verhaltensstörungen jedoch muss die Beratung zum Kern des professionellen Handelns gerechnet werden. Die Häufigkeit von Verhaltensstörungen zeigt, dass von dieser erzieherischen Problemlage viele Erzieher, Lehrer und Eltern betroffen sind. Die fachliche Hilfestellung muss daher auch außerhalb sonderpädagogischer Institutionen angeboten werden und die spezifischen Problemlagen aufgreifen. Beratung im hier dargestellten Sinn bietet Hilfen für die Beteiligten in vielfältigen problematischen Erziehungssituationen.

Die Beratung bei Verhaltensstörungen bildet damit eine wichtige Handlungsform der Erziehungshilfe. Insbesondere die medizinische oder psychologische Beratung setzt ein vertikales Gefälle zwischen dem professionellen Berater und der mit einem Krankheitsbild behafteten und Rat suchenden Person voraus. Die pädagogische Beratung hingegen erkennt die spezifischen Kompetenzen des Rat Suchenden für die eigene Person und sein Arbeitsfeld an. Sie besitzt eine eher horizontale Struktur.

„Beratung in diesem Kontext definiert sich als eine Form, in der der Berater und der Ratsuchende kooperativ nach Lösungen bzw. Lösungsmöglichkeiten für ein bereits benanntes Problem suchen. Der Fokus richtet sich also bereits zu Beginn des Beratungsprozesses zielgerichtet nur auf die Lösung dieses Problems." (Pallasch et al. 1996, 10)

Thema eines Beratungsgesprächs ist die Suche nach einer Problemlösung. Das Gespräch muss planvoll, methodisch reflektiert und fachgerecht durchgeführt werden. Gegenseitige Verbindlichkeit, Verantwortung und Vertrauen auf der Basis von Freiwilligkeit, Wahlfreiheit und Kooperationsbereitschaft sind Voraussetzungen dieser spezifischen Interaktion. Die gemeinsame Klärung des Problems und die Suche nach Lösungen erfordern die Beachtung der Kompetenzen des Rat Suchenden und sind mit einer Beratung „von oben herab" nicht vereinbar. *Struktur*

Bei Verhaltensstörungen stellt eine pädagogische Beratung eine adäquate Form der Hilfe dar, die aus schulischer oder sozialpädagogischer Perspektive erfolgen kann. Bei allen Formen der pädagogischen Beratung gehört die intensive Zusammenarbeit mit anderen Institutionen (Erziehungsberatung, Berufsberatung, Suchtberatung) zum Kernbestand der Tätigkeit.

6.3.1 Beratung in der Schule

Es bestehen vielfältige Konzeptionen der pädagogischen Beratung, häufig durch psychologische und tiefenpsychologische Theorien inspiriert. Für die Beratung im schulischen Kontext der Erziehung bei Verhaltensstörungen hat sich insbesondere das Modell der Kooperativen Beratung von Wolfgang Mutzeck bewährt. Er entwickelte eine Struktur der Gesprächsführung für die Beratung und gemeinsame Lösungssuche unter Lehrerkollegen. *Kooperative Beratung*

„Eine solche Beratungsstruktur, die als ‚sich gemeinsam beraten' zu verstehen ist, soll als Kooperative Beratung bezeichnet werden." (1996, 144)

Über erprobte Zusatzqualifikationen und Weiterbildungen soll diese Beratungskonzeption in die Erziehungspraxis in Schulen transferiert werden. Wie sieht diese Konzeption aus?

Struktur

Die Kooperative Beratung basiert auf zwei zentralen Strukturmerkmalen: 1. den Prinzipien der personzentrierten Gesprächsführung nach Rogers: vertrauensvolle Kommunikation, Akzeptanz, Empathie, Kongruenz; 2. einer praxisnahen Struktur des Problemlöseprozesses. Beide Aspekte dienen der Problemlösefähigkeit des Rat Suchenden. Die Beratung findet in der Regel in einer Gruppe statt und besitzt eine klare Struktur. Die einzelnen Phasen verfolgen spezifische Ziele nach bestimmten Methoden.

Diese Beratungsstruktur ist in eine Struktur der gesamten Sitzung eingebettet. In der *Eingangssituation* tauschen die Teilnehmer in informeller Atmosphäre Neuigkeiten und Erlebnisse aus. Zu Beginn der Sitzung erfolgt die *nachgehende Betreuung*. Dabei berichtet der Rat Suchende des zuletzt thematisierten Problems über seine Erfahrungen mit der Umsetzung der Lösungsschritte. In der anschließenden *Kollegialen Praxisberatung* wird ein Thema, etwa ein gestörter Interaktionsprozess oder ein pädagogisches Anliegen, gewählt. Die Rat suchende Person wählt einen Berater aus, der dann die Sitzung nach den oben genannten Schritten leitet. Die anderen Teilnehmer verstehen sich und agieren als Co-Berater. Mit einem Feedback an den Berater wird dieser Schritt beendet. In einer abschließenden Phase erfolgt die *Vorbereitung der nächsten Sitzung* mit der Bestimmung des „Gastgebers", der für die äußeren Rahmenbedingungen der nächsten Sitzung verantwortlich ist (Material, Zeitpunkt, Raumatmosphäre), und des Protokollanten. Über die Inhalte und Abläufe der Sitzungen muss Verschwiegenheit gewahrt werden.

Dieses differenzierte und durch die klientenzentrierte Gesprächsführung inspirierte Konzept erfordert eine basale Einführung und fachkompetente Fortbildung für die interessierten Lehrer. Die Angebote der Lehrerfortbildung für die Kooperative Beratung arbeiten nach folgender Struktur:

Gruppenbildung: Die Ziele, das Programm und die Arbeitsbedingungen werden geklärt.

Fortbildungsphase: Eine dreitägige Blockveranstaltung vermittelt Techniken der Gesprächsführung und kooperativen Problemlösung.

Praxisberatung mit Supervisor: Anschließend finden 4 bis 6 Sitzungen statt, die das problemlösende Vorgehen demonstrieren.

Kollegiale Praxisberatung: Die Teilnehmer übernehmen die Leitung. Der Supervisor reflektiert zunächst nach jeder Sitzung gemeinsam mit den Teilnehmern die Sitzung, später besucht er die Sitzungen nur noch in größerem zeitlichen Abstand.

Diese vier Phasen führen die Teilnehmer in die Methode der Kooperativen Beratung ein: von der kognitiven Klärung des Vorgehens über das Einüben an Modellsituationen bis zur Anwendung als eigenverantwortlich Handelnde.

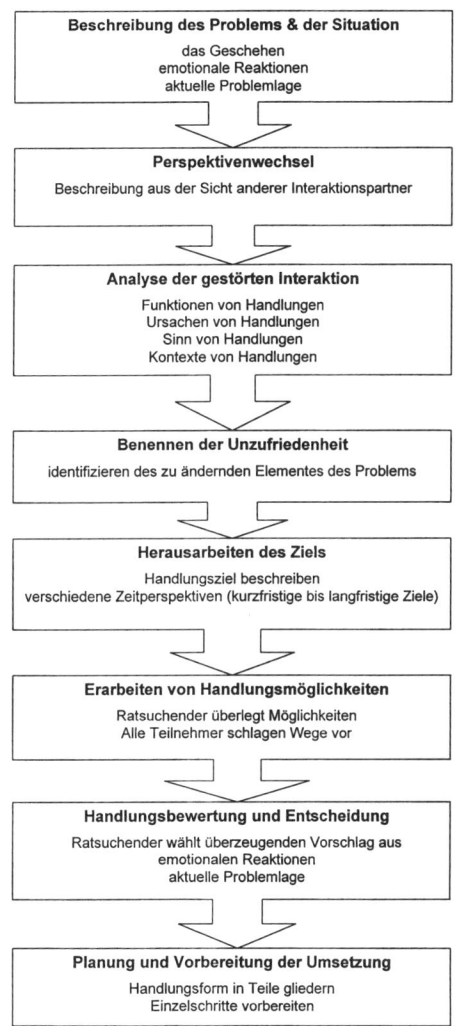

Abb. 16:
Schritte der kooperativen Beratung nach Mutzeck (1993)

6.3.2 Sozialpädagogische Beratung

Während Beratung im schulischen Kontext noch auszubauen ist, gehört sie für die sozialpädagogisch fundierte Erziehungshilfe zum regulären Inventar. Auf die Vielzahl von Varianten psychotherapeutischer Beratung kann hier nicht eingegangen werden.

Aus sozialpädagogischer Sicht dient Beratung der Bewältigung von Alltagsproblemen in der Lebenswelt. Sie ist eine Form der

Sozialpädagogische Beratung

Kommunikation mit dem Ziel der Verbesserung einer bestehenden Problemlage. Bei auftretenden Verhaltensstörungen wird oftmals eine solche Form der Beratung durch professionelle Kräfte notwendig. Mögliche Adressaten sind einerseits die Erziehungsberechtigten, aber auch die betroffenen Kinder und Jugendlichen selbst können solche Angebote aufgreifen. Dabei sind drei zentrale Dimensionen zu beachten, um den Alltagsbezug nicht zu verlieren (Galuske 1998, 154–162):

1. Akzeptanz des Klienten, ohne auf kritische Distanz zu verzichten,
2. Sachkompetenz des Beraters und
3. Partizipation des Klienten.

Im Beratungsgespräch besteht zunächst die Aufgabe für den Berater und den Klienten, gemeinsam eine Diagnose des Problems zu gewinnen. Durch die Erschließung neuer Ressourcen sozialer, ökonomischer oder räumlicher Art erfolgt eine Umstrukturierung der Situation, die zu Bewältigungskompetenzen des Klienten beitragen kann. Die Analyse des Problems soll Täuschungen aufdecken und den Kern herausarbeiten. Die Berücksichtigung der Alltagsprobleme kann auch die Realisierung der Beratung in Alltagssituationen verlangen.

Methode　　In dieser Form sozialpädagogischer Beratung soll damit das Lebensproblem die Methode bestimmen. Daher gibt es keine festliegenden Schritte eines Beratungsprozesses, wie sie in psychotherapeutischen Ansätzen formalisiert werden. Allerdings kann durchaus auf psychotherapeutische Verfahrensweisen zurückgegriffen werden, wenn das Lebensproblem als Thema der Beratung dies erforderlich macht.

6.4 Perspektiven

Den vielfältigen Problemen und Aufgaben der Erziehungshilfe entsprechen vielfältige Handlungsmöglichkeiten. Die Dimensionen Prävention, Intervention und Beratung stellen wichtige Aufgabenfelder dar. Viele der angegebenen Handlungsmöglichkeiten erfordern eine besondere fachliche Qualifikation. Im Rahmen seiner Aus- und Fortbildung muss sich der Heilpädagoge ein spezifisches Kompetenzprofil erwerben. Die Ausbildung seiner eigenen kommunikativen, sozialen und emotionalen Fähigkeiten muss dabei im Vordergrund stehen, um in den Grundlagen der Erziehungshilfe tatsächlich die adäquate Kompetenz zu erwerben. Therapeutische, künstlerische, sportliche und technische Qualifikationen leisten in der Erziehungshilfe wervolle Dienste und werden oftmals von den Institutionen als professionelle Qualifikation für die Mitarbeiter gefordert.

6.5 Übungsaufgaben

Unterscheiden Sie verschiedene Formen der Prävention und ihre spezifischen Aufgaben in der Erziehung bei Verhaltensstörungen. **Aufgabe 30**

Welche Dimensionen besitzen Priorität für die Erziehung bei Verhaltensstörungen? **Aufgabe 31**

Diskutieren Sie Einsatzmöglichkeiten der pädagogisch-therapeutischen Verfahren in einer Ihnen bekannten Institution (Schule, Heim, Familie). **Aufgabe 32**

Welche Prinzipien sind für die Beratung bei Verhaltensstörungen zu beachten? **Aufgabe 33**

7 Institutionen der Erziehungshilfe bei Verhaltensstörungen

Aus der historischen Entwicklung resultieren heute noch eine Vielzahl sehr verschiedener Einrichtungen der Erziehung bei Verhaltensstörungen. Gesellschaftliche Institutionen stellen strukturierte Ordnungsformen zur Regelung und Stabilisierung sozialer Prozesse dar. Der Zweck der darzustellenden Institutionen besteht in der strukturierten und geregelten Hilfe bei Verhaltensstörungen, die aus verschiedenen gesellschaftlichen Teilsystemen heraus erfolgen kann.

Im *Schulsystem* existiert als Institution der Hilfe ein spezieller Typ von Sonderschule. Aufgrund massiver Kritik am System Sonderschule etablieren sich zunehmend integrative oder ambulante Hilfsangebote. Die *Sozialpädagogik* bietet mit Heimen und verschiedenen Konzeptionen von ambulanten Erziehungshilfen eine große Vielfalt außerschulischer Institutionen und Maßnahmen an. Dem *Jugendstrafvollzug* kommen neben dem juristischen Auftrag zunehmend erzieherische und bildungsbezogene Aufgaben zu. Die Medizin leistet in den verschiedenen Formen der *Kinder- und Jugendpsychiatrie* wichtige medizinisch-psychiatrische Beiträge zur Rehabilitation.

7.1 Rechtliche Rahmenbedingungen

Die verschiedenen Institutionsformen unterliegen bestimmten rechtlichen Rahmenbedingungen, die besonders bei sozialpädagogischen und kriminalpädagogischen Einrichtungen wichtig sind, während für den schulischen Bereich aufgrund der Kulturhoheit der Länder nur einige allgemeine Merkmale länderübergreifend festzuhalten sind.

7.1.1 Rechtliche Rahmenbedingungen schulischer Hilfen

Schule

Für die *Schule* gilt die Kulturhoheit der Bundesländer, daher bestehen in den verschiedenen Bundesländern unterschiedliche Rechts- und Verordnungssituationen. Gemeinsam ist die Zuord-

nung der Sonderschulen, auch der Schulen für Verhaltensgestörte, zum Allgemeinbildenden Schulwesen. In den Schulen für
Verhaltensgestörte, die unter verschiedenen Bezeichnungen existieren (Schule zur Erziehungshilfe, für Erziehungsschwierige), gelten die Lehrpläne der Bezugsschule, also der Grund- oder Hauptschule. Daher besteht auch die Möglichkeit, an dieser Schulform
den Hauptschulabschluss zu erwerben. Der besondere Auftrag
wird in einigen Ländern in Verordnungen oder Gesetzen näher
beschrieben. Seit ca. 20 Jahren zeigen sich unter dem Eindruck
der Integrationsbewegung deutliche Tendenzen, schulische Hilfen für Kinder und Jugendliche mit Verhaltensstörungen in die
Grund- und Hauptschulen zu verlagern, um die negativen Nebenwirkungen des Sonderschulbesuchs zu vermeiden. Als län-
derübergreifende Orientierung sind die Empfehlungen der Kultusministerkonferenz (KMK) von 1994 zu verstehen:

„Sonderpädagogische Förderung soll das Recht der behinderten und von
Behinderung bedrohten Kinder und Jugendlichen auf eine ihren persönlichen
Möglichkeiten entsprechende schulische Bildung und Erziehung verwirklichen.
Sie unterstützt und begleitet diese Kinder und Jugendlichen durch individuelle
Hilfen, um für diese ein möglichst hohes Maß an schulischer und beruflicher
Eingliederung, gesellschaftlicher Teilhabe und selbständiger Lebensgestaltung
zu erlangen." (II.1)

Dieser Auftrag gilt auch für die Schule zur Erziehungshilfe, der
insbesondere die Aufgabe der Rückführung oder Re-Integration
gestellt wird. Die Förderung der personalen und emotionalen,
sozialen und kognitiven Entwicklung, aber auch des Umgehen-
Könnens mit den eigenen Problemen wird ausdrücklich als sonderpädagogische Hilfe zu einer verantwortlichen Lebensführung
beschrieben.

Die *Sonderschulaufnahme* setzt ein Verfahren zur Feststellung der   SAV
Notwendigkeit dieser besonderen Schulform voraus. Hier besteht
eine besondere Begründungspflicht, da der Besuch einer Sonderschule auch mit Nachteilen verbunden ist (Stigmatisierungen).
Das Verfahren ist als Überweisungs- oder Sonderschulaufnah-
meverfahren (SAV) bekannt. Gerade diese Verfahren geben immer wieder Anlass zu juristischen Auseinandersetzungen.

Die früher vorherrschende institutionelle Sichtweise, nach der
die bestmögliche Hilfe durch die spezialisierte Institution gewährt
wird, ist durch eine individuelle Perspektive abgelöst worden:

„Die Feststellung Sonderpädagogischen Förderbedarfs umfaßt die Ermittlung
des individuellen Förderbedarfs sowie die Entscheidung über den Bildungs-
gang und den Förderort." (KMK 1994, II.3)

Die damit betonte Ermittlung individueller Hilfebedürfnisse, für
deren Erfüllung die Institution nur noch eine dienende Rolle

spielt, drückt sich beispielsweise in Nordrhein-Westfalen in der aktuellen Bezeichnung „Verfahren zur Feststellung des Sonderpädagogischen Förderbedarfs" aus, fundiert in der entsprechenden Verordnung (VO-SF).

Schulorganisation   Die *schulorganisatorische* Entwicklung hin zur Bildung von Sonderpädagogischen Förderzentren, wie sie in zahlreichen Bundesländern stattfindet, stellt eine Flexibilisierung der Institution dar. Sie organisiert sowohl stationäre als auch ambulante Formen der Hilfe. Die KMK befürwortet sowohl diese neuen Organisationsformen als auch die Weiterentwicklung integrativer Formen der Förderung, also die sonderpädagogische Hilfe innerhalb der wohnortnahen Schule. Die gesetzliche Verankerung solch neuer Schulformen ist das jüngste Ergebnis dieser Entwicklung.

7.1.2 Rechtliche Rahmenbedingungen sozialpädagogischer Hilfen

KJHG   Für sozialpädagogische Hilfen bildet das Kinder- und Jugendhilfegesetz (KJHG), das seit 1991 gilt und als Achtes Buch des Sozialgesetzbuches eingeordnet ist, die rechtliche Grundlage. Es löste das Jugendwohlfahrtsgesetz ab, das seit 1922 bestand und mehrfach revidiert wurde.

Die Aufgaben der Jugendhilfe bestehen demnach primär in unterstützenden Diensten zur Erfüllung des Rechts auf Erziehung und Förderung der Entwicklung, das jedem Kind und jedem Jugendlichen zusteht. Die Unterstützung der Erziehungsberechtigten, der Schutz der Heranwachsenden vor Gefahren und die Schaffung einer kinderfreundlichen Umwelt gelten als weitere Ziele. Die primären Träger des Rechts auf Erziehung sind die Eltern oder Erziehungsberechtigten. Die öffentliche Jugendhilfe besitzt demgegenüber keinen eigenen Erziehungsauftrag, sie soll die Familien in der Erfüllung des Erziehungsrechts unterstützen. Dem Staat kommt aber ein Wächteramt zu, er kann also bei einer vorliegenden Gefährdung des Rechts auf Erziehung tätig werden. Um Kenntnis von gefährdenden Umständen zu erhalten und Hilfen initiieren zu können, besteht für Kinder und Jugendliche das Recht, sich in allen Angelegenheiten an das Jugendamt zu wenden. Die Eltern müssen über diesen Vorgang nicht unbedingt informiert werden. Falls Gefahr im Verzug ist, kann das Vormundschaftsgericht das Jugendamt zu Maßnahmen auch gegen den Willen der Eltern berechtigen.

Öffentliche Jugendhilfe   Träger der öffentlichen Jugendhilfe sind die Kommunen, also die Kreise und kreisfreien Städte. Sie sind verpflichtet, die erforderlichen Mittel im Haushalt bereitzustellen, und errichten Jugendämter als Teil der kommunalen Behörden. Die in der Verwaltung tätigen Personen müssen fachlich und persönlich qualifiziert sein. Hier sind insbesondere Sozialarbeiter und Sozialpädagogen, teilweise auch Pädagogen und Psychologen tätig. Freie Träger, also nichtstaatliche Organisationen wie Kirchen, freie Wohlfahrtspflege (Rotes Kreuz, Arbeiterwohlfahrt) oder Jugendverbände, erhalten einen gewissen Vorrang, hinter dem staatliche Maßnahmen zurückstehen sollen.

Die Aufgaben der Jugendhilfe werden in zwei Gruppen erfasst: zu erbringende Leistungen und andere Aufgaben. Die Leistungen werden in fünf Gruppen zusammengefasst:

1. Die generelle Förderung der Entwicklung erfolgt durch die Unterstützung der Jugendarbeit und der Jugendverbände sowie durch Angebote im erzieherischen Kinder- und Jugendschutz.
2. Die Förderung der Erziehung in der Familie umfasst Beratungsangebote, besondere Wohnformen, Hilfen für das Kind in Notsituationen und Maßnahmen der Familienbildung und -erholung.
3. Die Förderung von Kindern in Tageseinrichtungen, wie Kindergärten und Horten, gilt als spezieller Arbeitsbereich.
4. Hilfen zur Erziehung erfolgen durch Angebote der Erziehungsberatung, durch Erziehungsbeistandschaft, sozialpädagogische Familienhilfe, Pflegefamilien, Heimerziehung, betreute Wohnformen und intensive sozialpädagogische Einzelbetreuung. Die für den Einzelfall geeignete Hilfe ist zu gewähren.
5. Die Hilfen zur Erziehung können auch jungen Volljährigen bis zum Ende des 21. Lebensjahres, in Ausnahmen auch länger, gewährt werden.

Einen sehr guten Überblick bietet die Darstellung von Keller (Abb. 17).

Der Staat betont und unterstützt also die Erziehung in den Familien. Die Hilfen sollen in erster Linie durch fachlich qualifizierte, praktisch erfahrene, wertorientierte und erzieherisch orientierte Träger gewährleistet werden. Die öffentliche Jugendhilfe, konkretisiert in der Verwaltung des Jugendamts, besitzt neben dem Wächteramt die Aufgabe der Koordination vielfältiger Hilfen.

7.1.3 Rechtliche Rahmenbedingungen kriminalpädagogischer Hilfen

Für kriminalpädagogische Einrichtungen regelt das Jugendgerichtsgesetz (JGG) die Verfahren und Maßnahmen. Es gilt für die beiden Altersgruppen der Jugendlichen (14 bis 17 Jahre) und Heranwachsenden (18 bis 20 Jahre). Für die letztgenannte Gruppe kann das Jugendstrafrecht herangezogen werden, wenn es sich um eine ausgesprochene Jugendverfehlung handelt oder der Täter in seiner Persönlichkeitsentwicklung noch als jugendlich ein-

Jugendstrafrecht

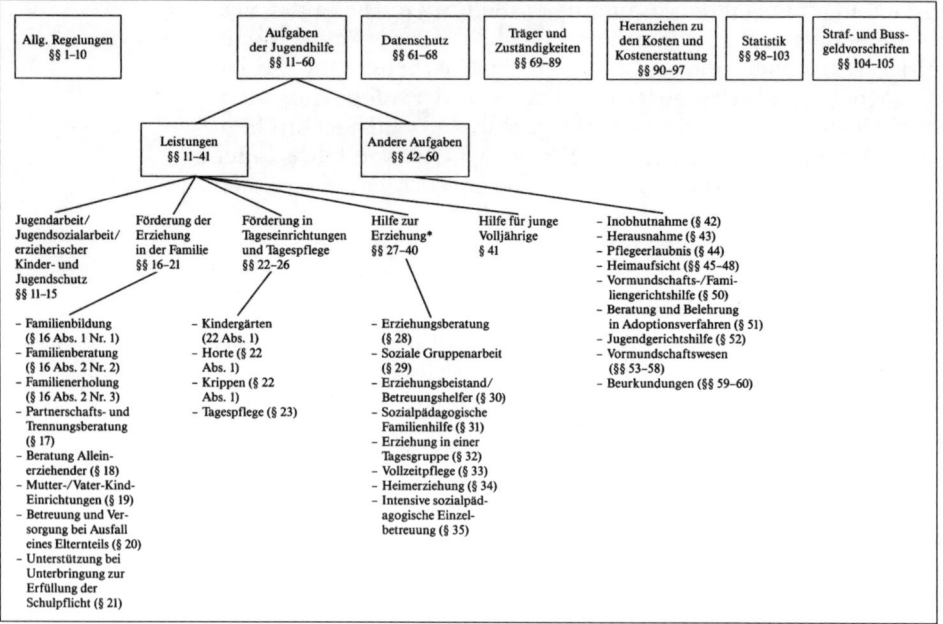

| Allg. Regelungen §§ 1–10 | Aufgaben der Jugendhilfe §§ 11–60 | Datenschutz §§ 61–68 | Träger und Zuständigkeiten §§ 69–89 | Heranziehen zu den Kosten und Kostenerstattung §§ 90–97 | Statistik §§ 98–103 | Straf- und Bussgeldvorschriften §§ 104–105 |

Aufgaben der Jugendhilfe §§ 11–60:
- Leistungen §§ 11–41
- Andere Aufgaben §§ 42–60

Leistungen §§ 11–41:

| Jugendarbeit/ Jugendsozialarbeit/ erzieherischer Kinder- und Jugendschutz §§ 11–15 | Förderung der Erziehung in der Familie §§ 16–21 | Förderung in Tageseinrichtungen und Tagespflege §§ 22–26 | Hilfe zur Erziehung* §§ 27–40 | Hilfe für junge Volljährige § 41 |

- Familienbildung (§ 16 Abs. 1 Nr. 1)
- Familienberatung (§ 16 Abs. 2 Nr. 2)
- Familienerholung (§ 16 Abs. 2 Nr. 3)
- Partnerschafts- und Trennungsberatung (§ 17)
- Beratung Alleinerziehender (§ 18)
- Mutter-/Vater-Kind-Einrichtungen (§ 19)
- Betreuung und Versorgung bei Ausfall eines Elternteils (§ 20)
- Unterstützung bei Unterbringung zur Erfüllung der Schulpflicht (§ 21)

- Kindergärten (22 Abs. 1)
- Horte (§ 22 Abs. 1)
- Krippen (§ 22 Abs. 1)
- Tagespflege (§ 23)

- Erziehungsberatung (§ 28)
- Soziale Gruppenarbeit (§ 29)
- Erziehungsbeistand/ Betreuungshelfer (§ 30)
- Sozialpädagogische Familienhilfe (§ 31)
- Erziehung in einer Tagesgruppe (§ 32)
- Vollzeitpflege (§ 33)
- Heimerziehung (§ 34)
- Intensive sozialpädagogische Einzelbetreuung (§ 35)

Andere Aufgaben §§ 42–60:
- Inobhutnahme (§ 42)
- Herausnahme (§ 43)
- Pflegeerlaubnis (§ 44)
- Heimaufsicht (§§ 45–48)
- Vormundschafts-/Familiengerichtshilfe (§ 50)
- Beratung und Belehrung in Adoptionsverfahren (§ 51)
- Jugendgerichtshilfe (§ 52)
- Vormundschaftswesen (§§ 53–58)
- Beurkundungen (§§ 59–60)

Abb. 17:
Systematik des KJHG
(Keller 1993, 236)

zuschätzen ist. Kinder unter 14 Jahren sind strafunmündig: Eine Straftat wird zwar von der Polizei festgestellt, das Verfahren vom Staatsanwalt jedoch sofort eingestellt. Das Gesetz gilt seit 1923 und wurde häufig novelliert, wobei die Bedeutung der Erziehung zunehmend betont wurde.

Das Jugendstrafrecht kennt keine eigenen Straftatbestände. Es gelten die Tatbestände des Strafgesetzbuches (StGB). Verübt ein Jugendlicher oder Heranwachsender eine Straftat, die auch für Erwachsene ein Strafverfahren nach sich zieht, wird ein Prozess als Jugendstrafverfahren eröffnet.

Verfahren

Das Jugendstrafverfahren besitzt eine besondere Prozessordnung. Die Verfahren finden vor besonderen Jugendgerichten mit Jugendrichtern, Jugendschöffen und Jugendstaatsanwälten statt. Die Erziehungsberechtigten und Beistände gelten als Prozessbeteiligte. Die Verfahren finden in nichtöffentlicher Sitzung statt, um negative Wirkungen auf den Jugendlichen zu vermeiden. Der Rechtsweg ist unter Wahrung der Rechtsstaatlichkeit verkürzt, um die erzieherische Wirkung eines raschen Verfahrens mit möglichst direkt auf die Tat folgender Strafe zu gewährleisten.

Strafen

Die Strafe selbst unterscheidet sich deutlich von der Erwachsenenstrafe: Erziehungsmaßregeln, Zuchtmittel und Jugendstrafe bilden drei Gruppen von möglichen Strafen.

- *Erziehungsmaßregeln* versuchen Erziehungsmängel auszugleichen und sind daher auf die Mitarbeit der Jugendlichen an-
  gelegt. Weisungen des Gerichts, wie die Unterstellung unter
  einen Betreuer, die Teilnahme an einem sozialen Trainings-
  kurs, die Erbringung einer Arbeitsleistung, häufig in betreu-
  ter Form in sozialen Einrichtungen, oder der Täter-Opfer-Ausgleich sind bevorzugte Mittel.
- *Zuchtmittel* stellen demgegenüber neutrale, eingeschränkte Reaktionen auf Taten dar. Die Wiedergutmachung, eine persönliche Entschuldigung beim Geschädigten oder die Zahlung
  eines Geldbetrags an eine gemeinnützige Einrichtung zählen
  dazu. Als umstrittenes Zuchtmittel kann auch ein Jugendarrest
  zwischen 2 Tagen und 4 Wochen verhängt werden.
- Die *Jugendstrafe* ist die einzige Form von Kriminalstrafe, danach
  gelten Jugendliche als vorbestraft. Sie wird in eigenen Jugendstrafanstalten vollzogen und kann von 6 Monaten bis zu 5 Jahren, bei schweren Vergehen auch bis zu 10 Jahre verhängt
  werden. Auch diese Strafform ist sehr umstritten: Den verlän-
  gerten Möglichkeiten einer schulischen und erzieherischen Beeinflussung stehen angesichts der konkreten Gestaltungsmöglichkeiten erhebliche negative Wirkungen gegenüber. Die Zahl
  der in Jugendstrafanstalten einsitzenden Jugendlichen war daher in den 80er Jahren deutlich rückläufig (Feltes 1993, 1054).
  Sehr häufig werden Jugendstrafen auch zur Bewährung ausgesetzt.

Die Jugendgerichtshilfe stellt einen Dienst des Jugendamts im Kontext der Jugendstrafverfahren dar. Sie wirkt als Prozessbeteiligter
am Verfahren mit, bringt in Stellungnahmen die soziale Situation
in das Verfahren ein, kontrolliert etwaige Auflagen oder Weisungen und bietet eine gewisse Nachbetreuung für die Jugendlichen.

Die neueren Diskussionen in der Öffentlichkeit und internationale Entwicklungen, z.B. die härteren Strategien der Verbre-
chensbekämpfung in New York, signalisieren einen Trend zurück
zu härteren Strafen für Jugendliche.

7.1.4 Rechtliche Rahmenbedingungen psychiatrischer Hilfen

Die Durchführung von kinder- und jugendpsychiatrischen Hilfen kann auf ambulante oder stationäre Weise erfolgen. Das Vorgehen unterliegt medizinischen Vorschriften. Die stationäre Behandlung in einer Klinik, die von wenigen Wochen bis zu mehreren Jahren dauern kann, behandelt neben seelischen Symptomen
in der Regel auch körperliche Probleme. Hier gelten medizin-
rechtliche Rahmenbedingungen.

7.2 Schulische Hilfen

Schulische
Erziehungshilfe

Schüler mit Verhaltensstörungen besuchen in der großen Mehrzahl die regulären Schulen, also nicht die Sonderschule. Daher ist ihre Förderung eine unausweichliche, wenn auch kaum anerkannte Aufgabe der so genannten Regelschulen. Aufgrund der Prävalenz von Verhaltensstörungen wird diese Behauptung einsichtig: Während die Häufigkeit von Verhaltensstörungen mit ca. 15 % der Schüler geschätzt wird und zwischen 3 und 6 % aller Schulpflichtigen eines Bundeslandes in eine der verschiedenen Sonderschulformen gehen, besuchen weniger als 0,3 % aller Schulpflichtigen eine Schule für Verhaltensgestörte (Cloerkes 1997, 19ff). Im Jahr 2000 gab es insgesamt 34 902 Schüler mit sozial-emotionalem Förderbedarf, von denen gut ein Viertel in Allgemeinen Schulen unterrichtet wurde (Rumpler 2002, 261). Besonders häufig sind Verhaltensstörungen in Grund- und Hauptschulen sowie in Schulen für Lernbehinderte. Daher besteht die eigentliche Aufgabe der Pädagogik bei Verhaltensstörungen darin, in diese Schulformen Kompetenzen der Erziehungshilfe einzubringen.

In den 70er Jahren entstand daraus die Forderung nach einer sozialpädagogischen Schule. Bereits das Gutachten zum Deutschen Bildungsrat (Bittner et al. 1974) forderte die Verknüpfung von Sozialpädagogik, Schulpädagogik und Sonderpädagogik. Die Bemühungen um die Implementation sonderpädagogischer und sozialpädagogischer Hilfen in die regulären Schulformen sind folglich nur konsequent (Ertle 1993). Zugleich sollte damit der Forderung nach integrativer Unterrichtung und Vermeidung einer stigmatisierenden Sonderbeschulung entsprochen werden. Aus diesen Intentionen heraus sind vielfältige und regional unterschiedliche Formen entstanden, allerdings ohne dass solche Einrichtungen wirklich flächendeckend zu einem in sich konsistenten System ausgebaut worden wären. Vielmehr scheinen Zufälligkeiten, personale Konstellationen und (schul-)politische Strömungen eine erhebliche Rolle zu spielen.

Gestuftes System

Es fällt schwer, einen Überblick über diese verschiedenen Institutionen der schulischen Hilfe bei Verhaltensstörungen zu gewinnen. Bittner et al. sprechen 1974 von einem aufzubauenden, gestuften System der Hilfe, das sie für notwendig erachten. Ein solches Bild des gestuften Systems der Hilfe fasst die vielfältigen Entwicklungen in einem vereinfachenden Überblick zusammen, der keinen Anspruch auf Vollständigkeit erhebt (Abb. 18).

In diesen vier Gruppen institutionalisierter, schulischer Erziehungshilfe realisieren sich unterschiedliche Schwerpunkte sonderpädagogischer Arbeit:

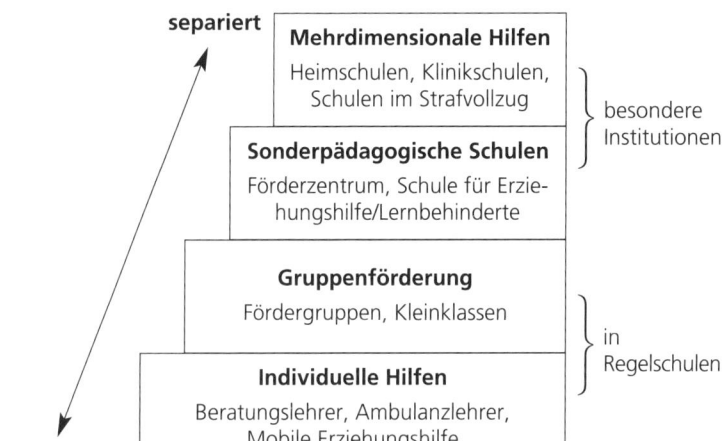

Abb. 18:
Gestuftes System
schulischer Hilfen bei
Verhaltensstörungen

1. Die erst in neuerer Zeit entstandenen Formen der *individuellen Hilfe* versuchen insbesondere durch Beratung der Lehrkräfte in den Grund- und Hauptschulen (Beratungslehrer), durch gemeinsamen Unterricht mit sonderpädagogischer Unterstützung (Integration) oder durch Einzelfallhilfe (Mobile Erziehungshilfe) die Erziehungshilfe innerhalb der regulären Schulklasse zu leisten. Diese individuellen Erziehungshilfen werden meist durch Sonderpädagogen durchgeführt und verlangen weiterführende Qualifikationen (Beratungskompetenz, Gesprächsführung, Organisation, Kooperation).

2. Die Bildung von *Gruppen* oder *speziellen Klassen* mit dem Ziel der Förderung von Schülern mit Verhaltensstörungen fasst die zu fördernden Schüler zeitweise zusammen. Die geförderten Schüler verbleiben jedoch innerhalb der regulären Schulform. Die soziale und leistungsmäßige Einbindung in die normalerweise besuchten Klassen oder Jahrgangsstufen stellt eine wichtige Aufgabe dar. Negative Effekte und ein problematisches „Ansehen" der speziellen Klassen in der Schule stellen häufig beobachtete Erscheinungen dar.

3. In den verschiedenen *Sonderschulen* und sonderpädagogischen Förderzentren soll ein besonderer, die sozialen und emotionalen Fähigkeiten ansprechender Unterricht angeboten werden. Insbesondere die Schule für Erziehungshilfe versteht sich als Schulform mit diesem Auftrag. Sie gilt als Durchgangsschule mit dem Ziel der baldmöglichen Re-Integration. Dieser Anspruch wird jedoch kaum in nennenswertem Umfang eingelöst (Neukäter 1993). Diese Schulform hat sich nicht erfolgreich durchsetzen können: Während des beabsichtigten Ausbaus zu

Beginn der 70er Jahre setzten die scharfe Kritik am Sonder-schulsystem und der Beginn der Integrationsdebatte ein. Der Ausbaugrad der Schule für Erziehungshilfe entspricht heute in keiner Weise der Häufigkeit entsprechender Problemlagen.

4. In *mehrdimensionalen Einrichtungen* wird ein komplexes System der Hilfe unter einem Dach angeboten, um die vielfältigen Problemdimensionen berücksichtigen zu können. Hier stellt die Schule ein Element der Erziehungshilfe unter anderen dar. Ungefähr die Hälfte der Schüler in Schulen für Verhaltensge-störte leben zugleich in einem Heim (Petermann et al. 1993). Die Organisation der Schule wird davon mitbestimmt. Nicht selten führt eine solche Einbindung in eine multidisziplinäre Institution zu Konflikten, wenn etwa Sonderpädagogen als „therapeutisches Personal" missverstanden oder als „Auf-sichtskräfte" missbraucht werden. Die Zusammenarbeit mit un-terschiedlichen Professionen, etwa mit Sozialpädagogen, Er-ziehern, Medizinern, Juristen und Pflegekräften, setzt eine professionelle Identität der Beteiligten und die Fähigkeit zur Kooperation voraus.

Die Nachteile der verschiedenen Institutionalisierungsformen zeichnen sich inzwischen deutlich ab. Die wünschenswerte Form der integrativen Förderung scheint gerade bei Verhaltens-störungen an ihre Grenzen zu stoßen (Goetze 1990; 1991). Schüler mit Verhaltensstörungen geraten aufgrund ihrer geringeren so-zialen Kompetenzen sehr schnell in Außenseiterpositionen. Der in Modellversuchen noch mögliche hohe Anteil von Sonder-schullehrerstunden ist finanzpolitisch kaum für das gesamte Schulsystem durchzusetzen. Und ohne besondere Hilfe kann eine integrative Beschulung nicht erfolgreich realisiert werden.

Spezialisierte Einrichtungen bieten zumindest für das Selbst-konzept der Schüler mit Verhaltensstörungen die besseren Lern-bedingungen (Goetze 1990; 1991). Die fachliche Qualifikation der Erziehungshilfe kann hier eher gewährleistet werden. Mit zu-nehmender Separierung in speziellen Gruppen, Schulen und übergreifenden Einrichtungen wächst jedoch die Gefahr der Stig-matisierung, also der negativen Etikettierung der Schüler in der Erziehungshilfe. Die entstehende Außenseiterposition kann die sozialen und emotionalen Probleme noch verfestigen. Der Trans-fer der in den spezialisierten Institutionen erworbenen Kompe-tenzen auf Alltagssituationen gelingt oft nur sehr eingeschränkt.

Insgesamt besteht gerade in der schulischen Förderung von Schülern mit Verhaltensstörung ein unsystematisches, wenig aus-gebautes Netz von Hilfeinrichtungen, das negativ verlaufende Karrieren mit verursachen kann.

Eine entscheidende Weichenstellung erfolgt mit dem Über-   Beruf
gang in das Berufsleben. Er bietet für Schüler mit Verhaltensstörungen die Chance zur Normalisierung ihres Lebens, häufiger jedoch zeigt er sich als problematische Lebensphase. Nicht
nur die meist vorhandenen kognitiven Defizite, auch die geforderten „Arbeitstugenden" wie Pünktlichkeit, Zuverlässigkeit, Ver-
antwortungsbereitschaft und Flexibilität beeinträchtigen hier die
Aussichten. Die berufliche Bildung hat daher eigene Institutionen und Maßnahmen der Hilfe entwickelt (Dieterich 1993).

• In der Schule für Erziehungshilfe und in den Heimen stellt
sich die Aufgabe, Hilfen zur *Berufsfindung* und *Berufswahl* sowie affektive und kognitive Grundlagen zu vermitteln. Durch
Betriebspraktika, intensive Berufsberatung, Einübung sozial-
emotionaler Fähigkeiten (Frustrationstoleranz) und kogniti-
ves Wissen sollten Schüler mit Verhaltensstörungen spezifische
Hilfen erhalten.

• Das *Berufsvorbereitungsjahr* (BVJ) dient dem besseren Übergang
von Jugendlichen von der Schule in den Beruf. Theoretische
und praktische Grundkenntnisse aus verschiedenen Berufs-
bereichen werden vermittelt. Spezielle Angebote für lernbe-
einträchtigte Jugendliche ermöglichen den Erwerb des Haupt-
schulabschlusses. Allerdings stellt die Praxis des BVJ diese Ziele
sehr in Frage.

• Zur Verbesserung der Berufschancen für benachteiligte Jugendliche bietet die Arbeitsverwaltung *Förderungslehrgänge* und
Grundausbildungslehrgänge an. Die Förderungslehrgänge (F) versuchen durch eine auf die Störung bezogene pädagogische
Hilfestellung auf die betriebliche Ausbildung vorzubereiten.
Hier gibt es auch spezielle Fördermaßnahmen für die notwendigen sozialen und emotionalen Kompetenzen. Die Grundausbildungslehrgänge (G) stellen dagegen eher ein unspezifi-
sches Angebot dar, das praktische und theoretische Grundkenntnisse in einem Berufsbereich vermitteln soll.

• Für Jugendliche in regulären Ausbildungsverhältnissen können Stütz- und *Förderkurse* begleitend zur regulären Berufsausbildung angeboten werden.

Besonders angesichts wirtschaftlicher Krisensituationen und hoher Jugendarbeitslosigkeit stellt der Übergang in den Beruf für
Jugendliche mit Verhaltensstörungen einen schwierigen Lebensabschnitt dar. Die möglichen Hilfen sind ihnen oft unbekannt
oder werden nicht genutzt. Daher sind die Bemühungen in diesem Bereich noch zu intensivieren – die Entwicklung finanzieller Ressourcen scheint dies jedoch nicht zuzulassen.

7.3 Sozialpädagogische Hilfen

Heimerziehung

Für die sozialpädagogische Arbeit bei Verhaltensstörungen bilden die Heime die klassische Institution, die eine besondere Form der Erziehung strukturiert. Heimerziehung meint die Unterbringung von Kindern und Jugendlichen in einer Erziehungseinrichtung außerhalb der ursprünglichen Familie. Die Gründe bestehen meist in familiären Not- und Krisensituationen, Erziehungsproblemen oder akuten Krisen der Heranwachsenden.

Nach dem Zweiten Weltkrieg gab es zunächst einen starken Ausbau der Heimplätze. Eine solche Platzierung galt lange Zeit als einzige Alternative zur Erziehung in der eigenen Familie. Ende der 60er und Anfang der 70er Jahre entstand im Rahmen der so genannten „Heimkampagne" eine massive Kritik an diesen Einrichtungen. Unter dem Motto „Holt die Kinder aus den Heimen" wurde auf die negativen, z. T. katastrophalen Bedingungen und Wirkungen der Heime publikumswirksam aufmerksam gemacht. René Spitz hatte mit seinen Forschungen zum Hospitalismus bei Kleinkindern in Heimen, der sich in massiven Entwicklungsstörungen (körperliche Entwicklung, Kontaktfähigkeit, kognitive Entwicklung) aufgrund mangelnder Bindungen manifestiert, die wissenschaftlichen Grundlagen dafür geliefert. Gegenüber der Familienerziehung erschienen Heime defizitär, der Außenseiterstatus und die Misserfolge etwa in kriminellen Karrieren von Heimkindern wurden und werden kritisiert. Der erhebliche Ausbau der Unterbringung in Pflegefamilien stellt eine Folge dieser Kritik dar. Heute erfolgt die Fremdunterbringung zu über 50 % in Pflegefamilien (Heun/Wiesenfeldt-Heun 1994, 612ff).

Reformen

Als weitere Reaktion auf diese Kritik investierten die Träger erhebliche Mittel in die Einrichtungen, die Ausbildung der Mitarbeiter im Heim erhielt ein höheres Niveau (Fachschule, Fachhochschule), neue pädagogische Konzeptionen wurden entwickelt, und eine erhebliche Differenzierung der organisatorischen und pädagogischen Maßnahmen lässt sich heute beobachten. Allerdings führte dies zu erheblich höheren Kosten für einen Heimplatz, was wiederum ein finanzpolitisch wirksames Argument für Pflegefamilien darstellt. Aus pädagogischen Gründen gilt es jedoch gerade angesichts der großen Belastung durch Verhaltensstörungen zu bedenken, ob die jeweilige Pflegefamilie dieser Belastung gewachsen ist. So lässt sich beobachten, dass nicht wenige Kinder mehrere Pflegefamilien durchlaufen haben, bis sie als letzte Möglichkeit in einem Heim untergebracht werden. Eine solche Karriere stellt keine günstige Entwicklungsperspektive für die Betroffenen, aber auch keine reelle Chance für die Heimerziehung dar. Die entscheidende Frage lautet also seit den 70er Jahren:

„Unter welchen Bedingungen ist es wirklich verantwortbar, ein Kind aus seiner vertrauten Umgebung herauszunehmen und in einem Heim unterzubringen?" (Mollenhauer 1995, 462)

Die Heimbewohner stammen überwiegend aus Unterschichtverhältnissen (Myschker 2005, 333) und von alleinerziehenden Elternteilen (Heun/Wiesenfeldt-Heun 1994, 620).

„Scheidung der Eltern bzw. Partner- oder Ehekrisen, materielle Unsicherheiten, Vernachlässigung oder Gewalt in der Familie, Mißerfolge und Stigmatisierungen in der Schule, Milieuwechsel u. a. haben sie verunsichert und ihre Persönlichkeitsentwicklung nachhaltig beeinträchtigt." (Heun/Wiesenfeldt-Heun 1994, 620)

Erziehungsprobleme und Verhaltensstörungen resultieren aus solchen Biographien und werden immer wieder als Gründe für eine Heimunterbringung angeführt.

Die Heime versuchten diese Problemlagen, teilweise auch die Kritik durch eine Therapeutisierung ihrer Arbeit aufzufangen. Psychologen und Therapeuten trugen zu einem Prestigegewinn der Institution bei – allerdings auf Kosten der Erziehungsarbeit. Die Lebensperspektiven der Heimbewohner, ihre sozialen Systeme und Alltagsbezüge gerieten dabei aus dem Blick, so dass der mangelhafte Transfer therapeutisch erworbener Verhaltensweisen nicht verwunderlich ist. Nun stellt sich die Aufgabe, das alltägliche Leben und damit die erzieherische Arbeit wieder in den Mittelpunkt der Heimerziehung zu rücken.

Diesem Prinzip folgend, wurden die Institutionen erheblich verkleinert und dezentral organisiert. Neue, insbesondere ambulante Lebens- und Wohnformen mit erzieherischen Angeboten sollen eine größere Realitätsnähe vermitteln. Kleinstheime, Wohngemeinschaften, Formen betreuten Wohnens, mobile Betreuungsangebote oder Tagesgruppen werden in Verbundsystemen konzipiert (Kiehn 1988). Eine eher nüchterne Erwartungshaltung bezüglich solcher ambulanten Hilfen im Vorfeld von Heimerziehung empfiehlt allerdings die Untersuchung von Bürger (1998): Oftmals nutzten spätere Heimbewohner zwar ambulante Hilfen, sie erwiesen sich jedoch als nicht ausreichend. Die Elternarbeit in den Heimen ist einerseits anerkanntermaßen notwendig, andererseits existieren bisher kaum gelungene Modelle der Elternarbeit im Heim.

Aus der Sicht der Pädagogik bei Verhaltensstörungen besitzt außerdem die Frage der Unterbringung in einem geschlossenen Heim eine erhebliche Brisanz. Die öffentliche Diskussion lief lange Zeit einseitig auf die Forderung nach ihrer Abschaffung hinaus, die auch in Großstädten wie Hamburg und Bremen realisiert wurde. Allerdings gibt Ahrbeck aus tiefenpsychologischer

Sicht zu bedenken, dass eine zeitweise geschlossene Unterbringung für schwer gestörte Kinder und Jugendliche durchaus eine positive Chance darstellen könne:

„Entscheidend ist, in welcher der Organisationsformen den gefährdeten Kindern und Jugendlichen Beziehungserfahrungen ermöglicht werden, die sie für ihre weitere intrapsychische und interpersonelle Entwicklung dringend benötigen. Dabei geht es um eine genuin pädagogische Frage. Der institutionelle Ort erweist sich demgegenüber als sekundär." (1993, 476)

Diese Aussage verdeutlicht die geforderte Differenzierung und Flexibilität der Hilfen bei Verhaltensstörungen, die von mobilen und ambulanten Diensten bis hin zu solchen umstrittenen Formen der geschlossenen Unterbringung reichen können.

7.4 Jugendstrafvollzug

Erziehung und Bildung finden im Strafvollzug unter erschwerten Bedingungen statt, für Mollenhauer sind sie sogar „der extremste Fall sozialpädagogischer Einrichtungen" (1995, 469). In Deutschland bestehen einige Jugendjustizvollzugsanstalten und einige Jugendabteilungen in den Strafvollzugsanstalten für Erwachsene (Myschker 2005, 341). Gemäß der gesetzlichen Grundlagen ist der Vollzug auf die Erziehung ausgerichtet, er soll eine korrigierende, nachgehende Erziehung ermöglichen. Der Jugendliche oder Heranwachsende soll befähigt werden, in der Zukunft ein verantwortliches Leben in der Gesellschaft ohne Straftaten zu führen.

Die Haftstrafe wird nur bei schweren Delikten ausgesprochen. Inhaftierte Jugendliche sind daher Wiederholungstäter mit schwerwiegenden Delikten und weisen in der Regel markante psychische Störungen auf. Es lassen sich drei Bereiche erzieherischer Arbeit bestimmen (Myschker 2005, 346): Schulpädagogik, Berufspädagogik und Freizeitpädagogik.

- Der schulische Bereich muss von vielfältigen Defiziten der Inhaftierten ausgehen. Kognitive, emotionale und psychomotorische Beeinträchtigungen treten zu den sozialen Konflikten hinzu. Solche Defizite sind mit einer sonderpädagogischen Förderung zu beantworten. Die Bildungsinhalte müssen einen Bezug zur Lebenssituation in Vergangenheit, Gegenwart und Zukunft aufweisen. Die Methodik muss aufgrund der eingeschränkten Belastbarkeit einen angemessenen Wechsel der Aktivitäten, Maßnahmen zur Individualisierung und Motivierung bieten. Die bekannten pädagogisch-therapeutischen Verfahren sind altersgemäß einzusetzen, was sich durchaus als problematisch erweist.

- Die berufliche Bildung bietet ein recht großes Angebot an Handwerksberufen. Die Inhalte werden von Handwerksmeistern vermittelt. In einigen Vollzugsanstalten wird nach einem Modul-System erfolgreich ein zielerreichendes Lernen in Phasen realisiert. Die sonderpädagogische Förderung müsste hierbei eine Vermittlung basaler Fertigkeiten für die Berufsausbildung leisten.
- Die Gestaltung der Freizeit stellt eine wichtige sozialpädagogische Aufgabe dar. Für die betroffenen Jugendlichen bietet dieser Bereich neue Erfahrungen, denn eine erholungsorientierte und sinnvolle Freizeitgestaltung ist ihnen meist unbekannt. In der Freizeit liegt vielmehr oft der Startpunkt für die kriminelle Karriere. Vielfältige Angebote, die den Problemen gemäß aufgebaut sein sollten, wären hier zu nennen: Sport, künstlerische Aktivitäten, Technik, Gespräche bis hin zu psychotherapeutischen Angeboten.

Als Kritik ist festzuhalten, dass diese sinnvollen Erziehungsangebote eher selten realisiert werden. Wenn auch viele Einzelelemente vorhanden sind, so liegt der Förderung oftmals keine Gesamtkonzeption zugrunde. Dem eingesetzten Personal fehlt häufig die sonderpädagogische Qualifikation. Es steht zudem in einer schwierigen organisatorischen Position zwischen erzieherischem Auftrag und vollzugsrechtlicher Funktion. Die Situation des Strafvollzugs scheint grundsätzlich, so wird immer wieder kritisch vermerkt, unvereinbar mit Auftrag und Charakter von Erziehung zu sein. Die Bemühungen um eine Ermöglichung und Verbesserung sonderpädagogischer Erziehung in Jugendjustizvollzugsanstalten stellen daher eine dringende Aufgabe dar.

Walkenhorst betont im Kontext von Kinder- und Jugendkriminalität die Aufgabe der *Prävention,* die insbesondere für die Erziehung von Kindern und Jugendlichen mit Verhaltensstörung von größter Bedeutung ist (1990). Als wichtige Aufgabe der Schulen sieht er die Optimierung des Schulklimas (Erziehungsfunktion anerkennen, Stigmatisierungen vermeiden, Erzieherethos, Erwerb von Konfliktlösungskompetenzen), die Ermöglichung sozialer Lernprozesse, die Aufklärung über Strafmündigkeit und Abgleiten in die Kriminalität, ein wertorientierter Unterricht, Verkehrserziehung zur Vermeidung von Straftaten im Verkehr und Schulsozialarbeit.

Prävention

Die Verwirklichung dieser präventiven Strategien verspricht einen größeren Erfolg als die rehabilitativen Bemühungen unter den gegebenen Bedingungen des Strafvollzugs.

7.5 Kinder- und Jugendpsychiatrie

Die Kinder- und Jugendpsychiatrie bildet ein wichtiges Standbein der psychosozialen Hilfen in Deutschland. Myschker (2005, 394) nennt einige Rahmendaten dieser Einrichtungen:

- Im Jahr 2000 existieren 114 Fachabteilungen für Kinder- und Jugendpsychiatrie in Deutschland,
- ca. 30.000 Patienten werden stationär betreut und
- mehr als die Hälfte der Patienten ist zwischen 11 und 15 Jahre alt, ein Drittel zwischen 16 und 20 Jahre und nur eine kleine Gruppe ist unter 10 Jahre alt.

Neben der medizinisch-psychiatrischen Behandlung, die z. T. sehr unterschiedlichen Konzepten von Psychoanalyse über Verhaltenstherapie bis zu Systemischer Therapie folgt, erhalten die behandelten Kinder und Jugendlichen auch sozialpädagogische und schulische Betreuung. Da die Aufenthaltsdauer der Patienten sehr unterschiedlich ist – von wenigen Tagen bis zu einigen Jahren –, steht die pädagogische Arbeit vor der Aufgabe, trotz einer hohen Fluktuation einen möglichst wirkungsvollen Beitrag zur Rehabilitation zu leisten. Dazu könnte eine gemeinsame Konzeption einen wertvollen Beitrag leisten. Häufig entstehen jedoch Konflikte zwischen den verschiedenen Berufsgruppen, die auf den Unterschieden im Selbstverständnis und in der wissenschaftlich-praktischen Ausrichtung beruhen. Insbesondere Heil- und Sonderpädagogen gelten leicht als „therapeutisches Hilfspersonal".

Sozial-
pädagogische
Maßnahmen

Die in diesen Einrichtungen eingesetzten sozialpädagogischen Maßnahmen umfassen die bewährten pädagogisch-therapeutischen Handlungsformen: musik- und kunsttherapeutische Elemente, Spiele, psychomotorische Verfahren, Entspannung, Gespräche, teilweise aber auch der konsequente Einsatz verhaltensmodifikatorischer Strategien. Die sozialpädagogische Arbeit weist zahlreiche Parallelen zur Arbeit in Heimen auf.

Die Schule, die inzwischen häufig zur Institution der Kinder- und Jugendpsychiatrie dazugehört, erfüllt den Bildungsauftrag innerhalb dieses therapeutischen Umfelds. Mörtl (1989) berichtet von einer solchen Schule. Für sie beinhaltet die besondere Stellung der Schule eine große Chance:

„Mit dem Unterricht wird ein Teil Normalität, ein Teil Alltag aufrechterhalten. Den schulischen Alltag zum Gelingen bringen, ist eine grundlegende präventiv/rehabilitativ wirksame sonderpädagogische Aufgabe." (422)

Die Gestaltung des Unterrichts muss diese Aufgabenstellung beachten, um einen wertvollen Beitrag zur Entwicklung und Stabilisierung der Persönlichkeit zu leisten.

„Der Lehrer sollte eine Lern- und Erziehungsumwelt mit einer möglichst angst-freien, lernfördernden Atmosphäre, ohne Gewalt, Ironie und Erniedrigung schaffen." (421)

Die spezifische Aufgabe des Lehrers darf dabei nicht aus den Augen verloren werden – er hat keine therapeutische, sondern eine bildungsbezogene Aufgabe.

„Der Kern einer guten psychohygienisch-präventions/rehabilitationsorientier-ten Pädagogik in der Schule ist die Art, wie das Lernen gelenkt wird." (441)

Zur Unterrichtsgestaltung gehören Formen wie Projektunter-richt, Handelnder Unterricht und Offener Unterricht in Sozial-formen wie Partnerarbeit und Gruppenarbeit und der Einsatz be-währter Maßnahmen wie Verhaltensmodifikation, Psychomoto-rik, Psychodrama, Rhythmik, Musik-, Kunst- und Spieltherapie.

„Lehrer drücken ihre Zuneigung zu Schülern dadurch aus, daß sie ihnen hel-fen, mit den Lerngegenständen in der Schule umzugehen. ... Die Aufgabe des Lehrers ist es, unterrichtliches Geschick zu beweisen und ein emotional un-terstützendes Lernklima zu schaffen." (441)

Die Erziehung in Kinder- und Jugendpsychiatrien stellt ein wich-tiges, bisher wissenschaftlich noch wenig bearbeitetes Praxisfeld der Pädagogik bei Verhaltensstörungen dar.

7.6 Vernetzung von Hilfen

Die jüngeren Entwicklungen versuchen insbesondere, eine Ver-knüpfung der verschiedenen Einrichtungen der Hilfe zu errei-chen. Davon verspricht man sich einen größeren Erfolg für die-se Bemühungen. Insbesondere die Schulsozialarbeit bietet bei Verhaltensstörungen und sich verschärfenden sozialen Problem-lagen neue professionelle Handlungsmöglichkeiten. Es können jedoch auch Konflikte entstehen, wenn etwa der Sozialpädagoge Vorschläge zur Umgestaltung der Schule einbringt, die von den Lehrkräften als Einmischung in ihr spezifisches Berufsfeld ver-standen werden. Die Ablehnung der Institution Schule durch so-zialpädagogische Fachkräfte, wie sie häufig im Zusammenhang mit ihrer Leistungs-, Kontroll- und Selektionsfunktion formuliert wird, kann ebenfalls die Zusammenarbeit erschweren.

Insbesondere drei Arbeitsbereiche der Schulsozialarbeit lassen sich beschreiben (Walkenhorst 1995, 395). Schulsozialarbeit

Unterrichtsbezogene Angebote: Krisenmanagement, Beratung für Schüler, Lehrer und Eltern, Mitwirkung bei Unterrichtspro-jekten, Fahrten, Freizeiten, Hausaufgabenhilfen und Hilfen beim Übergang in den Beruf; Beratung und Supervision für Lehrer.

Außerunterrichtliche Freizeitangebote: Arbeitsgemeinschaften, geschlechtsspezifische Angebote, interkulturelle Angebote, Schülertreffs, Schülercafé, fallorientierte Förderung bei Auffälligkeiten im Lernen und Verhalten, Elternbildung, Mitwirkung im Schulleben und an der Schulkultur.

Außerschulische Angebote: Kooperation mit außerschulischen Trägern der Jugendhilfe, Initiativen zur Verbesserung der sozialen Infrastrukturen und des Lebensraumes in Kommunen und Stadtteilen.

Angesichts der Auswirkungen gesellschaftlicher Probleme in die Schule hinein, etwa die massive Verarmung von Familien, die Gefährdung durch Arbeitslosigkeit, speziell die reduzierten Lebensperspektiven durch Jugendarbeitslosigkeit, multiple Gewaltprobleme und reduzierte Möglichkeiten sozialen Lernens, erhalten sozialpädagogische Maßnahmen in der Schule eine sehr große Bedeutung. Entgegen dieser Bedeutung stehen entsprechende Initiativen und Projekte auf finanziell sehr unsicheren Füßen. Kooperationsprojekte verschiedener Träger verlangen einen erhöhten Aufwand, besitzen aber größere Realisierungs- und Erfolgschancen. Insbesondere in der Pädagogik bei Verhaltensstörungen kommt der Dialog zwischen Sozialpädagogik und (Sonder-)Schule in Gang, wodurch erst das notwendige Vertrauen beider Seiten ermöglicht wird.

Beispiele der Realisierung auch unter Alltagsbedingungen zeigen verschiedene Berichte. So führte die örtliche Erziehungsberatungsstelle in einer Sonderschule für Lernbehinderte ein gruppendynamisches Projekt in einer Problemklasse durch (Schöneberger/Nowak 1995). Allein die Präsenz von Mitarbeitern der Erziehungs-, Jugend- und Familienberatungsstelle bei schulischen Elternsprechtagen erniedrigt die Schwelle für eine Kontaktaufnahme erheblich (Zerbich 1995).

7.7 Übungsaufgaben

Verbalisieren Sie die rechtlichen Rahmenbedingungen sozial- **Aufgabe 34**
pädagogischer Hilfen anhand des Schaubilds in Kapitel 7.1.2.

Welche Angebote für Kinder und Jugendliche mit Verhaltens- **Aufgabe 35**
störungen enthält Ihre ideale Schule?

Diskutieren Sie die Problematik einer geschlossenen Heimunter- **Aufgabe 36**
bringung!

Welche Aufgaben stellen sich der Pädagogik bei Verhaltens- **Aufgabe 37**
störungen in Justizvollzugsanstalten?

Diskutieren Sie die Funktion des Unterrichts in der Kinder- und **Aufgabe 38**
Jugendpsychiatrie!

Welche wichtigen Elemente müssten bei der Vernetzung von **Aufgabe 39**
Angeboten der Hilfe unbedingt berücksichtigt werden?

8 Spezielle Störungen

Dieses Kapitel bietet einen gestrafften Überblick zur ersten Orientierung über einige wichtige Störungsformen. Für jede der hier dargestellten Problemlagen existieren eigene Forschungsrichtungen zu Ursachen und Interventionsmöglichkeiten. Diese umfassenden Forschungen werden in verschiedenen Lehrbüchern gut zusammengefasst. Einen recht guten Überblick bieten die folgenden Standardwerke aus verschiedenen wissenschaftlichen Disziplinen, auf die hier ausdrücklich hingewiesen werden muss.

Aus der Kinder- und Jugendpsychiatrie:
Steinhausen, H.-C. (1996): Psychische Störungen bei Kindern und Jugendlichen. Lehrbuch der Kinder- und Jugendpsychiatrie. 3. Aufl. Urban und Schwarzenberg, München

Aus der Klinischen Psychologie:
Petermann, F. (Hrsg.) (2002): Lehrbuch der Klinischen Kinderpsychologie und -psychotherapie. 5. Aufl. Hogrefe, Göttingen

Aus der Sonderpädagogik:
Borchert, J. (Hrsg.) (2000): Handbuch der Sonderpädagogischen Psychologie. Hogrefe, Göttingen
Myschker, N. (2005): Kinder und Jugendliche mit Verhaltensstörungen. 5. Aufl. Kohlhammer, Stuttgart

Die im Folgenden vorgestellten Erkenntnisse sollen den Einstieg in die differenzierten wissenschaftlichen Diskussionen ermöglichen. Dazu dienen die Begriffsklärung, die Darstellung von Formen, Häufigkeit, Symptomen und Verlauf in der kindlichen Entwicklung, der wichtigsten Ursachentheorien und von relevanten Maßnahmen. Zur Strukturierung finden die anerkannten internationalen Klassifikationssysteme, insbesondere die ICD 10, Verwendung.

8.1 Aggression

Aggressive Verhaltensweisen gehören zum menschlichen Alltag auf allen Ebenen: Gewalt zwischen Eltern und Kindern, zwischen den Geschlechtern, zwischen verschiedenen politischen Gruppierungen, zwischen Völkern und Volksgruppen, in den Medien, in Kindergärten und Schulen stellt eine Lebenserfahrung unserer Zeit dar. Diese gesellschaftlichen Phänomene weisen auf eine zunehmende Präsenz von Gewalt hin. Nach Berichten von Erziehern, Lehrern und Schulleitern scheint die Bereitschaft zur Aggression auch bei Kindern und Jugendlichen zu steigen. Kinder und Jugendliche mit Verhaltensstörungen werden typischerweise mit aggressiven Verhaltensweisen in Verbindung gebracht.

Als aggressiv sind jedoch auch erwünschte Verhaltensweisen einzuordnen, wenn eine Person selbstsicher, durchsetzungsfähig, tatkräftig und willensstark auftritt. Die angemessene Selbstbehauptung als positive Form muss von der zielgerichteten Schädigung (instrumentelle Aggression) und der angstmotivierten Aggression (expressive Aggression) unterschieden werden.

Unter Aggression wird ein Verhalten verstanden, das Personen oder Gegenständen Schaden zufügt oder eine solche Schädigung intendiert. Als Verhaltensstörung lässt sich aggressives Verhalten jedoch erst bezeichnen, wenn Kinder oder Jugendliche dieses Verhalten in mehreren sozialen Kontexten über eine längere Dauer (mindestens 6 Monate) in nicht entwicklungsgemäßer Weise und mit großer Häufigkeit zeigen.

Aggression

Die damit beschriebenen Verhaltensweisen sind von der Aggressivität als Bereitschaft zu aggressivem Verhalten zu unterscheiden. Aggressivität stellt ein Persönlichkeitsmerkmal dar, während Aggressionen für die gezeigten Verhaltensweisen stehen.

Dieser Begriff stellt ein sprachliches Konstrukt dar, der sehr verschiedenartige Verhaltensweisen zusammenfasst. Zuschlagen, verbal oder gestisch beleidigen („Stinkefinger"), intrigieren oder eine Person „schneiden" stellen sehr verschiedene Formen von Aggressionen dar. Sie lassen sich einteilen in

Formen

- aktive oder passive,
- direkte oder indirekte,
- physisch-körperliche oder verbale,
- nach außen gerichtete oder nach innen gerichtete (Autoaggressionen).

Die Verbreitung aggressiven Verhaltens schwankt in verschiedenen Untersuchungen zwischen 2 und 10 % der Kinder und Jugendlichen. Jungen sind dabei dreimal so häufig vertreten wie Mädchen. Im Entwicklungsverlauf nimmt die Häufigkeit aggressiven Verhaltens stark zu: von 2 % im Kleinkindalter bis auf 10 % bei Jugendlichen (Petermann/Warschburger 1995, 132).

Verbreitung

Der Entwicklungsverlauf spielt eine bedeutende Rolle: Je früher sich eine aggressive Verhaltensstörung manifestiert, desto schlechter ist die Prognose. Bei jungen aggressiven Kindern, den so genannten „early starters", besitzt das Verhalten eine hohe Sta-

early starters

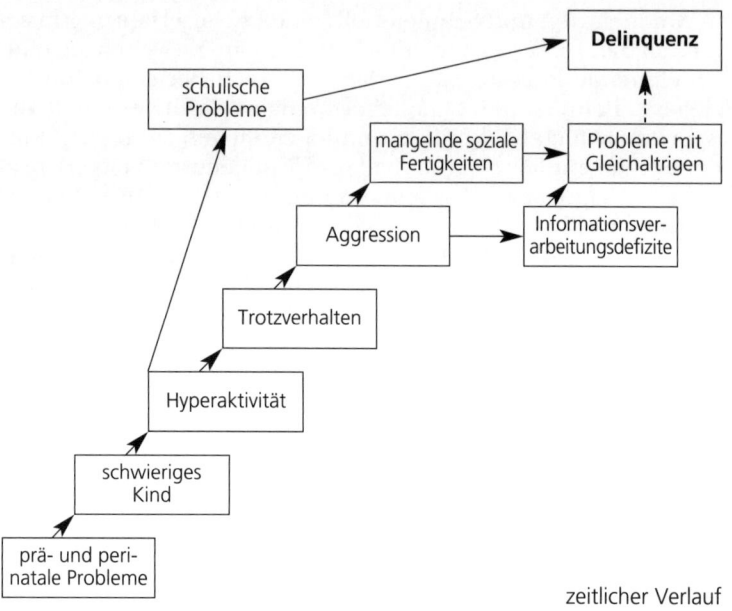

Abb. 19:
Entwicklung aggres-
siven Verhaltens bei
frühem Beginn
(early starters)
(aus: Petermann
1995, 135)

bilität. Bei ihnen besteht eine große Gefahr für spätere externalisierende Störungen wie Delinquenz und Kriminalität. Zahlreiche
Lebensbereiche und Entwicklungsschritte sind betroffen. Es lässt
sich sogar die spätere Weitergabe des Problemverhaltens an die
nachfolgende Generation beobachten. Eine typische Entwicklung
aggressiven Verhaltens lässt sich wie in Abb. 19 skizzieren.

Diese Skizze macht deutlich, dass Kinder und Jugendliche mit
aggressiven Verhaltensstörungen zahlreichen Risikofaktoren, also
negativen Einflüssen auf ihre Entwicklung, unterworfen sind.

late starters   Beim späteren Beginn des aggressiven Verhaltens, bei den „late
starters", treten die Probleme erst in der späten Kindheit oder in
der Jugend auf. Hier sind die Prognosen günstiger: Die Delikte
sind weniger schädigend, eher abhängig vom sozialen Umfeld und
versprechen eine bessere Chance für die psychologisch-pädago-
gische Förderung.

Oftmals bestehen bei Aggressionen gleichzeitig weitere Probleme: Aufmerksamkeits- und Hyperaktivitätsstörungen, gravierende Schulschwierigkeiten, aber auch ein vermehrtes Auftreten
von Depressionen werden berichtet (Petermann/Warschburger
1995, 136).

8.1.1 Theorien

Wie lässt sich die Entstehung aggressiver Verhaltensstörungen erklären? Dazu liegen verschiedene, z. T. widersprüchliche Theorien vor.

Die *Instinkttheorie* aus der Ethologie, insbesondere von Konrad Lorenz in die Diskussion gebracht, nimmt parallel zu seinen Beobachtungen bei Tieren einen instinktiven, angeborenen Aggressionstrieb beim Menschen an. Gemäß seiner Dampfkesselhypothese laden sich aggressive Energien im Menschen bis zu einem bestimmten Grad auf, bis sie sich in einer Explosion entladen. Während das Tier nach Lorenz Mechanismen der Hemmung von Aggressionstrieben besitzt, sind diese Hemmungen beim Menschen im Verlauf seiner Evolution verloren gegangen. Aggression stellt folglich einen angeborenen Kampftrieb zur Erhaltung der Art (Evolution) dar. Im Alltagsverständnis ist diese Sichtweise zwar verbreitet, aber wissenschaftlich stark in Frage gestellt worden: Dürfen Ergebnisse aus der tierischen Verhaltensforschung ohne weiteres auf das Kulturwesen Mensch übertragen werden? Woher bekommt der Trieb seine Energie?

Die *Tiefenpsychologie* Freuds nimmt in ihrer späteren Fassung neben der Libido einen Todestrieb (Thanatos) an. Durch Abführung der selbstzerstörerischen Triebkräfte in kathartischen (selbstreinigenden) Handlungen werden die Aggressionen vermindert und es tritt eine emotionale Entlastung ein. Die Überführung dieser Energien in gesellschaftlich akzeptable Formen (Sublimierung) stellt nach Freud eine zentrale Entwicklungsaufgabe dar. Dieser Vorschlag blieb bis heute allerdings eine unüberprüfbare Hypothese.

Die *Frustrations-Aggressions-Hypothese* von Dollard und Miller behauptet, dass der Aggression eine Frustration vorausgeht. Frustrationen entstehen, wenn zielgerichtetes Verhalten blockiert oder gestört wird. Aus solchen Frustrationen entstehen automatisch Aggressionen. In einer späteren Revision dieser Theorie verzichteten die Vertreter auf die Vorstellung eines zwangsläufigen Mechanismus und berücksichtigten stärker die emotionalen Komponenten. Die aktualisierte Fassung spricht also von der Möglichkeit, dass aus Frustrationen negative Emotionen resultieren, die wiederum zu aggressiven Verhaltensweisen führen können. Aber auch in dieser Form erweist sich die Theorie als zu einfach.

Der Einfluss der *Gene* wird kritisch diskutiert. Denn einerseits lässt sich das Auftreten von Aggressionen in bestimmten Familien auffallend häufig beobachten. Andererseits zeigt sich in diesen Familien der Einfluss negativer sozioökonomischer und soziokultureller Faktoren sehr deutlich.

Von anerkannter Bedeutung sind die Erklärungen auf *lerntheoretischer* Basis. Die Grundannahme lautet: Aggressives Verhalten ist gelerntes Verhalten, insbesondere durch positive und negative Verstärkungsprozesse sowie das Lernen am Modell (siehe Kap. 3.3 und 4.2).

• Modelle können strafende Eltern sein, aber auch die Identifikationsfiguren in Massenmedien wie TV, Video oder Computerspielen. An diesen Modellen erleben die Heranwachsenden die positive Verstärkung von aggressivem Verhalten.

• Negative Verstärkung wirkt dann, wenn durch aggressive Verhaltensweisen ein negativer Zustand beendet oder gebessert wird, etwa dass dem Kind nach gezeigter Aggression immerhin Beachtung zukommt.

• Positive Verstärkung durch Aggression kann durch das Erreichen bestimmter Ziele, etwa die Anerkennung durch eine Gruppe, stattfinden.

Wenn das Kind bei gezeigten Aggressionen zudem keine negativen Reaktionen erfährt und sich durch internale, kognitive Prozesse selbst verstärkt, kann dies schnell zur Verfestigung führen. Auch eine übermäßige Bestrafung vermittelt noch keine neuen Verhaltensmöglichkeiten, sondern stellt einen aversiv stimulierenden Reiz dar, der neue Aggressionen initiiert. Gleichaltrigengruppen (Cliquen, Banden) können erheblich zur Stabilisierung von Aggressionen beitragen und zur Delinquenz hinführen. Häufig kommen aggressive Kinder aus Familien, in denen Aggressionen öfters auftreten. Die Eltern in diesen Familien zeigen zudem häufig einen inkonsistenten, widersprüchlichen Erziehungsstil.

Dieses Erklärungsmodell besitzt in der wissenschaftlichen Diskussion große Anerkennung, zudem bietet es Handlungsmöglichkeiten in Form der Verhaltensmodifikation an.

8.1.2 Maßnahmen

Je nach gewählter Theorie bieten sich verschiedene Ansätze der Förderung an.

Psychodynamische Theorien schlagen eine Spieltherapie vor, in der die Konflikte auf kindgemäße Weise verarbeitet werden. Über die Effektivität bei Aggressionen gibt es allerdings widersprüchliche Ansichten. Vor dem Einsatz von Katharsis-Methoden zum Ausleben von Aggressionen ist hingegen eindeutig zu warnen: Untersuchungen belegen eher eine Zunahme aggressiven Verhaltens. Auf der Basis von Redls Konzept der Ich-Stärkung bietet sich insbesondere das Life-Space-Interview an.

Aus der Perspektive der Lerntheorien stellen die verschiedenen Varianten der Verhaltensmodifikation (siehe Kap. 4.2) die bevorzugten Verfahren dar. Noch bessere Erfolge zeigen komplexe Ansätze. Dazu gehören folgende Komponenten:

- *Elterntrainings* vermitteln den Erziehern eine höhere Kompetenz im Umgang mit Aggressionen der Heranwachsenden. Die Vermittlung von verhaltensmodifikatorischen Grundelementen führte zu einer Verbesserung der Eltern-Kind-Beziehung und zu relativ stabilen Verhaltensänderungen der Kinder. Genaue Beobachtung des Kindes, Fokussieren und Verstärken positiver Verhaltensweisen, der Erwerb von Alternativen zu körperlichen Formen der Strafe (Verstärkerentzug, Wiedergutmachung), die Entwicklung klarer und einzuhaltender Regeln führten zu den besten Erfolgen gegen Aggressionen der Kinder.
- *Trainings mit Kindern und Jugendlichen* setzen an verschiedenen Seiten an. Kognitive und emotionale Fertigkeitstrainings, die Förderung sozialer Wahrnehmungen und die kontrollierende Wahrnehmung eigener Emotionen mit entsprechenden Kontrolltechniken werden bearbeitet. Vielfältige Methoden zum Aufbau prosozialer Verhaltensweisen werden angewandt. Insbesondere das Training von Petermann und Petermann findet breite Beachtung (1993). Diese therapeutischen Arbeitsformen lassen sich jedoch nicht ohne weiteres in pädagogische Situationen übertragen.
- Die Vermittlung *sozialer Fähigkeiten* (social skills) und der Fähigkeit zur *Selbstkontrolle* sowie die *Elternarbeit* haben sich insgesamt bisher als günstige Handlungsmöglichkeiten erwiesen – „die langfristigen Erfolge sind aber eher gering" (Petermann/Warschburger 1995, 154).

In der Schule bewähren sich folgende Strategien der Aggressionsminderung: | Unterricht

- motivierender Unterricht,
- klare Regeln, deren Einhaltung tatsächlich kontrolliert wird,
- frühes Eingreifen,
- Feedback geben,
- Humor,
- Übertrag von Verantwortung und
- Einbezug der Eltern.

Daneben muss sich der Lehrer seiner Wirkung als Verhaltensmodell bewusst sein. Er sollte diese Stellung gezielt für die Vermittlung positiver sozialer Verhaltensweisen einsetzen.

8.2 Hyperaktivität (Aufmerksamkeits- und Hyperaktivitätsstörung)

Sehr unruhige, ständig in Bewegung befindliche, unkonzentrierte und impulsive Kinder fallen insbesondere in Schulen auf. Diese Verhaltensweisen belasten Klasse, Lehrer, Erzieher und das soziale Umfeld relativ stark. Der „Zappelphilipp" ist ein bekanntes Problemkind. Das schillernde Phänomen „Hyperaktivität" fordert zu vielfältigen pädagogisch-therapeutischen Bemühungen aus unterschiedlichen theoretischen Richtungen heraus (Vernooij 1992).

Hyperaktivität

Für das Phänomen gibt es keine einheitliche Bezeichnung: hyperkinetisches Syndrom, frühkindliches exogenes Psychosyndrom, Minimale Cerebrale Dysfunktion (MCD) sowie Aufmerksamkeits- und Hyperaktivitätsdysfunktionen (ADHD) sind in der Literatur zu finden. Es geht um Störungen der Aufmerksamkeit, häufig verbunden mit motorischer Überaktivität, die früh in der Entwicklung einsetzen und relativ zeitstabil und situationsunabhängig sind. Sie werden zu den externalisierenden Störungen gezählt.

Es besteht bis heute keine Einigkeit unter den Wissenschaftlern, was genau diese Störung ausmacht, daher liegt auch keine eindeutige Begriffsbestimmung vor. Einigkeit besteht jedoch in der Bestimmung von drei Kernsymptomen, die ADHD kennzeichnen. Hinzu kommen eine Reihe sekundärer Auffälligkeiten, die ein deutliches Risiko für die Entwicklung der Kinder darstellen.

Basissymptome

Die drei *Basissymptome* sind Aufmerksamkeitsstörungen, Impulsivität und Hyperaktivität. Diese Verhaltensweisen fallen gerade in standardisierten Situationen wie dem Unterricht auf und führen zu negativen Konsequenzen, die Hilfe notwendig machen.

Störungen der Aufmerksamkeit lassen sich insbesondere bei der Lösung von Aufgaben beobachten. Das Kind bricht die kognitive Tätigkeit ab, beendet die gestellte Aufgabe nicht und wendet sich einer anderen Tätigkeit zu. Das Interesse wechselt schnell von einem Objekt auf ein anderes und lässt sich leicht durch andere Reize ablenken. Die Ausrichtung auf die für die Aufgabe wichtigen Reize, also die selektive Aufmerksamkeit, ist nicht altersgemäß entwickelt. Die dazu notwendige Fähigkeit, ablenkende Reize visueller, auditiver, somatischer oder internaler Art auszublenden, wird nicht eingesetzt. Die Daueraufmerksamkeit, also die Fähigkeit, die Aufmerksamkeit über eine längere Dauer auf eine Aufgabe zu richten, ist gegenüber gleichaltrigen Kindern ebenfalls deutlich reduziert.

Diese Fähigkeiten fehlen nicht völlig. In anderen Situationen zeigt das Kind durchaus Aufmerksamkeitsverhalten, z. B. in neuen, interessanten oder Furcht erregenden Situationen. In der diagnostischen Situation kann daher durchaus Aufmerksamkeitsverhalten beobachtet werden. Entscheidend sind jedoch Beobachtungen über eine längere Zeit und in verschiedenen Situationen.

Impulsivität bezeichnet plötzliche, unüberlegte Verhaltensweisen. Dazu gehört die Unfähigkeit, Handlungen aufzuschieben und abzuwarten. Insbesondere die kognitive Impulsivität führt zu negativen Wirkungen: Unüberlegte, überstürzte, unbesonnene Lösungsversuche zeigen die mangelhafte Selbstkontrolle in Problemlösungsprozessen. Daraus resultieren fehlerhafte Ergebnisse. Auch die Motivation wird von der Impulsivität betroffen: Der Aufschub von Bedürfnissen und die Rückstellung von Wünschen gelingen häufig nicht.

Hyperaktivität stellt das auffälligste Symptom dar. Das Kind zeichnet sich durch eine für das Alter übergroße motorische Aktivität aus: Es läuft umher, springt plötzlich auf, wirkt ruhelos, kann nicht am Arbeitsplatz sitzen bleiben und still sein. Bei diesen Aktivitäten nimmt es auch Kontakt zu anderen auf, was oft als Störung des Unterrichtsgeschehens aufgefasst wird. Zu Hause fallen zusätzlich das geringe Schlafbedürfnis und Einschlafprobleme auf. Die verbale Aktivität ist deutlich erhöht und führt auch zur Bezeichnung mit entsprechenden Spitznamen („Quasselstrippe").

Neben diesen Primärsymptomen treten in der Regel eine Reihe von Sekundärsymptomen auf.

Sekundärsymptome

- Im *emotionalen Bereich* fallen gehäuft Wutausbrüche und emotionale Schwankungen auf. Mangelndes Selbstvertrauen in die eigenen Fähigkeiten, soziale Unsicherheit, Angst und depressive Stimmungen werden des öfteren beobachtet.

- Im *sozialen Kontakt* lassen sich häufig oppositionelle Verhaltensweisen feststellen, indem sich das Kind den Anweisungen und Regeln der Erwachsenen aktiv widersetzt. Daraus können sich aggressive Störungen des Sozialverhaltens entwickeln. Die Anpassung an verschiedene soziale Situationen bereitet den betroffenen Kindern große Schwierigkeiten, sie wirken eher unreif. Kinder mit ADHD werden daher in der Regel von den Gleichaltrigen abgelehnt. Ihre soziale Stellung ist nach vielen Untersuchungen sehr negativ. Die Atmosphäre in der Familie ist häufig angespannt, sogar die Scheidungsraten sind erhöht. Das kindliche Problemverhalten wirkt als ein dauernder Stressfaktor.

- Das *Leistungsverhalten* zeichnet sich durch Defizite in den Schulleistungen aus. Klassenwiederholungen, schlechtere Noten, geringere Leistungen in schulischen Kernfächern sind regelmäßig zu beobachten. Die Störung der Aufmerksamkeit spielt dabei natürlich eine zentrale Rolle. Intelligenztests stellen eine verminderte Leistungsfähigkeit fest (7 bis 15 IQ-Punkte reduziert). Die beeinträchtigte Leistungsfähigkeit führt nicht selten zu Selbstwertproblemen mit einer Minderung der Leistungsmotivation, die die Leistungsdefizite eher noch verstärkt.

Aufmerksamkeits- und Hyperaktivitätsstörungen stellen eine erhebliche Belastung für die soziale Umwelt dar und gefährden durch die Primär- und Sekundärsymptome die Entwicklung der betroffenen Kinder erheblich.

Häufigkeit
Bei Aussagen über die Verbreitung von ADHD stellt sich das Problem, dass das Phänomen nicht klar genug abgegrenzt werden kann, so dass in den vielen Studien sehr unterschiedliche Zahlen genannt werden. Zudem stellt die Bezeichnung „hyperaktiv" ein sehr beliebtes Urteil von Erziehern und Eltern bei Problemen im Umgang mit einem Kind dar, so dass nach ihrem Urteil bis zu 30 % der Kinder damit belastet sind (Döpfner 1995, 169)! Eine realistische Zahl ergeben Expertenschätzungen, die eine Prävalenzrate von 3 bis 5 % festlegen, wobei Jungen deutlich überrepräsentiert sind (3:1 bis 9:1).

Entwicklung
Wie sieht der Entwicklungsverlauf des ADHD aus? Viele betroffene Kinder besitzen bereits im Kleinkindalter ein schwieriges Temperament mit extrem hoher Aktivität, Schlaf- und Essproblemen sowie einer gereizten Stimmungslage. Schon im Alter von drei Jahren zeigen sich bei der Mehrzahl der betroffenen Kinder die Kernsymptome. Vom Vorschulalter bis in die Schulzeit bleiben die auffälligen Verhaltensweisen sehr stabil, besonders in den schweren und generalisierten, also in vielen Situationen gezeigten Formen. Im Grundschulalter sind soziale Beziehungen und das Familienleben erheblichen Belastungen ausgesetzt.

Auch für das Jugendalter sind die Risiken groß: Zwischen 30 und 70 % der Kinder mit ADHD zeigen auch als Jugendliche und Heranwachsende die Symptome. Es bestehen erhöhte Gefährdungen für Alkoholmissbrauch, für die Verwicklung in schwere Autounfälle, für Minderwertigkeitsgefühle, geringere soziale Anerkennung und Misserfolg in der Schule, bei sehr vielen bis hin zu einem Wechsel in die Sonderschule. Die häufige Verbindung von ADHD mit dissozialen Störungen erhöht das Risiko für konfliktträchtige Schullaufbahnen und delinquente Karrieren erheblich.

Diese Gefährdungen bleiben auch im Erwachsenenalter bestehen. Die meisten Entwicklungsverläufe zeigen Probleme im psychischen Bereich, im Arbeitsleben, in sozialen Kontakten und im überproportional häufigen Missbrauch von Alkohol und Drogen.

„Diese Ergebnisse legen es nahe, hyperkinetische Störungen als eine Entwicklungsstörung der Selbstkontrollprozesse und des Sozialverhaltens mit einem chronischen Verlauf und mit begrenzten Heilungschancen aufzufassen." (Döpfner 1995, 173)

Wie lässt sich die Entstehung dieses schillernden Phänomens erklären? Dazu gibt es eine Vielzahl wissenschaftlicher Erklärungsangebote.

8.2.1 Theorien

Die Theorien, die die Verursachung von ADHD aufzuklären versuchen, sind sehr vielfältig. Biologische Erklärungen nehmen einen breiten Raum ein, allerdings bleibt die Berücksichtigung psychosozialer Wechselwirkungen unverzichtbar.

„Insgesamt überwiegt die Vorstellung, daß biologische und konstitutionelle Merkmale eine entscheidende Rolle bei der Genese der Störung spielen und psychosoziale Faktoren den Verlauf der Störung wesentlich beeinflussen können." (Döpfner 1995, 178)

Ein wichtiger Ansatz basiert auf der *Neurologie*. Bis in die 80er Jahre dominierte die Ursachentheorie der Minimalen Cerebralen Dysfunktion (MCD). Strukturell bedingte Störungen der Hirnfunktionen aufgrund prä-, peri- oder postnataler Schädigungen beeinträchtigen demnach die Reizaufnahme und internale Informationsverarbeitung. Das Konzept der MCD wird jedoch inzwischen als unzutreffend zurückgewiesen: Die Kriterien für eine MCD sind zu unspezifisch, und eine Beziehung zwischen Hirnschädigung und ADHD ist nicht eindeutig feststellbar.

Die Bedeutung festgestellter Anomalien in der cerebralen Durchblutung des Frontalhirns und gewisser Auffälligkeiten im Neurotransmitter-System werden kritisch diskutiert. Sie erlauben jedoch keine monokausale Erklärung der Aufmerksamkeits- und Hyperaktivitätsstörungen.

Störungen des Immunsystems und daraus resultierende *Allergien* wurden von Feingold für ADHD verantwortlich gemacht. Diese These fand starke öffentliche Beachtung. Allergische Reaktionen des Organismus auf Nahrungsmittelzusätze, Phosphate, Zucker oder bestimmte Nahrungsmittel wären demnach die Ursache für Aufmerksamkeits- und Hyperaktivitätsdefizite. Tatsächlich lässt sich eine Häufung von atopischen Erkrankungen (Heuschnupfen, Allergien, Asthma, Dermatitis) bei Kindern mit ADHD feststellen. Methodisch kontrollierte Untersuchungen über die Durchführung von Diäten, die die angeblich allergieauslösenden Stoffe vermieden, konnten jedoch keine Wirkung auf ADHD nachweisen.

Für eine *genetische Verursachung* gibt es nur sehr schwache Indizien, die zudem keinerlei erzieherische Relevanz besitzen.

Psychosoziale Bedingungen (sozioökonomischer Status, Wohnbedingungen, unvollständige Familien, psychische Störung der Mutter, inkonsistenter Erziehungsstil) werden zwar nicht als Ursache anerkannt, aber sie spielen eine entscheidende Rolle für die Ausprägung und den Schweregrad der Störung. Die Interaktionen laufen oftmals in einer Konfliktspirale ab, die die Probleme und Störungen noch verstärkt.

Die neuere Entwicklung führt zu *integrativen Modellen* der Verursachung von ADHD (Döpfner 1995, 181ff). Die Störungen der Selbstregulation auf verschiedenen Ebenen (Physiologie – Verhalten – Kognition) gelten danach als Kernproblem. Ausgehend von neuropsychologischen Defiziten, bestehen Probleme in der situativen Anpassung des Verhaltens, so dass ständig nach stimulierenden Reizen gesucht wird. Das Kind lernt nicht, geplant und strukturiert vorzugehen und über sein eigenes Denken nachzudenken, so dass die metakognitiven Fähigkeiten nicht altersgemäß entwickelt werden. Dieses Defizit lässt eine Regulierung der vorhandenen Schwächen, etwa durch die internale Steuerung der Aufmerksamkeit, Impulsivität und Hyperaktivität, nicht zu. Das Problemverhalten stabilisiert sich. Allerdings steht auch dieses differenziert ausgearbeitete Modell in der Kritik (Döpfner 1995, 183ff).

Insgesamt bleibt die Ursache von Aufmerksamkeits- und Hyperaktivitätsstörungen bisher ungeklärt. Aus den integrativen Modellen lassen sich immerhin Erfolg versprechende Ansatzpunkte einer (meta-)kognitiv ausgerichteten Förderung gewinnen.

8.2.2 Maßnahmen

Die umstrittenste Intervention stellt die medikamentöse Behandlung dar: Ist es ethisch vertretbar, ein Problemverhalten durch Medikation zu beseitigen oder zu unterdrücken? Bei einer medizinischen Therapie können Psychostimulantien wie das bekannte Ritalin oder Antidepressiva zu deutlichen Besserungen des Problemverhaltens führen. Entgegen der verbreiteten Ansicht, die Medikation wirke bei allen Kindern mit ADHD, tritt dieser Behandlungserfolg nur bei ca. 70 % der Kinder auf, und die Wirkung baut sich schon nach 2 bis 4 Stunden allmählich wieder ab. Immerhin wird durch die Medikation für eine gewisse Zeit ein erfolgreicheres Lernverhalten ermöglicht, daher wird diese Behandlung gerade im Hinblick auf schulische Anforderungen angewandt. Allerdings führen diese kurzfristigen Effekte nach dem bisherigen Erkenntnisstand nicht zu besseren Entwicklungsverläufen auf längere Sicht. Eine rein medikamentöse Therapie ohne gleichzeitig einsetzende Erziehungshilfe gilt daher als unzureichend.

Verschiedene Formen der Verhaltensmodifikation zeigten bei ADHD durchaus Erfolge. Die Berücksichtigung kognitiver Elemente verbesserte deutlich die Wirkung. Seit den 70er Jahren wird als ein solches Element kognitiver Verhaltensmodifikation das Selbstinstruktionstraining bei Kindern mit Aufmerksamkeits- und Hyperaktivitätsstörungen verwendet. Der Lehrer demonstriert und verbalisiert als Modell die einzelnen Schritte im Selbstinstruktionsprozess, die das Kind dann in das eigene Verhaltensrepertoire übernimmt. Die Problemlöseschritte der Selbstinstruktion, die durch Signalkarten visualisiert werden, lauten:

Selbstinstruktion

1. Problemdefinition: „Was soll ich tun?"
2. Problemannäherung: „Wie kann ich vorgehen?" „Habe ich alle Möglichkeiten bedacht?"
3. Fokussierung der Aufmerksamkeit: „Ich denke nur an das, was ich gerade mache."
4. Überprüfung: „Habe ich es richtig gemacht?"
5. Selbstverstärkung: „Gut gemacht!" „Ich habe zwar einen Fehler gemacht, aber beim nächsten Mal konzentriere ich mich noch besser, dann wird es besser!"

Diese Schritte der Selbstinstruktion werden vom Kind internalisiert, indem es zunächst laut, dann leise nachspricht und schließlich im inneren Sprechen wiederholt. Der Prozess der Selbstkontrolle und Selbstorganisation mit dem Ziel einer besseren kognitiven Steuerung des Verhaltens soll damit gestärkt werden.

Ein umfassendes Programm zur Diagnose und Therapie bei ADHD entwickelten Lauth und Schlottke. Das „Training mit aufmerksamkeitsgestörten Kindern" geht von einer differenzierten Diagnostik aus und vermittelt

im Basistraining: Wissen über Aufmerksamkeitsstörungen, Förderung von Basisfertigkeiten, Ausbildung von Reaktionskontrolle, verbale Selbstanweisung zur Handlungsregulation;

im Strategietraining: Fähigkeiten zum Erkennen von Aufgabensituationen, Verhaltensplanung und Lösungsstrategien, Selbstinstruktionen, Strategien zur Stärkung selektiver Aufmerksamkeit;

in der begleitenden Elternanleitung: Wissen über ADHD, Strategien zur Unterstützung des Kindes im Alltag und problemorientierte Elternberatung.

Gezielte Übungen und Materialien dienen dem Transfer des erworbenen Verhaltens in schulische Situationen. Untersuchungen zur Wirksamkeit von Selbstinstruktionsverfahren weisen nach Döpfner darauf hin, dass die Kombination mit Verstärkungsprogrammen für eine erfolgreiche Intervention notwendig bleibt.

Schule

Welche Maßnahmen bieten im *Unterricht* eine sinnvolle Hilfestellung? Für die Schule liegen zwei gegensätzliche Konzeptionen vor. Während Cruickshank das Prinzip der Reizreduktion, also die Unterrichtung in einem von ablenkenden Reizen befreiten Raum, vertrat, fordert Zentall eine möglichst stimulierende Lernumgebung. Damit ist nun aber nicht eine (häufig beobachtbare) Überfrachtung des Raumes mit Reizen aller Art gemeint. Vielmehr muss die anregende Lernumgebung strukturiert und für das Kind vorhersehbar sein. Signale für die Beachtung von Verhaltensregeln können an wichtigen Stellen angebracht werden. Die Unterbringung an einem Einzeltisch möglichst in der ersten oder zweiten Reihe ist sinnvoll. Der Kontakt zu einem Klassenkameraden, der ein Modell für positive Verhaltensweisen darstellen kann, sollte ermöglicht werden. Die Einrichtung von Arbeitszellen, wie Cruickshank sie vorschlug, erweist sich durchaus als sinnvoll. Die Arbeitszelle darf keine Strafe sein, sondern muss ein Angebot zur Lernhilfe für die gesamte Klasse darstellen. Für die Bewegung im Raum müssen einerseits klare Regeln gelten, für deren Einhaltung der Lehrer engagiert eintritt. Andererseits sollte der Lehrer immer wieder nach Möglichkeiten suchen, um dem betroffenen Schüler motorische Aktivitäten im sozial akzeptierten Rahmen zu ermöglichen (Bewegungsphasen einbauen oder Phasen Freier Arbeit bis hin zum Tafelwischen und Fensteröffnen). Die Gestaltung der Lernumwelt besitzt jedenfalls eine zentrale Bedeutung. Weitere Möglichkeiten, etwa die psychomotorische Förderung, gestaltete Pausen oder Sportunterricht, sind intensiv zu nutzen.

Als Basis bleibt die verständnisvolle, möglichst unbelastete Lehrer-Schüler-Beziehung unverzichtbar. Störende Aktivitäten von Schülern mit ADHD stellen keinen subversiven Störungsversuch, sondern eine objektiv unausweichliche Folge vorhandener Impulsivität dar. Diese Erkenntnis sollte verständnisvolles und gleichzeitig konsequentes Handeln des Lehrers anleiten.

Für die Verbesserung der Aufmerksamkeit bieten sich gezielte Übungen an (Wagner 1976), die gut in den Unterricht eingebaut werden können. Die Einübung von Elementen der Selbstinstruktion und Selbstverstärkung kann auch im Unterricht erfolgen und leistet damit einen wertvollen Beitrag zur Förderung von Kindern mit Aufmerksamkeits- und Hyperaktivitätsstörungen.

8.3 Angst

Angst kommt in vielfältigen Formen vor und stellt eine normale, dem Menschen zugehörige, sogar lebenserhaltende Reaktion dar. Auch bei Kindern und Jugendlichen gehören Ängste zur alltäglichen Lebenserfahrung. Erst wenn die Kriterien für eine Störung erfüllt sind, insbesondere wenn Intensität und Dauer eine erhebliche Beeinträchtigung der Entwicklungsmöglichkeiten darstellen, kann von Angst als einer Verhaltensstörung gesprochen werden.

Etymologisch kommt Angst von Enge oder Beengung. Diese Herkunft des Begriffs erlaubt die Interpretation, dass es hier um das Erleben einer ausweglosen Situation, ein In-die-Enge-gedrängt-Sein geht.

Angst

Der Begriff Angst bezeichnet die unangenehme emotionale Reaktion gegenüber Situationen, die als bedrohlich erlebt werden. Dazu gehört die Tendenz, solche Situationen zu meiden. Angst zeigt sich an Verhaltensweisen wie Unterlegenheit, Verlegenheit, geringes Selbstbewusstsein, deprimierte Stimmung, Schüchternheit oder leichte emotionale Verletzbarkeit.

Ängstlichkeit bezeichnet die überdauernde Bereitschaft, ängstlich zu reagieren. Insofern besteht Ängstlichkeit bei jedem Menschen. Als Störung kann erst eine stark überhöhte und chronische Tendenz, Angstgefühle zu erleben, bezeichnet werden.

Ängste gehören zu den nach innen gerichteten, internalisierenden Störungen. Damit verknüpft sind physiologische Veränderungen des vegetativen Nervensystems wie Schweißausbruch, beschleunigte Herzfrequenz oder Erblassen.

Die Psychoanalyse prägte den Begriff Neurose. Er findet in der aktuellen Literatur zur Kinder- und Jugendpsychiatrie jedoch keine Verwendung mehr, da er nicht klar genug zwischen verschiedenen Phänomenen zu differenzieren vermochte.

In der Literatur tauchen nicht nur eine Vielzahl von Formen der Angst, sondern auch sehr unterschiedliche Ordnungsversuche auf. Unterschieden werden insbesondere diffuse, nicht auf ein bestimmtes Objekt bezogene Ängste von objekt- oder situationsspezifischen Phobien.

Für Kinder sind drei Arten von Angst als spezifische Störungsformen zur Kenntnis zu nehmen: Trennungsangst, Kontaktvermeidung und Überängstlichkeit. Eine Reihe weiterer Formen kommen sowohl bei Erwachsenen als auch bei Kindern vor: Panikstörungen, Phobien, Zwangsstörungen, posttraumatische Belastungsstörungen und generalisierte Angststörungen (Essau/Petermann 1995a).

Formen
kindlicher Angst

Gegenüber externalisierenden Störungen stellen Ängste bei Kindern ein vergleichsweise niedrigeres Risiko dar (Goetze 1996).

Ängste bilden häufiger ein passageres Phänomen, und die Gefahr einer späteren psychiatrischen Erkrankung ist geringer. Entgegen früheren Vermutungen der Psychoanalyse ist die Prognose also relativ günstig, was jedoch nicht für massive Formen gilt. Die Häufigkeit von Ängsten ist schwer zu bestimmen. Während die Problematik in der Kinder- und Jugendpsychiatrie recht häufig auftaucht, tritt sie nur bei 1 bis 4 % der Gesamtpopulation auf. Allerdings ist zu beachten, dass Angststörungen sehr viel weniger Aufmerksamkeit der Umwelt auf sich ziehen als externalisierende Störungen. Mädchen sind bei dieser Störungsform überrepräsentiert (2:1 bis 4:1).

Spezifische Formen der Angst bei Kindern sind Trennungsangst, Kontaktvermeidung und Überängstlichkeit.

Trennungsangst

Die *Trennungsangst* manifestiert sich in einer exzessiven Angst, von Bezugspersonen getrennt zu werden.

• Das Kind hat eine überzogene Besorgnis, dass seinen Eltern etwas zustößt.
• Es weigert sich, die Familie zu verlassen, etwa um in die Schule zu gehen oder außer Haus zu schlafen.
• Es hat wiederholt Alpträume, die sich um Trennungen drehen.
• Eine unvermeidbare Trennung führt zu emotionalen Ausbrüchen bis hin zu körperlichen Symptomen.

In der kindlichen Entwicklung stellt die Angst vor Trennungen in gewissem Umfang eine normale Erscheinung dar. Erst wenn mehrere der angeführten Symptome über zwei Wochen lang auftreten, kann von einer Störung mit Trennungsangst gesprochen werden. Zudem müssen schwerwiegende Störungen (Schizophrenie, Depression) ausgeschlossen sein.

Kontaktvermeidung

Die *Kontaktvermeidung* zeigt sich in einer übermäßigen Angst vor Kontakten mit unbekannten Personen, sowohl mit Kindern als auch mit Erwachsenen. Das Kind ist mindestens zweieinhalb Jahre alt. Die genannte Angst besteht über mindestens 6 Monate hinweg. Bei vertrauten Personen zeigt das Kind hingegen den Wunsch nach und die Fähigkeit zu Kontakten. Innerhalb der Familie beispielsweise bestehen gute Beziehungen. Ein sozial zurückhaltendes Verhalten ist davon abzugrenzen. Die Kinder bauen dabei zwar nur langsam eine Beziehung auf, verweigern aber nicht den Kontakt und können daher nach einiger Zeit normale Kontakte pflegen.

Überängstlichkeit

Überängstlichkeit besteht in exzessiven, unrealistischen Sorgen über einen Zeitraum von 6 Monaten hinweg. Das Kind zeigt dann übermäßige Angst vor der Zukunft, sorgt sich um sein angemessenes Verhalten in der Vergangenheit und um seine Kompetenzen. Es treten somatische Beschwerden (Kopf-, Bauchschmerzen) ohne körperlichen Befund auf. Eine starke Befangenheit und/oder ein übermäßiges Bedürfnis nach Bestätigung in verschiedensten Situationen werden berichtet. Das Kind zeigt sich generell sehr angespannt. Insbesondere die Angst vor der Zukunft fällt als nicht kindgemäßes Verhalten auf. Weitere typische Ängste bei Kindern und Jugendlichen sind im Vorschulalter die Tierphobie sowie Dunkelangst und beim Schulkind die Schulphobie und Schulangst.

Die Abgrenzung zwischen den verschiedenen Störungen fällt nicht leicht, zumal auch Kombinationen auftreten können.

Einige weitere Angststörungen treten sowohl im Erwachsenen- als auch im Kindesalter auf. **Weitere Ängste**

Bei der *Panikstörung* treten spontane Panikattacken auf, die also nicht durch ein Objekt (phobisch) oder eine lebensbedrohliche Situation ausgelöst werden. Panikattacken sind massive Ängste mit Atemnot, Ohnmachtsgefühlen, Angst vor Kontrollverlust, erhöhtem Herzschlag, Zittern, Schwitzen, Übelkeit, Fieberanfällen, Brust- und Bauchschmerzen und der Furcht, verrückt zu werden. Sie besitzen eine Länge von ca. 10 Minuten. Im Laufe der Entwicklung kann daraus eine massive Furcht vor Panikattacken entstehen.

Phobische Störungen sind irrationale Ängste vor bestimmten Objekten, Handlungen oder Situationen. Daraus resultiert ein intensives Streben zur Vermeidung des Auslösers. Dieses Vermeidungsverhalten kann die kindliche Entwicklung erheblich beeinträchtigen. Phobien können sich als Einfache Phobien auf begrenzte Auslöser (Tiere, Dunkelheit, Objekte) oder als Soziale Phobien auf bestimmte soziale Situationen richten. Als dritte Gruppe wird die Agoraphobie genannt, bei der eine Angst vor großen Plätzen, großen Menschenmengen, öffentlichen Verkehrsmitteln oder Orten ohne Hilfsmöglichkeiten besteht.

Zwangsstörungen bestehen in wiederholten oder andauernden Gedanken oder Handlungen, die die Person in ihrer Lebensführung stark beeinträchtigen. Sie erfolgen stereotyp, zielgerichtet und absichtlich. Darunter können soziale Kontakte, schulische und berufliche Leistungsfähigkeit massiv leiden.

Posttraumatische Belastungsstörungen stellen Angstreaktionen als Folge von belastenden Ereignissen dar. Diese Störungen fanden im Kontext von Kriegsereignissen, Unfällen oder Misshandlungen in der letzten Zeit öffentliche Beachtung. Betroffene Personen leiden stark unter Erinnerungen oder dem Gefühl des Wiederholens solcher Situationen.

Weitere Angststörungen bei Kindern und Jugendlichen werden berichtet (Steinhausen 2002, 148ff). Über die Häufigkeit und den Verlauf der einzelnen Störungsformen liegen sehr unterschiedliche Befunde vor, dabei kann ein Zusammenhang mit der kindlichen Plastizität in der psychosozialen Entwicklung und insbesondere zu Risikofaktoren (weibliches Geschlecht, frühes Auftreten, kritische Lebensereignisse, familiäre Belastung durch vorhandene Angststörungen der Eltern) festgestellt werden. Die neuere Literatur gibt dazu genauere Auskunft (Essau 2003; Petermann 2002).

8.3.1 Theorien

Insbesondere die Lerntheorie der klassischen Konditionierung beanspruchte, das Auftreten von Ängsten erklären zu können. In der therapeutischen Anwendung ließen sich allerdings Phobien nicht löschen, was die Gültigkeit dieser Theorie in Frage stellt. Daher werden heute kognitive Ansätze bevorzugt. Die internalen Informationsverarbeitungsprozesse verzerren demnach die Umweltreize und bewerten sie als bedrohlich. Daraus resultieren negative Einschätzungen und Angstzustände.

8.3.2 Maßnahmen

Durch *Medikation* (Antidepressiva) konnten die Symptome der Kinder mit Angststörungen reduziert werden. Allerdings waren keine eindeutigen Unterschiede gegenüber einer Placebo-Behandlung zu ermitteln.

Aus psychotherapeutischer Sicht hat sich insbesondere die *Systematische Desensibilisierung* bewährt. In einem Zustand der Entspannung soll das Kind schrittweise in der Vorstellung oder in der Realität an das Angst auslösende Objekt herangeführt werden. Da Entspannung mit Angst inkompatibel ist, überlagert dieser positive Zustand allmählich die Angstgefühle und hemmt schließlich ihr Auftreten (reaktive Hemmung). Das Verfahren vermittelt daher in einem ersten Schritt ein Entspannungstraining, z. B. Progressive Muskelentspannung, stellt danach in Zusammenarbeit mit dem Kind seine spezifische Angsthierarchie auf und konfrontiert schließlich das Kind im Zustand der Entspannung mit dem Angst auslösenden Reiz schrittweise von der leichtesten bis zur schwersten Stufe.

Das Verfahren der *Überflutung* (flooding) besteht darin, die Person den Angst auslösenden Reizen in hoher Intensität auszusetzen. Da keine negativen Folgen auftreten (dies muss selbstverständlich gewährleistet sein), soll nach wiederholten Konfrontationen allmählich eine Löschung der Angst eintreten. Allerdings gibt es erhebliche Bedenken, dieses Verfahren auch bei Kindern anzuwenden. Erst wenn andere Ansätze versagen, scheint dieses Vorgehen gerechtfertigt.

Kognitive Strategien der Angstbewältigung stellen Selbstinstruktionen und Stress-Immunisierungs-Training dar. In den Selbstinstruktionstrainings lernt das Kind, in Selbstgesprächen seine Kompetenz zur Bewältigung Angst auslösender Situationen zu sichern. Die Stress-Immunisierung erreicht das Kind, indem es sich in Selbstgesprächen mit möglichen negativen Empfindungen konfrontiert und positive Instruktionen damit verbindet.

Gerade in der therapeutischen Arbeit mit Kindern erweisen sich *kombinierte Verfahren* als sinnvoll. Petermann und Petermann (2000) entwickelten dazu ein multimethodales Programm: Lernen am Modell, kindgemäße Arbeitsblätter, Comics und Fotos, Verstärkungslernen, Selbstbeobachtung und Selbstinstruktion sowie Übungen angemessenen Verhaltens in Rollenspielen und realen Situationen dienen dem Aufbau von Verhaltenskompetenzen, die mit Angst inkompatibel sind.

In der *Erziehung* von Kindern und Jugendlichen mit Angststörungen kommt es darauf an, emotionale Sicherheit und Stabilität zu vermitteln. Eine stabile Beziehung zu Eltern, Lehrern oder Erziehern bildet die Ausgangsbasis für eine Bewältigung emotionaler Störungen. Die Pflege von Ritualen im Schulalltag dient beispielsweise dieser Stabilisierung. Die Vermittlung von Handlungskompetenzen zur Bewältigung Angst auslösender Situationen trägt zum Abbau von Angst bei. Dazu gehört auch die Einübung von Entspannungsverfahren, wie sie in einigen Sonderschulen bereits zur Praxis gehören. Meditation, Musik und Kunst leisten ebenfalls einen Beitrag zur Bewältigung emotionaler Störungen (Freimann 1994).

Erziehung

8.4 Weitere Verhaltensstörungen

Neben diesen Problemen, mit denen die Erziehung bei Verhaltensstörungen am häufigsten konfrontiert ist, sind eine Reihe weiterer Verhaltensstörungen von Bedeutung. In manchen Institutionen stellen sie sogar die Mehrzahl der Problemlagen dar, etwa die Delinquenz in Jugendjustizvollzugsanstalten. Für eine Einführung in die Pädagogik bei Verhaltensstörungen sind knappe Erläuterungen jedoch ausreichend. Weitergehende Informationen finden sich in den genannten Lehrbüchern.

Jugendliche *Delinquenz* stellt insbesondere ein Thema juristisch-kriminologischer Untersuchungen dar. Gemeint sind Verhaltensweisen, die gegen geltendes Recht verstoßen. Gemäß Jugendgerichtsgesetz können dies nur Jugendliche ab 14 Jahren sein. Allerdings wird die Mehrzahl solcher Akte nicht erkannt und tritt daher eigentlich nicht als Delinquenz auf. Die extrem hohe Dun-

Delinquenz

kelziffer jugendlicher Straftaten ist bekannt. Von Delinquenz wird daher nur gesprochen, wenn die Häufigkeit und die Schwere des Delikts auf eine delinquente Verhaltenstendenz hinweisen und besondere Hilfen erforderlich machen. Über 50 % der Straftaten von Jugendlichen bestehen in Vermögensdelikten (Diebstahl). Die straffälligen Jugendlichen zeichnen sich insbesondere durch niedrigere soziale Schichtzugehörigkeit und wesentlich schlechteren Schulerfolg aus (gehäuft Absolventen der Schule für Lernbehinderte). Verschiedene Untersuchungen belegen Persönlichkeitsprobleme straffälliger Jugendlicher: Sie sind überdurchschnittlich nervös, aggressiv, reizbar, leicht frustriert, erregbar und streben nach Dominanz (Myschker 2005, 457f). Die notwendigen Hilfen versuchen, möglichst eine Prisonierung zu vermeiden, denn die bisher festgestellten Wirkungen der Inhaftierung sind eher problemverschärfend. Bessere Erfolge werden von der Diversion (Umleitung) erwartet, die im Täter-Opfer-Ausgleich und durch die Verpflichtung zu Diensten in sozialen Einrichtungen vollzogen wird. Prävention von Delinquenz stellt eine wichtige Erziehungsaufgabe dar, dazu gehört schon die einfache Aufklärung über gesetzliche Regeln und die Folgen ihrer Übertretung.

Substanz-missbrauch

Drogenabhängigkeit entsteht durch den Missbrauch von Rausch auslösenden Substanzen, der zu einer psychischen und physischen Abhängigkeit führt. Neun verschiedene Substanzgruppen werden heute unterschieden: Alkohol, Opioide, Cannabinoide, Sedativa oder Hypnotika, Kokain, andere Stimulanzien (Koffein), Halluzinogene, Tabak und flüchtige Lösungsmittel. Der Kontakt zu vielen dieser Substanzen kann in unserer Gesellschaft schon sehr früh beginnen (Alkohol, Tabak), und je früher das Kind solche Substanzen ausprobiert, desto größer ist die Gefahr eines späteren regelmäßigen Konsums. Große Aufmerksamkeit erhält der Missbrauch von illegalen Drogen. Tatsächlich ist die Zahl der Drogentoten seit der Mitte der 80er Jahre immens gestiegen: von 324 im Jahr 1985 (alte Bundesländer) bis auf 2099 Drogentote im Jahr 1992 in der gesamten Bundesrepublik Deutschland. Seitdem ist ein deutlicher Rückgang auf 1477 Drogentote für 2003 festzustellen (Myschker 2005, 467). Besorgnis erregend bleibt jedoch die kontinuierliche Zunahme der Rauschgiftdelikte nach der Polizeilichen Kriminalstatistik: von ca. 16.000 im Jahr 1970 über 103.500 im Jahr 1990 auf 255.600 im Jahr 2003 (Polizeiliche Kriminalstatistik 2003).

Der Alkoholmissbrauch ist mit einer geschätzten Verbreitung von 4 % akut alkoholgefährdeter Kinder allerdings ein größeres Risiko – auch aufgrund der gesellschaftlichen Akzeptanz des Alkoholkonsums. Zudem wird eine erhebliche Anzahl von Kindern mit den Folgen des Alkoholmissbrauchs ihrer Eltern, besonders der schwangeren Mutter, geboren. Von großer Bedeutung bei der Entstehung von Drogenabhängigkeit ist die familiäre Situation: unvollständige, konfliktreiche Familienstrukturen, Präsenz von Suchtmitteln, Probleme in Schule und Berufsausbildung führen zu psychosozialen Störungen, die zur Flucht in die Droge verleiten. Die Erziehungsaufgabe der Drogenprävention erfordert daher nicht so sehr die Vermittlung von Wissen über Drogen – dabei kann sogar eine Neugier geweckt werden. Vielmehr tendieren die aktuellen Programme dazu, viel umfassender die sozialen Kompetenzen und allgemeinen Lebensfertigkeiten durch Lernangebote zu fördern. Solche Kompetenzen liefern erst die Basis für einen kontrollierten Umgang mit Substanzen wie Alkohol und Nikotin.

Während bis in die 60er Jahre die Auffassung galt, dass *Depressionen* bei Kindern und Jugendlichen wegen ihrer mangelnden kognitiven und tiefenpsychischen Reife nicht vorkommen können, wird heute diese Möglichkeit anerkannt. Die Depression zeigt sich primär in einer traurigen, depressiven oder gereizten Stimmung oder/und vermindertem Interesse. Weitere mögliche Symptome bestehen in Gewichtsverlust, Schlaflosigkeit, psychomotorischer Unruhe, Müdigkeit, Gefühlen der Wertlosigkeit, verminderter Denk- und Konzentrationsfähigkeit und wiederkehrenden Gedanken an den Tod oder Selbstmordvorstellungen. Die Häufigkeit von Depressionen nimmt im Verlauf der Entwicklung vom Kind zum Jugendlichen von unter 1% auf immerhin fast 5% zu (Essau/Petermann 1995b, 243). Mit der Depression gehen häufig andere Verhaltensstörungen (Angststörungen, später Drogenmissbrauch) einher. Häufig entsteht eine Depression in der späten Kindheit. Das Risiko einer Depression ist dann für Mädchen zwei- bis dreimal so hoch. Die Krankheit verläuft chronisch. Die Dauer einer depressiven Phase beträgt etwa 30 Wochen. Häufig tritt nach einem Jahr ein Rückfall auf. Gerade depressive Kinder zeigen ausgesprochen schlechte psychosoziale Kompetenzen. Klassische Erklärungsansätze sind die Theorie der gelernten Hilflosigkeit von Seligman und die kognitive Theorie von Beck (Essau/Petermann 1995b, 249ff). Neben der medikamentösen Behandlung (Antidepressiva) versprechen in der psychotherapeutischen Behandlung insbesondere kombinierte verhaltenstherapeutisch-kognitive Therapien einigen Erfolg. Für Erzieher stellt sich insbesondere die Aufgabe, in der Beziehung zum Kind die depressive Stimmung aufzufangen. Die stabile Beziehung zu einer Erziehungsperson vermittelt eine sichere Bindung. Ermöglicht der Unterricht zudem erfolgreiche Lernerfahrungen, dann leisten erzieherische Prozesse einen wichtigen Beitrag zur Hilfe für depressive Kinder und Jugendliche (Wegler 1996, 335).

Depression

Suizid

Erreicht die Depression ein Stadium, in dem die Person Hoffnungslosigkeit empfindet, dann besteht eine ernsthafte Gefahr für Selbstmord bzw. *suizidales Verhalten.* Während in der Kindheit eine eher geringe Gefahr besteht, bildet das Jugendalter den Lebensabschnitt mit der höchsten Selbstmordgefahr. Mädchen überwiegen dabei statistisch gesehen deutlich. Allerdings stellt suizidales Verhalten kein häufiges Phänomen dar, wenngleich mit stark steigender Tendenz. Suizidale Jugendliche erleben häufig eine längere Problemgenese mit Lern- und Verhaltensstörungen. Familiäre und persönliche Problemlagen spielen eine entscheidende Rolle, aber auch kulturelle Gegebenheiten (Schulstress, Medien, Kriegsgefahr, Rückgang von Religiosität) wirken stark ein. Ein besonderes Problem in der modernen Gesellschaft stellt die Publizität von Selbstmorden dar: Gemäß dem bekannten „Werther-Syndrom" – nach der Veröffentlichung von Goethes Roman sollen zahlreiche Personen den Selbstmord in der Realität vollzogen haben – bewirkt die Veröffentlichung von Suiziden die Nachahmung dieses Verhaltens. Die primäre Aufgabe besteht damit in der Prävention. Dafür sollte der Zugang zu Mitteln des Suizids erschwert werden (z. B. Waffen unzugänglich aufbewahren), die Publizität von Suizid ist zu vermeiden, und Depressionen sollten früh erkannt und behandelt werden.

8.5 Ergebnis

Diese wichtigen Verhaltensstörungen stellen die Erziehung bei Verhaltensstörungen vor schwierige Aufgaben. Als zwingende Schlussfolgerung aus diesem Überblick lässt sich die Forderung nach individualisierten Formen der Erziehungshilfe auf der Basis hoher Sachkompetenz ziehen. Für die individuelle Erziehungsplanung sollte idealerweise die Kompetenz eines Teams herangezogen werden, zumindest müssen Erkenntnisse und Verfahren anderer Wissenschaften eingebracht werden.

Die spezifischen Zugangsweisen, Aufgaben, Strukturen und Situationen der Erziehung bedingen jedoch auf jeden Fall eine eigenständige Position der Erziehung und der hier tätigen Berufe. Denn höchst selten lassen sich aus kinder- und jugendpsychiatrischen oder psychologischen Ursachentheorien erzieherische Handlungsmöglichkeiten gewinnen. Für die interdisziplinäre Kommunikation, die ein Charakteristikum der Pädagogik bei Verhaltensstörungen darstellt, bleiben die Ergebnisse der Nachbarwissenschaften von großer Bedeutung. Aber die Aufgabe der Erziehungshilfe bei Verhaltensstörungen stellt keine Anwendung medizinischer oder psychologischer Theorien dar. Vielmehr bildet sie ein selbstständiges Handlungsfeld, das nur in seiner Eigenständigkeit wertvolle Beiträge zu den interdisziplinären Bemühungen um Hilfe für die betroffenen Kinder und Jugendlichen leisten kann. Die Eigenständigkeit heilpädagogischen Handelns bleibt ein Faktum, dessen Anerkennung erst die interdisziplinäre Zusammenarbeit gelingen lässt.

8.6 Übungsaufgaben

Erläutern Sie mündlich die Erscheinungsformen einer speziellen Störung. **Aufgabe 40**

Notieren Sie stichpunktartig die zentralen Ergebnisse zu den drei ausführlich dargestellten Störungen nach folgenden Kriterien: Definition, Phänomen, theoretische Erklärungen und Handlungsmöglichkeiten. **Aufgabe 41**

Ordnen Sie die angesprochenen Störungen in das Klassifikationsschema (Kap. 1) ein. **Aufgabe 42**

9 Perspektiven der Pädagogik bei Verhaltensstörungen

Welche Themen und Probleme stehen im Mittelpunkt der aktuellen Forschung und Diskussion der Pädagogik bei Verhaltensstörungen? Dazu sind eine Reihe von Schwerpunkten zu nennen: Didaktik (Bröcher 1997, Hillenbrand 2003, Faas/Stein 1999, Vernooij 1994), Beratung (Mutzeck 1997) oder die organisatorische Weiterentwicklung schulischer Hilfen (Benkmann 1997, Bergsson 1995). Exemplarisch für die spannenden Forschungsthemen in dieser Arbeitsrichtung stelle ich die Themen Resilienz, Metakognition und Integration vor.

9.1 Resilienz

Seit den 1970er Jahren kann man eine deutliche Trendwende in den entwicklungspsychologischen, psychopathologischen und medizinischen Forschungsrichtungen feststellen (Laucht et al. 1997): weg von der Erforschung von Krankheit hin zur Erforschung von Gesundheit. Ist das mehr als eine modische Begriffskosmetik? Kann man tatsächlich von einem Paradigmenwechsel sprechen (260)? Immerhin handelt es sich um den „Wandel von einem *Defizit-* zu einem *Kompetenzmodell* des Individuums" (261, H.i.O.). Was ist damit gemeint?

9.1.1 Forschungsansatz

Entwicklungs-
risiken

Die Resilienzforschung entstand auf der Basis der ursprünglichen Risikoforschung. Gesucht wurden Risikofaktoren der kindlichen Entwicklung, die gehäuft zu psychischen Störungen führen. Insbesondere durch Langzeitstudien versuchte man solche Risiken zu erkunden. In den 1970er Jahren wenden einige Autoren ihr Interesse einem Phänomen zu, das man zwar bereits länger kannte, jedoch nicht weiter beachtete:

„Trotz massiver psychischer Belastungen und widrigster Lebensumstände entwickelt sich eine nicht unerhebliche Zahl der so aufgewachsenen Kinder zu gesunden Erwachsenen." (262)

Entwicklungs-bedingun-gen / Entwick-lungsverlauf	Positive Bedingungen	Risikobelastung
Störungen	Entwicklungs-störungen	Vulnerabilität
Psychische Gesundheit	Ideale Entwicklung	Resilienz

Tab. 6:
Der Perspektiven-wechsel von der Risikoforschung zur Resilienzforschung (nach Goetze)

Es gibt also Kinder, die trotz widriger Lebensbedingungen und hoher Risikobelastungen keine psychischen Störungen entwickeln. Populär wird dieser Blickwechsel durch die Bezeichnungen „Superkids", „Invulnerabilität" oder „unverwundbare Kinder". Auf diesem Perspektivenwechsel (Tab. 6) basiert die Resilienzforschung, über die eine hervorragende Zusammenfassung vorliegt (Göppel 1997).

Statt des ursprünglichen Begriffs „Unverwundbarkeit" hat sich der Ausdruck „Resilienz" durchgesetzt. Dieser Begriff ist lateinischen Ursprungs: „resilio" bezeichnet das Zurückspringen, abprallen, sich zusammenziehen. Gemeint ist in diesem Kontext die Fähigkeit zur Rückkehr in den ursprünglichen Zustand nach einer erfolgten Einwirkung von Risiken für die kindliche Entwicklung. Es können also zeitweise durchaus Störungen auftreten, die jedoch von der Person überwunden werden. „Vulnerable, but invincible" lautete der Titel eines Buches der Protagonistinnen Emmy Werner und Ruth Smith. Der Begriff Resilienz erweist sich damit als adäquater und sachgemäßer gegenüber der Vorstellung von invulnerablen, unverwundbaren Kindern.

Die Fragestellung der Resilienzforschung lautet seitdem: Welche Faktoren erhalten und fördern psychische Gesundheit bei Kindern trotz bestehender Risiken? Die Suche richtet sich also nach schützenden, protektiven Faktoren, danach, „welche Faktoren psychische Gesundheit bei Kindern erhalten und fördern, die Entwicklungsrisiken ausgesetzt sind. Solches Wissen ließe sich direkt in Präventionsprogramme für Risikokinder umsetzen" (Julius/Prater 1996, 228). Die Erwartung zielt also darauf, diese protektiven Faktoren für die Prävention von psychischen Störungen nutzen zu können, Präventionsmaßnahmen auch für nicht-resiliente, risikobelastete Kinder ableiten zu können. Die Pädagogik bei Gefühls- und Verhaltensstörungen diskutiert seit der zweiten Hälfte der 1990er Jahre intensiv die erzieherischen Handlungsmöglichkeiten, die sich aus dieser Neuorientierung der Forschung ergeben (Fingerle et al. 1999, Opp et al. 1999).

Resilienz

Psychische
Gesundheit

9.1.2 Protektive Faktoren

Von den protektiven Faktoren erwartet man sich eine mildernde, puffernde Wirkung gegenüber den negativen Lebensereignissen. Dabei geht es allerdings um statistische Zusammenhänge, also um Faktoren, die mit psychischer Gesundheit statistisch assoziiert sind. Es sind keine Kausalfaktoren!

Als Risiken, denen die Kinder ausgesetzt sind, werden unterschiedliche Faktoren genannt und untersucht: chronische Armut, Vernachlässigung, Scheidung, Tod, Drogen oder psychische Erkrankung der Eltern, aber auch traumatische Erlebnisse des Kindes. Risikokinder sind definitionsgemäß mindestens vier solcher Risiken ausgesetzt. In den Studien wird nun untersucht, welche Kinder Symptome entwickelten und welche nicht.

Die bekannteste Studie der Resilienzforschung, die Kauai-Studie von Emmy Werner und Ruth Smith, untersucht die Entwicklung aller 1955 geborenen Kinder der hawaiianischen Insel Kauai über nunmehr 40 Jahre hinweg (Werner 1997). Ein Drittel der Kinder zählt als Risikokinder. Beste Prädiktoren für psychische Störungen sind chronische Armut, geringes Bildungsniveau der Mutter, chronische Familienkonflikte und perinataler Stress. Von den Risikokindern waren ein Drittel resilient, also ohne psychische Störungssymptome. Emmy Werner und Ruth Smith untersuchten die Gruppe der resilienten Kinder und fanden dabei eine Reihe von unterscheidenden Merkmalen, die nach ihrem Verständnis eine schützende Wirkung auf die Entwicklung der Kinder haben. Sie erstellten damit eine erste Liste von protektiven Faktoren.

Risiken

Weitere Studien berücksichtigten die Entwicklung von Kindern unter anderen Risikofaktoren: chronische Armut, intrafamiliäre Risikofaktoren wie Scheidung, Misshandlung, emotionale und körperliche Vernachlässigung, psychotischer Elternteil oder Alkoholkrankheit, extreme Lebensereignisse wie Geiselnahme, Tod beider Eltern, Naturkatastrophe oder Krieg.

In der Bestimmung protektiver Faktoren sind die Ergebnisse jedoch relativ übereinstimmend. Es lassen sich zwei Gruppen von protektiven Faktoren identifizieren: individuelle Eigenschaften der Kinder (die personale Resilienz) und die unterstützenden Umweltfaktoren (die sozialen Ressourcen), die wiederum zu unterteilen sind in protektive Faktoren innerhalb und außerhalb der Familie. In einer Übersicht lassen sich die Schutzfaktoren zusammenstellen (Abb. 20).

Personale Ressourcen

Die als resilient bezeichneten Kinder zeichnen sich also dadurch aus, dass sie kein schwieriges Temperament besitzen, sondern schon als Säuglinge freundlich, gut gelaunt, herzlich und

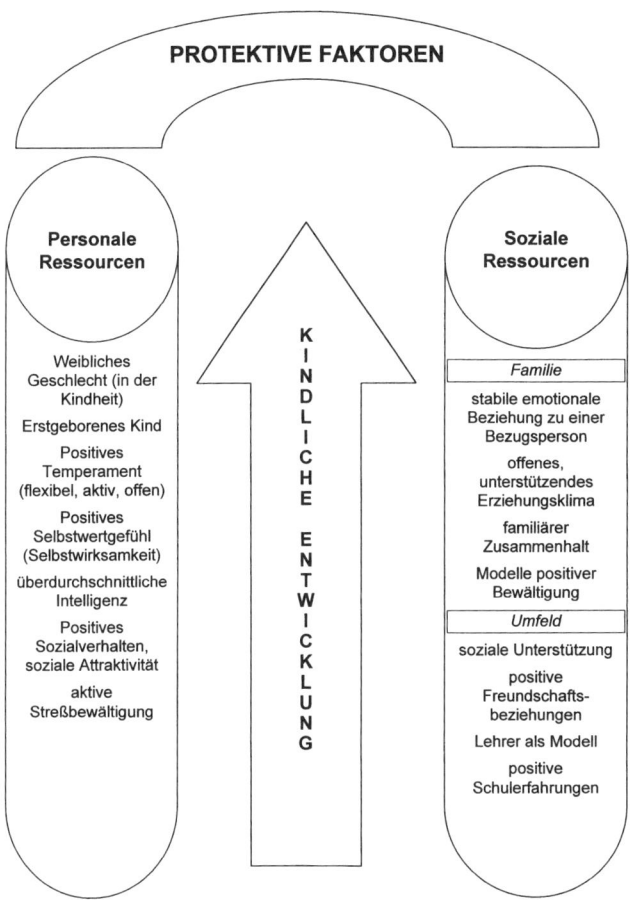

Abb. 20:
Protektive Faktoren
(nach Laucht et al.
1997, 263)

anpassungsfähig wirken, was positive Reaktionen von Bezugspersonen auslöst. Das Kind entwickelt im weiteren Verlauf seiner Kindheit hohe Effizienzerwartungen, erwartet also von sich selbst erfolgreiche Handlungen, auf die erwünschte, positive Reaktionen der Umwelt folgen. Mit diesen Effizienzerwartungen korrespondieren meist eine Motivation für Bewältigungsversuche von Problemsituationen und stärker ausgeprägte internale Kontrollüberzeugungen mit gleichzeitigem Realismus gegenüber von außen auftretenden Risiken. Resiliente Kinder rechnen mit dem Erfolg eigener Handlungen, sie gehen Problemsituationen aktiv an, glauben an eigene Kontrollmöglichkeiten und können eher erkennen, wenn eine Störung realistischerweise für sie unbeeinflussbar ist.

Resiliente Kinder gewähren zudem häufiger „benötigte Hilfen",
beispielsweise für jüngere Geschwister. Sie stehen in diesem Zusammenhang unter der Anforderung, erfolgreich und effektiv zu
handeln, was wiederum hohe Effizienzerwartungen fördert. Weiterhin zeichnen sich diese Kinder durch überdurchschnittliche
kognitive Begabungen (Intelligenz) und intellektuelle Problem-
lösungskompetenzen aus. In positiver Weise fällt die hohe Sozialkompetenz solcher Kinder auf: Sie sind in Kindergarten und
Schule beliebte Spielpartner und unterhalten z. T. langjährige
Freundschaften. Sie besitzen auch die Fähigkeit, Hilfen für eigene Problemsituationen zu aktivieren. Ein wichtiges Merkmal ist
dabei „die Bereitschaft zur Selbstenthüllung" (Julius/Prater 1996,
232), die dem Helfer wichtige Hinweise auf spezifische Bedürfnisse gibt. Ein hohes Selbstwertgefühl und Selbstvertrauen, wahrscheinlich aufgrund der hohen Effizienzerwartungen, der hohen
Intelligenz und der ausgeprägten Sozialkompetenzen, unterscheidet sie ebenfalls. Resiliente Kinder besitzen zudem häufig
eine religiöse Bindung mit einer verbindlichen Glaubenspraxis.

Soziale Ressourcen   Als entscheidender protektiver Faktor in der Familie gilt die Existenz einer primären Bezugsperson, zu der das Kind ein sicheres
Bindungsmuster entwickeln kann. Diese Bezugsperson, etwa Geschwister oder Großeltern, versorgen das Kind adäquat. Im Alter
von zwei Jahren besteht zwischen dem Kind und dieser Bezugsperson ein sicheres Bindungsmuster. „In vielen Hochrisiko-Fami-
lien waren diese Personen jedoch nicht die Eltern, sondern Großeltern oder ältere Geschwister" (232). Auf der Basis dieser sicheren Bindung beginnen die Kinder früh mit der Umweltexploration
und entwickeln eine relativ hohe Autonomie. Der erlebte Erziehungsstil besitzt nach diesen Untersuchungen ebenfalls Wirkungen für die Entwicklung psychischer Gesundheit: Bei Mädchen wirkt
die Erziehung zu Unabhängigkeit und Risikoübernahme auf der
Basis sicherer emotionaler Unterstützung protektiv. „Resiliente
Jungen hingegen kamen eher aus Familien, in denen sie ermutigt
wurden, ihre Gefühle auszudrücken. Klare Strukturen und Regeln
sowie ein hohes Maß an elterlicher Autorität charakterisierten diese
Familien, in denen zumeist eine positive männliche Identifikations-
figur (Vater, Großvater, Bruder oder Onkel) vorhanden war." (232)
Die Schule und die erlebten Lehrerinnen haben bei resilienten Kindern eine besondere Bedeutung:

> „Eine weitere Quelle sozialer Unterstützung waren für diese Kinder erwach-
> sene Personen außerhalb der Familie. Hier sind insbesondere LehrerInnen zu
> nennen, die von den Kindern aus der Studie von Werner & Smith (1982) am
> häufigsten als Vertrauenspersonen außerhalb der Familie genannt wurden.
> Außer der sozialen Unterstützung, welche die Lehrer gewährten, dienten vie-
> le laut Aussagen der Kinder als positive Modelle." (Julius/Goetze 1998, 12)

Bemerkenswert daran ist, dass den Lehrern diese Funktion häufig nicht bewusst war.

Die Schule muss als ein wesentlicher Einflussfaktor für die kindliche Entwicklung verstanden werden. Sie bildet in manchen Fällen eher ein Risiko, kann aber auch einen protektiven Faktor darstellen. Strukturelle Bedingungen von Schulen stellen die erste Ebene dar, die dabei zu beachten ist. Vorhandene Ressourcen, die Ausstattung mit Materialien und Büchern, die räumlichen Bedingungen, die Anzahl der Schüler und die Lehrer-Schüler-Relation, die Personalfluktuation und die Motivation der Lehrkräfte sowie das soziale Klima in der Schule werden als wichtige Variablen genannt. „Im Gegensatz zu Risikoschulen werden effektive Schulen als sichere Schulen mit gutem Klima und mit hohen Erwartungen an die Leistungen und das soziale Verhalten der Schüler skizziert" (Keogh 1999, 194). Aber auch auf der zweiten Ebene, der des konkreten Unterrichts, sind Risiko- und Schutzfaktoren zu nennen. So bestehen Zusammenhänge zwischen der Größe des Klassenzimmers bzw. der Dichte von Schülern im Klassenzimmer mit einer größeren Unaufmerksamkeit, Ablenkbarkeit und Aggression der Schüler. Auch die Organisation des Raumes – eher traditionelle Ordnung oder offene Lernzentren – wirkt auf die Entwicklung des Kindes. Offen strukturierte Räume hängen häufiger mit selbstständig geplantem und kooperativem Lernen zusammen, während in taditionell angeordneten Klassenzimmern auch mehr Zeit für Unterricht verwendet wird. Die Forschungsergebnisse zu den Wirkungen verschiedener Unterrichtsmethoden sind bisher nicht eindeutig. Sie machen eher deutlich, dass gerade Risikokinder eine individuell passende Unterrichtsmethode benötigen, die eine andere sein kann als für die Mehrheit ihrer Mitschüler (Keogh 1999, 196). Auch die inhaltlichen Lernanforderungen müssen ihrem Leistungsstand angepasst werden. Einige hoch geschätzte Verfahren, wie offene Unterrichtsformen, können für sie eine eher ungünstige, sogar bedrohliche Situation darstellen, wird doch hier ganz besonders die Abweichung in ihrer Leistungsfähigkeit offenbar.

Zusammenfassend werden folgende schulrelevante Faktoren genannt, die die Widerstandsfähigkeit der Kinder stärken können (Keogh 1999, Julius/Prater 1996):

- überschaubare Schul- und Klassengrößen,
- hohe, aber angemessene Leistungsforderungen,
- Übergabe von Verantwortung an die Schüler,
- klare und gerechte Regeln,
- häufige Verstärkung für Leistungen und Verhalten,
- Motivation der Lehrkräfte,
- Sorge der Lehrer um ihre Schüler.

Schule

Solche Faktoren bilden daher sinnvolle Orientierungen für die Gestaltung schulischer Wirklichkeit bei Risikokindern.

Diese so erfreulichen Ergebnisse einer neuen Forschungsrichtung stehen allerdings unter erheblichem Vorbehalt. Denn die Grundkonzeption der Resilienzforschung und ihre Untersuchungsmethoden werden durchaus kritisch diskutiert.

9.1.3 Forschungsprobleme und Kritik

In den letzten Jahren erfolgt eine nüchterne Diskussion des Forschungsansatzes Resilienz. Zu nennen sind insbesondere vier Kritikpunkte (Laucht et al. 1997, 263ff):

1. Abgrenzung gegenüber Risikofaktoren: Protektive Faktoren müssen eindeutig von Risikofaktoren abgegrenzt werden. Resiliente Kinder dürfen also nicht nur wegen geringerer Risikobelastung psychisch gesund sein! Die Risikobelastung muss daher forschungsmethodisch konstant gehalten werden, sie muss genauso hoch sein wie bei vulnerablen Kindern mit späteren Störungen. Bei vielen Studien wird diese Anforderung jedoch nicht beachtet.

2. Nachweis eines Puffereffekts: Es bleibt unklar, ob protektive Faktoren einen Puffer-Effekt bei auftretenden Risiken haben und ansonsten neutral bleiben oder ob es sich um allgemein fördernde Faktoren handelt. Dämpfen protektive Faktoren in spezifischer Weise die Risikobelastungen oder sind es einfach allgemein förderliche Faktoren der Entwicklung? Wenn protektive Faktoren jedoch allgemein förderliche Bedingungen der kindlichen Entwicklung darstellen, dann wären die Ergebnisse sehr unspektakulär gegenüber früheren Forschungen.

3. Abgrenzung gegenüber Kompetenzen des Kindes: Sehr schwierig ist die Unterscheidung, ob die definierten Faktoren eine schützende Wirkung besitzen oder Zeichen und Ergebnis einer positiven Entwicklung sind, die zu bestimmten Kompetenzen des Kindes führt. Schutzfaktoren der Entwicklung und Ergebnisse der Entwicklung müssten jedoch unabhängig voneinander bestimmt werden.

4. Nachweis einer zeitlichen Priorität: Ein protektiver Faktor muss eigentlich zeitlich vor Auftreten des Risikos nachweisbar sein. Ansonsten ist nicht zu entscheiden, ob er die Ursache oder die Folge des Prozesses darstellt. Ist beispielsweise ein positives Selbstwertgefühl die Ursache der Resilienz oder die Folge einer geglückten Entwicklung?

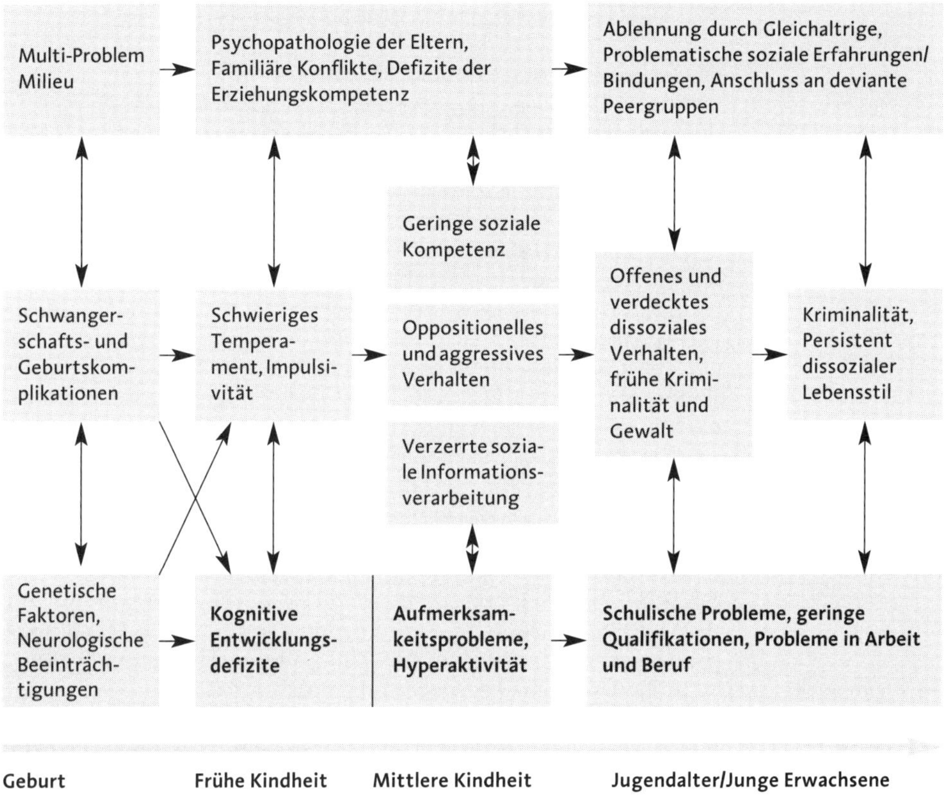

Geburt	Frühe Kindheit	Mittlere Kindheit	Jugendalter/Junge Erwachsene

Diagram boxes:

Multi-Problem Milieu → Psychopathologie der Eltern, Familiäre Konflikte, Defizite der Erziehungskompetenz → Ablehnung durch Gleichaltrige, Problematische soziale Erfahrungen/ Bindungen, Anschluss an deviante Peergruppen

Geringe soziale Kompetenz

Schwangerschafts- und Geburtskomplikationen → Schwieriges Temperament, Impulsivität → Oppositionelles und aggressives Verhalten → Offenes und verdecktes dissoziales Verhalten, frühe Kriminalität und Gewalt → Kriminalität, Persistent dissozialer Lebensstil

Verzerrte soziale Informationsverarbeitung

Genetische Faktoren, Neurologische Beeinträchtigungen → Kognitive Entwicklungsdefizite → Aufmerksamkeitsprobleme, Hyperaktivität → Schulische Probleme, geringe Qualifikationen, Probleme in Arbeit und Beruf

Die Resilienzforschung basiert letztlich wie die Risikoforschung auf dem Konstrukt „Risiko". Die vorliegende Kategorisierung von Risikofaktoren ist jedoch noch zu grob, und oft ist es unklar, worin eigentlich das Risiko besteht. Ist beispielsweise die Psychose eines Elternteils selbst, dessen geringere Fähigkeit zu sozialer Bindung oder der häufige Klinikaufenthalt ein Risiko? Wie lässt sich zudem psychische Gesundheit messen? Bisher gilt das Fehlen von *externalisierenden* Störungen als Indikator für psychische Gesundheit – besteht jedoch möglicherweise die Risikofolge in internalisierenden Störungen?

Entscheidende Aufgabe für die weitere Grundlagenforschung wird die Ermittlung der basalen Zusammenhänge und Strukturen, derjenigen „psychischen Prozesse, welche einer positiven Adaption zugrundeliegen" (Julius/Prater 1996, 233), sein. Die Entwicklung einer klärenden Theorie ist notwendig – nicht länger nur empirische Deskriptionen.

Abb. 21: Transaktionales Entwicklungsmodell, angewandt auf dissoziale Entwicklungen (Beelmann 2000, modifiziert nach Lösel/Bender 1997a)

9.1.4 Prävention durch protektive Faktoren

Die Ergebnisse der Resilienzforschung sind weitgehend deskriptiv, die Umsetzung in erzieherisches Handeln steht noch ganz in den Anfängen. Insbesondere das Fehlen einer umfassenden Theorie über die Zusammenhänge, Mechanismen und Prozesse positiver Entwicklungen unter widrigen Bedingungen erschwert die Umsetzung. Ein erster Ansatz dazu ist das sogenannte „transaktionale Entwicklungsmodell" (Sameroff/Fiese 2000), in dem verschiedene Risiko- und Resilienzfaktoren Eingang finden, wenn auch deren spezifisches Zusammenwirken noch weitgehend unklar ist. Wendet man das transaktionale Entwicklungsverständnis auf Risikoentwicklungen an, werden einerseits die komplexen Zusammenhänge, andererseits aber auch einige zentrale Kompetenzen, die zu fördern sind, deutlich.

Eine Reihe von Projekten versucht die Ergebnisse der Resilienzforschung für die Gestaltung der Erziehung bei Verhaltensstörungen zu nutzen. „Denn es sind eine Reihe von Resilienzfaktoren identifiziert und repliziert worden, die bereits jetzt als Basis für Präventionsprogramme dienen können" (Julius/Goetze 1998, 12). Ein Überblick über vorhandene Präventionsprogramme, die theoretischen Grundlagen und erfolgversprechende Handlungsprinzipien liegt inzwischen vor (Hillenbrand/Hennemann 2005).

Praxisversuch

In Deutschland entwickelten Julius und Goetze eine spezifische Interventionsform zur Stärkung eines protektiven Faktors: das „Trainingsprogramm zur Veränderung maladaptiver Attributionsmuster". Resiliente Kinder zeichnen sich ja durch eine realistische Beurteilung von unbeeinflussbaren Lebensereignissen aus, dagegen besitzen viele psychisch belastete Kinder maladaptive Zuschreibungs- oder Attributionsmuster. Kinder mit psychischen Störungen nehmen häufig an, dass sie selbst für die kritischen Ereignisse verantwortlich sind: „Meine Eltern trennen sich, weil ich nicht lieb war." Sie suchen Gründe für erlittene Misshandlungen, Risikoerlebnisse und negative Ereignisse häufig in sich selbst. Damit vollziehen sie eine internale Kausalattribuierung negativer Erlebnisse, die nicht zutreffend ist. Diese maladaptive Attribuierung führt zu Schuldgefühlen und Wertlosigkeit.

Das Training beabsichtigt nun, realistische Attributionen zu vermitteln. Das Ziel besteht in der Fähigkeit, zwischen beeinflussbaren und unbeeinflussbaren Ereignissen unterscheiden zu können. Dafür entwickeln die Autoren Julius und Goetze ein mehrwöchiges Trainingsprogramm in Form einer Unterrichtssequenz, die sie in einem ersten Versuch mit sechs Jungen einer Klasse für Verhaltensgestörte durchführten. In der Diagnose mittels verschiedener Subtests aus Testverfahren lässt sich feststellen, dass eine Reihe von Schülern unrealistische Kontrollüberzeugungen besitzen. Während der Unterrichtssequenz werden bestimmte realistische Problemlagen und Risikosituationen anhand von Bildern, Erzählungen und Rollenspielen untersucht. Häufig arbeiten die Schüler nach dem Buddy-Prinzip, also in Partnerarbeit von leistungsdifferenten Schülern, hier: ein Schüler mit realistischer mit einem Schüler mit unrealistischer Kontrollüberzeugung. Erste Ergebnisse weisen auf einen Erfolg gemäß der Ausgangsthese hin: Die Attribution der betroffenen Schüler ist realistischer geworden, und ansatzweise hat sich auch das Selbstwertgefühl positiv verändert!

Mit diesem Training existieren nun auch deutschsprachige Versuche, aus den deskriptiven Befunden der Resilienzforschung gezielte Interventionsmaßnahmen abzuleiten. Allgemeinere Handlungsvorschläge zur Gestaltung von pädagogischen Maßnahmen und Einrichtungen liegen insbesondere zur Phase der Kindheit vor: für die Beratung von jugendlichen Müttern (Ziegenhain et al. 1999), zur Gestaltung der Frühförderung (Klein 2002, Weiß 2000), des Kindergartens (Wustmann 2004), aber auch der Schule (Fingerle et al. 1999, Göppel 1999, Keogh 1999).

Wenngleich die theoretischen Grundlagen über Mechanismen und Prozesse, die zum Phänomen Resilienz führen, noch nicht ausreichend sind, vermittelt die Resilienzforschung doch so viel Optimismus, dass die Pädagogik bei Verhaltensstörungen sich mit großem Eifer dieser neuen Erkenntnisse bemächtigt und weitere Versuche initiieren wird.

9.2 Metakognition

Was mit dem Begriff Metakognition gemeint ist, verdeutlicht die folgende Aufgabe aus einem Aufmerksamkeitstest (Neukäter/ Schröder 1991, 17). Beobachten Sie sich dabei selbst: Wie gehen Sie zur Lösung vor?

Welche der in Abb. 22 dargestellten Figuren entspricht dem oben vorgegebenen Bild?

In der Regel entwickelt der Kandidat mehr oder minder erfolgreiche Strategien, um solche Aufgaben zu lösen. Er schließt zum Beispiel zunächst die eindeutig unterschiedlichen Bilder aus und vergleicht bei den verbleibenden Bildern nur bestimmte Merkmale. Diese Strategien werden auf ihren Ertrag hin überwacht und möglicherweise modifiziert. Genau diese Prozesse sind das Thema der Metakognitionsforschung. Als Folge der Abkehr von behavioristischen Theorien in der kognitiven Wende untersucht

Abb. 22:
Aufgabe aus dem
BAUT (= Bonner
Aufmerksamkeitstest,
Quelle:
Neukäter et al. 1995)

die Psychologie seit den 60er Jahren zunehmend die Prozesse in der von Skinner so genannten „black box", also die internalen Prozesse im Organismus selbst und speziell im Gehirn.

9.2.1 Forschungsansatz

Die Arbeitsrichtung setzt mit Untersuchungen des Gedächtnisses und des Wissens über das eigene Gedächtnis ein. Eine darüber liegende Ebene besitzt Steuerungs- und Überwachungsfunktionen, sie wird Metagedächtnis genannt. Somit lassen sich drei Funktionen unterscheiden (Abb. 23):

- das Gedächtnis selbst,
- ein Wissen oder Gewahr-Werden der Existenz des Gedächtnisses und
- das regulierende, steuernde Eingreifen in die Gedächtnisprozesse.

Die differenzierten Funktionen auf verschiedenen Ebenen lassen sich auch bei anderen kognitiven Prozessen feststellen, etwa beim Problemlösen oder beim Textverständnis. Was wissen Menschen

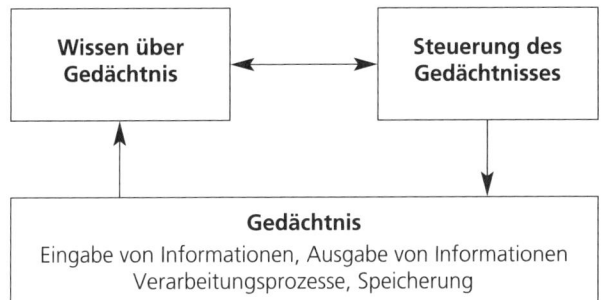

Meta-Gedächtnis

Abb. 23:
Gedächtnis und
Meta-Gedächtnis

über ihr eigenes Wissen? Was denken Menschen über ihr eigenes Denken? Wie steuern sie ihr Denken und den Wissenserwerb? Mit diesen von der Gedächtnisforschung auf andere kognitive Prozesse übertragenen Fragestellungen beschäftigt sich die Forschungsrichtung der Metakognition. Insbesondere aus Forschungsergebnissen über die Frage, wie Menschen ihr Denken steuern, verspricht man sich Ansatzpunkte für die Förderung bei misslungenen Lernprozessen.

In kognitiver Perspektive stellt Lernen eine komplexe Handlung dar: Es finden Planungen statt, der Prozess unterliegt einer Zielorientierung, eine Lösungsstrategie wird entwickelt und revidiert und die Selbstreflexion begleitet den Prozess. Die eingesetzten Strategien und ihre zielgerichteten Modifikationen, also die metakognitiven Prozesse, erhalten nach diesem Verständnis eine entscheidende Bedeutung für den Lernprozess.

Lernstrategien

„Strategien sind vorwärtsgerichtete Reaktionssysteme – eine Art Plan, um die vorhandenen eigenen Fertigkeiten effektiv zu nutzen." (Klauer/Lauth 1997, 706)

Diese Strategien bestimmen entscheidend den Lernprozess und den Umgang mit Lernschwierigkeiten. Der Einsatz, die Überwachung und Revision der Lernstrategien erfolgen durch die Metakognition. Sie lässt sich als „eine Art innerer Dialog" (707) verstehen.

„Metakognitive Prozesse bestehen darin, daß der Lernende seine gedankliche Tätigkeit bewußt beobachtet, organisiert und kontrolliert sowie nach Maßgabe der Handlungsergebnisse verändert." (707)

Die Metakognition zeigt sich in selbstgerichteten Fragen, in Planungen, in der Bildung von Regeln, im Abfragen von eigenen Vorkenntnissen, in der Diagnose eigener Fehler und in handlungsbegleitenden Prüfprozessen.

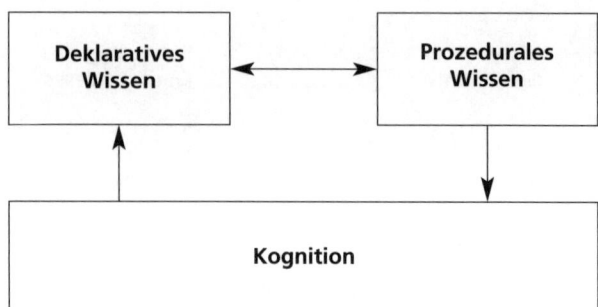

Abb. 24:
Funktionen der
Meta-Kognition

Deklaratives
und prozedurales
Wissen

Die Metakognition als die Fähigkeit, eigene kognitive Prozesse zu verstehen und zu regeln, enthält

1. eine Wissenskomponente: Bewusstsein und Verstehen über Inhalte und Prozesse der Kognitionen und
2. eine exekutive Komponente: das Planen, Überwachen, Regulieren und Kontrollieren der eigenen kognitiven Vorgänge, also den Eingriff in die kognitiven Prozesse.

Beide Aspekte nennt man auch deklaratives und prozedurales Wissen (Abb. 24).

Insbesondere für Fragen der Förderung besitzt die prozedurale Komponente eine größere Bedeutung. Die entsprechenden Erkenntnisse ermöglichen eine dynamische Sicht intellektueller Kompetenzen und erfolgversprechendere Interventionen.

Wie steht es nun um die metakognitiven Kompetenzen von Kindern und Jugendlichen mit Verhaltensstörungen?

9.2.2 Metakognition bei Verhaltensstörungen

Dysfunktionale
Metakognition

Bisher wurden heilpädagogische Untersuchungen zur Metakognition bei Kindern und Jugendlichen vorrangig bei Schülern der Schule für Lernbehinderte durchgeführt (Hasselhorn/Maehler 1990; Klauer/Lauth 1997). Kennzeichnend sind bei diesen Schülern nicht so sehr dauerhafte Fähigkeitsdefizite, etwa im Gedächtnis oder Denken, sondern Dysfunktionalitäten im Prozess der Bewältigung von Lernvorgängen. Sie beachten in geringerem Umfang (Neukäter/Schröder 1991)

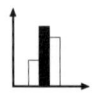

• Strategien der Informationsentnahme und -verarbeitung: das Memorieren oder Verknüpfen von Lerninhalten,

- Kriterien der Organisation: Zeit, schrittweises Vorgehen, gezieltes Bearbeiten schwieriger Handlungsschritte,
- die begleitende Handlungskontrolle,
- die Hilfen durch verbale Handlungsanleitungen.

Solche metakognitiven Minderleistungen sind in milderem Grad auch bei Schülern mit Verhaltensstörungen festzustellen. Ihre kognitiven Leistungen liegen zwischen Grundschülern und Schülern mit Lernbehinderung, relativ nahe jedoch an den untersuchten Sonderschülern mit Lernbehinderung. Erwerb, Einsatz und Modifikation von Strategien zur Problemlösung, die Selbststeuerung und die Kontrolle der eigenen Problemlöseaktivitäten erfolgen in weniger effektiver Weise als bei Grundschülern (Schröder/Neukäter 1991). Die Untersuchung zeigt insbesondere, dass die Schüler mit Verhaltensstörungen die Informationen einer Aufgabenstellung nicht ausnutzen und weniger metakognitive Aktivitäten verwenden.

9.2.3 Interventionsmöglichkeiten

Auf der Basis der kognitionspsychologischen Forschungen wurden eine Reihe von Interventionen entwickelt (Lauth 1993). Der Aufbau von Kompetenzen der Selbstinstruktion und Handlungsregulation, insbesondere mittels der Technik des handlungsbegleitenden Sprechens, besitzt besondere Relevanz für die Behandlung von Kindern und Jugendlichen mit Verhaltensstörungen (vgl. auch Lauth/Schlottke 2002).

Die Entwicklung metakognitionstheoretisch fundierter Computerprogramme stellt eine neue Perspektive dar, die aufgrund der ähnlichen Beeinträchtigungen aus der Förderung von lernbehinderten Schülern in die Behandlung von Schülern mit Verhaltensstörungen transferiert werden kann.

Förderung

Die von Studer (1996, 1997) entwickelten Programme trainieren die kognitiven Strategien der Problemlösung. Der Schüler muss ein vorgegebenes Muster mittels farbiger und figuraler Elemente nachbilden und kann dabei verschiedene Schwierigkeitsstufen erreichen. Das Programm analysiert die Leistungen und Fehler und bietet adäquate Aufgaben an. Die computergestützte Fehleranalyse weist auf den weiteren Förderbedarf hin. Ein erster Versuch des Transfers mit vier Schülern einer Schule zur Erziehungshilfe weist auf positive Effekte hin: Insbesondere die Impulsivität in der Problemlösungsphase, an der Anzahl der bearbeiteten Aufgaben abzulesen, nahm deutlich ab und die erreichte Schwierigkeitsstufe stieg markant an. Es gibt sogar Hinweise auf Verbesserungen der Leistungen im Intelligenztest CFT, die mit dem erworbenen gründlicheren Arbeitsstil zusammenhängen (Obschil 1998).

Metakognition bildet damit ein vielfältiges Forschungsfeld, aus dem Interventionen für die Förderung kognitiver Kompetenzen gewonnen werden können. Die Kognition spielt jedoch nicht nur für den Lern- und Leistungsbereich eine große Rolle. Die bessere Kontrolle von Impulsivität, die Steigerung von Informationsverarbeitungs- und Aufmerksamkeitsprozessen können auch zu einem Gewinn für soziale und emotionale Kompetenzen führen.

9.3   Integration bei Verhaltensstörungen

Integrations-
debatte

In der Heilpädagogik generell stellt die Integration von Kindern und Jugendlichen mit Behinderungen eine zentrale und kontrovers diskutierte Frage dar. Der Begriff Integration kann dabei einen sehr weiten Inhalt umfassen: von einem gemeinsamen Kindergartenbesuch und Maßnahmen der Frühförderung über die gemeinsame Unterrichtung in regulären Schulen der Primar- und Sekundarstufe bis zu beruflichen und sozialen Hilfen, die die möglichst normale Teilhabe an der Gesellschaft ermöglichen sollen. Insbesondere die in den 70er Jahren aufgestellten Forderungen nach Integration und die daraufhin einsetzenden Versuche des gemeinsamen Unterrichts von behinderten und nichtbehinderten Schülern in der Grund- und Hauptschule waren Auslöser heftiger Debatten. Welche Bedeutung haben in dieser „Integrationsdebatte" (Bleidick) die Kinder und Jugendlichen mit Verhaltensstörungen?

9.3.1 Verhaltensstörungen – ein Hindernis für Integration?

Besondere
Probleme

Schon früh weisen Versuche des gemeinsamen Unterrichts auf die besondere Problematik von auftretenden Verhaltensstörungen hin. Nicht die körperliche oder geistige Beeinträchtigung eines Schülers bildet nach diesen Erfahrungen ein gravierendes Problem, vielmehr die Verhaltensstörungen von oftmals als „nichtbehindert" eingestuften Kindern stellen ein entscheidendes Hindernis und eine gravierende Erschwernis integrativen Unterrichts dar. So resümiert 1981 der Leiter der wissenschaftlichen Begleitung des Schulversuchs Uckermarck-Schule, Norbert Stoellger:

„Die größten pädagogischen Schwierigkeiten bereiten uns gegenwärtig einige normalintelligente verhaltensgestörte Kinder." (Stoellger 1981, 13f, zit. n. Bleidick 1988, 76)

Bestätigung finden solche Beobachtungen durch Erfahrungen in anderen Integrationsversuchen (Reiser 1994). Auffällig ist zudem das Fehlen von Elternverbänden, die wie bei anderen Beeinträchtigungen in der Öffentlichkeit massiv für eine gemeinsame Unterrichtung verhaltensgestörter Schüler agieren würden – eher gibt es ablehnende Reaktionen von den Eltern anderer Kinder.

Wissenschaftliche Ergebnisse zur Überprüfung dieser Erfahrungen liegen allerdings erst ansatzweise vor. In Deutschland ist die Zahl der Integrationsversuche mit verhaltensgestörten Schülern begrenzt (Mutzeck/Pallasch 1992) und empirische Forschungsergebnisse liegen erst in Ansätzen vor. Goetze untersucht daher den Forschungsstand im angloamerikanischen Sprachraum. Seine Zusammenfassung bestätigt die beschriebene Problematik:

„Die Zielgruppe verhaltensgestörter Schüler bietet aufgrund ihres Erscheinungsbildes die denkbar ungünstigsten Voraussetzungen zur integrativen Unterrichtung mit nicht gestörten Regelschülern." (1990, 839)

Empirisch bewährte Konzeptionen, wie die Integration von Schülern mit Verhaltensstörungen pädagogisch-didaktisch zu gestalten ist, fehlen bisher ebenso:

„Die Frage, unter welchen Bedingungen auch Schüler mit schweren Verhaltensstörungen erfolgreich integrativ beschult werden können, bleibt also offen. Vorliegende Statistiken sprechen eher gegen die Plazierung von Verhaltensgestörten in Regelklassen." (Goetze 1991, 14)

Die Lehrkräfte, die Schüler mit Verhaltensstörungen integrieren, verändern zudem kaum ihren Unterricht, sie reagieren eher mit Ablehnung und zeigen inkompetente Handlungsweisen.

Die amerikanischen Ergebnisse lassen sich für den deutschen Sprachraum bestätigen. Von der Ablehnung durch die Grundschullehrer berichtet auch Reiser (1997). In der so genannten Haeberlin-Studie zur Integration von Lernbehinderten, die unter Leitung von Prof. Haeberlin in Freiburg (Schweiz) angefertigt wurde, sind schulleistungsschwache Schüler, die neben ihrer Schulleistungsschwäche *zugleich* als aggressiv oder sehr scheu, im Verhalten auffällig und wenig attraktiv eingeschätzt werden, in der Bezugsgruppe deutlich unbeliebter und sozial schlechter integriert als andere schulleistungsschwache Schüler (Haeberlin et al. 1991, 306, 327).

Die Replikation dieser Untersuchung in der Bundesrepublik Deutschland bestätigt diese Befunde.

„Im Fremdurteil der Lehrer sind es vor allem die ‚nichtbehinderten' Schüler mit Verhaltensproblemen, denen das geringste Ausmaß an sozialer Integration zugesprochen wird." (Randoll 1991, 23)

Als störend eingeschätztes Verhalten bildet somit einen negativen Faktor für die soziale Eingliederung in einer Schulklasse und

verstärkt massiv die Gefahr, in eine sozial randständige Position zu geraten. Störende Verhaltensweisen führen verstärkt zu einem problematischen Sozialstatus und belasten selbst integrative Schul- und Unterrichtsprozesse (Hartke 1998a)!
Welche Folgerungen sind aus dieser besonderen Problemlage zu ziehen?

9.3.2 Konsequenzen

Schulorganisation In organisatorischer Hinsicht verbieten diese Erfahrungen und Befunde gerade bei Schülern mit Verhaltensstörungen ein radikales Entweder-Oder zwischen integrativen und sonderschulischen Institutionen. Vielmehr erscheinen differenzierte Formen der Organisation von Erziehungshilfe bei Verhaltensstörungen notwendig.

„Wir werden also davon auszugehen haben, daß für unsere Zielgruppe ein verzweigtes System schulischer Förderung nötig werden wird." (Goetze 1991, 15)

Diese Schlussfolgerung stimmt in bemerkenswerter Weise mit der schon 1974 vorgeschlagenen Konzeption überein:

„Der Vielfalt von Erscheinungsformen und Schweregraden der Verhaltensstörungen muß ein *gestuftes Angebot pädagogischer Maßnahmen* entsprechen: von kurzzeitigen und gezielten Hilfen bei vorübergehenden Entwicklungskrisen im normalen schulischen Milieu des Kindes bis zur Heim- bzw. Klinikschule für extrem gestörte Kinder." (Bittner et al. 1974, 91, H.i.O.)

Verhaltensstörungen verlangen nach pragmatischen und flexiblen Handlungsmöglichkeiten – und wohl auch weiterhin nach spezifischen Institutionen.

ALEM Als elaboriertester Ansatz in didaktischer Hinsicht gilt das Adaptive Learning Environment Model (ALEM). Zwei verschiedene didaktische Zugänge werden hier verfolgt:

*   „Strategien des strukturiert-präskriptiv-direktiven Lernens auf diagnostischer Basis für die grundlegenden Lernbereiche" (Goetze 1991, 12),
*   „informell-offenes Lernen im Bereich personal-sozialen Lernens" (12).

Die Unterrichtskonzeption enthält damit eine klare Strukturierung des Schriftsprach- und Mathematikunterrichts, in den weiteren Unterrichtsfächern hingegen schülerzentrierte Formen des Unterrichts. Diese neue didaktische Konzeption bietet damit eine Struktur, wie sie in einigen reformpädagogischen Schulen, z. B. in Schulen nach dem Jena-Plan, seit langem praktiziert wird. Der Anschluss an diese innovativen Schulmodelle stellt daher auch eine Chance für die Integration von Schülern mit Verhaltensstörungen dar.

Die Evaluation des ALEM-Programms weist positive Effekte nach:

- Die Leistungsfortschritte der Schüler übertrafen die Erwartungen,
- in den Klassen zeigte sich weniger Konkurrenz und mehr Zusammenhalt und
- das Programm wurde in relativ hohem Grad umgesetzt (Implementation),
- je höher der Grad der Umsetzung durch die Klassenlehrer war, umso größer war auch der Erfolg.

Die Kritik merkt an, dass die empirische Kontrolle des Versuchs nicht hinreichend war (Kontrollgruppendesign, Stichprobengröße, Koppelung mit anderen Behinderungen). Somit lassen sich keine spezifischen Aussagen über die Wirkung des Programms bei Schülern mit Verhaltensstörungen treffen (Goetze 1991, 13). Dennoch stellt dieses Modell einen viel versprechenden Ansatz zur Gestaltung integrativen Unterrichts bei Verhaltensstörungen dar.

Welche zukunftsträchtigen Modelle der Integration von Verhaltensstörungen liegen für den deutschen Sprachraum vor?

9.3.3 Modelle der Integration

Besonders angesichts der finanzpolitischen Restriktionen zeichnet sich eine Tendenz hin zu ambulanten oder mobilen Formen der schulischen Erziehungshilfe ab, die ohne größeren Aufwand an Lehrerstunden und Material durchzuführen sind. Die früheren Modellversuche, z. B. in Rheinland-Pfalz von 1976 bis 1982, von Heinz Bach wissenschaftlich begleitet, führten hingegen eine umfangreiche und intensive Kooperation zwischen Sonderpädagogen und Lehrern der integrierenden Klasse ein. Erst die intensive Zusammenarbeit erreichte eine größere Wirksamkeit, stellte aber zugleich eine nicht unproblematische, neue Aufgabe für die Beteiligten dar (Reiser 1992). Die wünschenswerten Maßnahmen werden heute kaum noch finanziert und praktiziert, daher fühlen sich nicht wenige Lehrer im gemeinsamen Unterricht durch Schüler mit Verhaltensstörungen überfordert.

Inzwischen existieren in verschiedenen Bundesländern und in Österreich Formen der ambulanten und mobilen Erziehungshilfe, die unabhängig voneinander entwickelt wurden, jedoch sehr große Ähnlichkeit besitzen. Insbesondere der Vergleich zwischen dem österreichischen Beratungslehrer (Gasteiger-Klicpera/Klic- **Ambulante Formen**

pera 1998a, 1998b), den regionalen sonderpädagogischen Förderzentren in Schleswig-Holstein (Hartke 1998) und der Mobilen Erziehungshilfe in Bayern (Hillenbrand 1999a) weist diese
parallele Entwicklung nach. Als Beispiel einer solchen ambulanten Form der Erziehungshilfe soll die Mobile Erziehungshilfe in
Bayern vorgestellt werden.

9.3.4 Beispiel: Die Mobile Erziehungshilfe

Die Mobile Erziehungshilfe existiert seit dem Schuljahr 1980/81.
Seither hat sich der schulrechtliche und schulorganisatorische Status grundlegend gewandelt: Von einem regional begrenzten Schul-
versuch im bayerischen Regierungsbezirk Schwaben wurde sie
Ende der 80er Jahre zu einem wichtigen Bestandteil der umfassenden Organisationsreform „Sonderpädagogisches Förderzentrum in Bayern" und erreichte 1994 die gesetzliche Verankerung
im Bayerischen Erziehungs- und Unterrichtsgesetz. Mobile Erziehungshilfe wird heute in Bayern flächendeckend angeboten.

Wie lässt sich die Konzeption der Mobilen Erziehungshilfe knapp
umschreiben? Bernd Hippler, Mitinitiator dieser Einrichtung, fasst
in seiner Studie aus der Gründungsphase wie folgt zusammen:

„Sonderschullehrer der Fachrichtung Verhaltensgestörten-Pädagogik fahren
nach Meldung durch Lehrer an Regelschulen an die jeweilige Schule und versuchen gemeinsam über pädagogisch-therapeutische Maßnahmen vorwiegend
in Einzelfallhilfe, die auf eine oder wenige Stunden wöchentlich begrenzt ist,
beim Schüler die Verhaltensstörung zu mindern und allen Beteiligten Hilfestellungen zu geben, um das Verhaltensproblem dort zu bewältigen, wo es
entstanden ist. Mobile Erziehungshilfe umfaßt andererseits auch spezielle
inhaltliche Maßnahmen in Regelschulen …, von denen angenommen wird,
daß sie der Prävention und dem Abbau von Verhaltensstörungen dienen."
(Hippler 1985, 8)

Mobile Erziehungshilfe stellt folglich eine Organisationsform zur
Förderung von Schülern mit Verhaltensstörungen dar, die durch
einen Sonderschullehrer mit Qualifikation in Verhaltensgestörtenpädagogik in der Grund- oder Hauptschule in Einzelfallhilfe
einmal pro Woche durchgeführt wird. Dadurch soll eine Über-
weisung in die Schule zur Erziehungshilfe vermieden werden.

Vorgehen   Zunächst erfolgt die Meldung eines Schülers durch den Grund-
und Hauptschullehrer, der Sonderschullehrer führt die Kontaktaufnahme durch, erstellt eine Eingangsdiagnostik, entscheidet daraufhin über die Aufnahme des Kindes in die Förderung
und konzipiert in einem individuellen Erziehungsplan eine sonderpädagogische Einzelfallhilfe, die in Zusammenarbeit mit dem
Klassenlehrer, den Eltern und möglicherweise weiteren Fach-

diensten durchgeführt wird. Spätestens nach zwei Jahren endet die individuelle sonderpädagogische Förderung.

In der *Meldung* gibt der Klassenleiter auf einem Formblatt bereits konkrete Hinweise auf die Situation mit ihren spezifischen Problemen. Es umfasst die Bereiche Motorik, Wahrnehmung, Konzentration, Lern- und Leistungsverhalten, Aggressivität und Regressivität sowie sonstige Auffälligkeiten (Staatsinstitut 1994b, 91ff). Diese Stellungnahme liefert wichtige Daten für die Erziehungshilfe.

Die *Kontaktaufnahme* des Sonderpädagogen in der Mobilen Erziehungshilfe soll eine tragfähige, vertrauensvolle Beziehung zum Lehrer der Grund- oder Hauptschule anbahnen.

Die *Eingangsdiagnostik* durch den Sonderpädagogen versucht, nach den leitenden Fragestellungen Hintergründe und Förderansätze zu ermitteln. Informationen aus verschiedensten Quellen (Lehrer, Eltern, Bezugspersonen, Fachdienste) sind heranzuziehen. Es sollen auch umfangreiche diagnostische Verfahren durchgeführt werden (29ff), um eine „diagnosegeleitete Förderung" umzusetzen. Allerdings erweist sich eine solch aufwändige Diagnostik in der Praxis aufgrund des Zeitrahmens als undurchführbar und wird als wenig effektiv eingeschätzt (Hillenbrand 1999a), so dass sich die Sonderpädagogen in der Mobilen Erziehungshilfe weitgehend auf die Stellungnahme des Klassenleiters und eigene Verhaltensbeobachtungen stützen.

Die *Entscheidung* über die Aufnahme in die Förderung erfolgt vor dem Hintergrund der so gewonnenen diagnostischen Informationen.

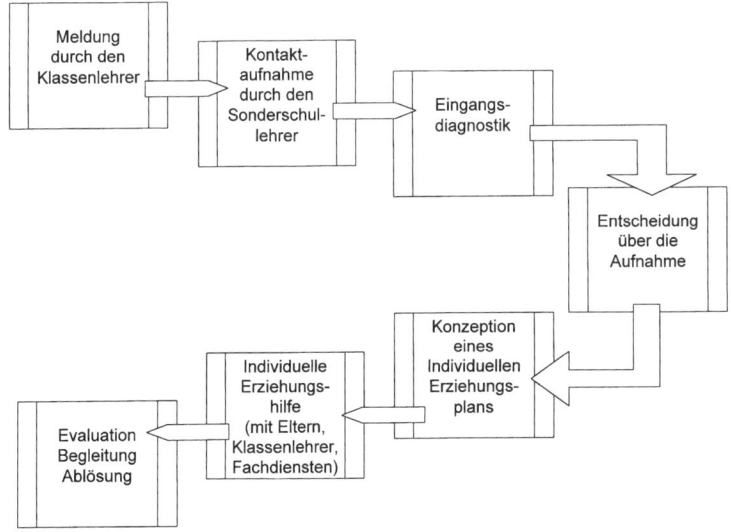

Abb. 25:
Vorgehen der
Mobilen
Erziehungshilfe

Auf dieser Basis erstellt der Sonderpädagoge in Absprache mit dem Klassenleiter einen *individuellen Erziehungsplan*.

Die Durchführung der diagnosegeleiteten Förderung als *Einzelfallhilfe* soll soziale Lernprozesse anbahnen und zur emotionalen Stabilisierung des Schülers beitragen. Die Auswahl der anzuwendenden Förderansätze liegt in der Hand des Lehrers der Mobilen Erziehungshilfe. In einer Befragung nannten die Sonderpädagogen in erster Linie das Gespräch, Malen und Zeichnen, Übungen zum Aufbau von Lernstrategien, Regelspiele sowie die Arbeit mit Geschichten und Märchen. Daneben besitzt die Einübung unterrichtlicher Inhalte eine besondere Bedeutung, um die oft vorhandenen Lerndefizite zu mildern.

Die *Ablösung* erfolgt in Rücksprache mit dem Klassenleiter. Der Sonderpädagoge steht als Ansprechpartner für Krisensituationen weiterhin zur Verfügung.

Wertung

Die Konzeption der Mobilen Erziehungshilfe vereint bekannte Methoden und Ansätze der Diagnostik, Gesprächsführung, Beratung und Förderung. Sie stellt eine offene und pragmatische Konzeption dar, die keiner bestimmten theoretischen oder therapeutischen Grundlage eindeutig verpflichtet ist. Knapp gesagt: Die Mobile Erziehungshilfe besteht darin, dass ein qualifizierter Sonderschullehrer für die Förderung in Grund- und Hauptschulen freigestellt wird!

Und diese Arbeit führt anscheinend zu großem Erfolg. Die Mobile Erziehungshilfe in Bayern wird von den Lehrern der Grund- und Hauptschule inzwischen so stark in Anspruch genommen, dass nur knapp die Hälfte der gemeldeten Schüler in die Förderung aufgenommen werden kann. Tatsächlich kann häufig die Aufnahme in die Sonderschule vermieden werden (Huber et al. 1997).

Die Mobile Erziehungshilfe stellt damit nicht nur ein anspruchsvolles und bewährtes Organisationselement in einem gestuften System von Maßnahmen der Erziehungshilfe dar, sondern entspricht der historischen Entwicklungslinie heilpädagogischer Bemühungen um erschwerte Erziehungsprozesse. Wie ähnliche Modelle zeigt sie trotz restriktiver finanzpolitischer Bedingungen einen möglichen Weg integrativer Erziehungshilfe auf.

9.3.5 Fallbeispiel: Förderung durch die Mobile Erziehungshilfe

Die Arbeit in der Mobilen Erziehungshilfe lässt sich anhand eines Fallbeispiels demonstrieren.

Fallbeispiel: Markus schlägt andere Kinder

Ausgangssituation: Als der achtjährige Markus der Mobilen Erziehungshilfe gemeldet wird, besucht er die 2. Jahrgangsstufe. Die Klassenlehrerin be-

schreibt sein Verhalten folgendermaßen: Die Schulleistungen sind unter-
durchschnittlich. Er zeigt sehr wenig Lern- und Leistungsbereitschaft. Er ist
aggressiv und schlägt andere Schüler. Er zerstört Dinge und hält sich nicht an
vereinbarte Regeln. Lehrerin und Mitschüler leiden unter den Verhaltensauffälligkeiten von Markus. Der Beratungslehrer der Schule empfiehlt der Klassenlehrerin, den Schüler bei der Mobilen Erziehungshilfe anzumelden.

Diagnose: Im Verlauf der Diagnose erweisen sich folgende persönliche und familiäre Schwierigkeiten: Die Familie von Markus ist vor etwa einem halben Jahr
an den neuen Wohnort gezogen. Der Vater betreibt eine Bar und kümmert sich
kaum um familiäre Belange. Die Mutter fühlt sich allein gelassen und ist mit ihrer Situation überfordert. Schwangerschaft und frühkindliche Entwicklung sind
nach Aussagen der Mutter ohne Auffälligkeiten verlaufen. Im Kindergarten hat
Markus häufig Konflikte mit anderen Kindern, er kann sich nur schwer in eine
Gruppe einordnen. Bei Bastelarbeiten zeigt er wenig Durchhaltevermögen. Eine
Untersuchung in der Kinderklinik ergibt den Verdacht auf minimale cerebrale
Dysfunktion, die sich im Besonderen auf die Bewegungskoordination sowie auf
die Grob- und Feinmotorik auswirkt. Es wird deshalb für den Zeitraum von ei-
nem halben Jahr eine graphomotorische Übungsbehandlung an der Klinik durch-
geführt. Seit Schulbeginn hat die Mutter zu Hause vermehrt Probleme mit ihrem
Sohn. Er ist aggressiv, unfolgsam und kotet zeitweise ein. Auf Grund dieser
Nöte wendet sich die Mutter an die Erziehungsberatungsstelle.

Die Eingangsdiagnostik liefert im Wesentlichen folgende Erkenntnisse: Der
Schüler verfügt über durchschnittliche geistige Fähigkeiten. Auffällig sind Kon-
zentrationsbeeinträchtigungen und geringes Durchhaltevermögen. Ebenso
zeigen sich Symptome von Hyperaktivität, Lern- und Leistungsverweigerung
in der Schule. Es treten Schwierigkeiten in der Bewegungskoordination und
Lateralität auf. Er erbringt schlechte Schulleistungen infolge mangelnder Motivation und auffälliger Verhaltensweisen. Er versucht schulisches Versagen
durch Störungen im Unterricht auszugleichen. Er ist bestrebt, durch aggressives und destruktives Verhalten im Mittelpunkt zu stehen und Aufmerksamkeit
zu erregen. Mangelndes Selbstbewusstsein und fehlendes Vertrauen in die eigene Leistungsfähigkeit sind wohl die Ursachen für schulische Misserfolge. Er
zeigt regressive Tendenzen. Die Mutter setzt ihn häufig unter Druck und zeigt
rigides Erzieherverhalten. Im Elternhaus erfährt er selten Lob oder Anerkennung. Es besteht Geschwisterrivalität; der jüngere Bruder wird nach Meinung
von Markus bevorzugt.

Sonderpädagogische Förderung: Von September bis November des folgenden Schuljahres wird Markus einmal wöchentlich für etwa eine Stunde in
der Schule von einem Sonderschullehrer der Mobilen Erziehungshilfe gefördert. Es kommen folgende Fördermaßnahmen zur Anwendung:

- Möglichkeit der Aussprache in ungezwungener und entspannter Atmo-
sphäre,
- Beschäftigungen mit Angebotscharakter wie bildnerisches Gestalten und
Spiele,
- Konzentrations- und Wahrnehmungsübungen, etwa mit Puzzle, Differix,
Simile,
- Übungen und Verbesserung von Grob- und Feinmotorik, etwa durch Pedalo,
Ball, Labyrinth,

- Fördermaßnahmen im Lesen, Rechtschreiben und in Mathematik,
- Aufbau von Selbstwertgefühl und Vertrauen in die Leistungsfähigkeit,
- Konfliktbearbeitung im Gespräch und Entwicklung von Konfliktlösungsstrategien,
- Bewusstmachen von Gefühlen, etwa im Rollenspiel,
- Anbahnen, Festlegen und Beachten von Regelverhalten,
- Verhaltensmodifikation, etwa bei der Hausaufgabengestaltung oder im Umgang mit Arbeitsmitteln,
- Vermittlung in einen Sportverein,
- regelmäßige Elterngespräche, Beratung und Informationsaustausch mit dem Lehrer.

Ergebnisse der Förderung: Markus macht im Arbeits- und Sozialverhalten offenkundige Fortschritte. Die Lehrerin ist sich der Schwierigkeiten des Schülers bewusst und geht mit seinen Problemen sensibel um. Die Mutter modifiziert das Erziehungsverhalten und verändert die Einschätzung ihrem Sohn gegenüber. Die Klassenlehrerin urteilt am Ende des Schuljahres so: „Markus hat Freude am schulischen Lernen gefunden. Er ist kein Außenseiter mehr in der Masse. Er ist ein Lausbub wie alle anderen auch und hat gelernt, mit seinen Klassenkameraden angemessen umzugehen." (Staatsinstitut für Schulpädagogik und Bildungsforschung München 1994b, 77–78)

9.4 Interessante Perspektiven?

Die Darstellung der neuen Entwicklungen in der Erziehungshilfe soll dazu dienen, Neugier und Interesse an der Pädagogik bei Verhaltensstörungen zu wecken. Diese Arbeitsrichtung der Heilpädagogik behandelt teilweise sehr belastende Probleme moderner Gesellschaften. Sie steht zugleich in engem Zusammenhang mit zukunftsweisenden Entwicklungen der Forschung und bearbeitet spannende Fragestellungen. Wenn diese Einführung zu weiteren Studien und zur kritischen Begleitung der aktuellen wissenschaftlichen Diskussion anregen konnte, erfüllt sie die Erwartungen des Autors.

Die entscheidende Frage ist allerdings, ob die Pädagogik bei Verhaltensstörungen tatsächlich die Chance erhält, diese spannenden Aufgaben zu erfüllen. Denn im Zeitalter einer Ideologie des „shareholder value", der Sozialisierung von Kosten und Privatisierung von Gewinnen steckt die Beschäftigung mit Kindern und Jugendlichen, die zu den Modernisierungsverlierern (Warzecha 1999) zu zählen sind, in einem Dilemma: Die Probleme häufen sich – die Ressourcen schmelzen dahin. Schon jetzt sind die Mittel für (Sonder-)Schulen, Heime und gerade auch für heilpädagogische Einrichtungen und Forschungen an den Universitäten höchst ungerecht verteilt.

Politisches Engagement wird damit zu einer existenziellen Aufgabe der Pädagogik bei Verhaltensstörungen. Denn die Suche nach Lobbyisten und Sponsoren für Kinder und Jugendliche mit Verhaltensstörungen, aber auch für die Erfüllung brisanter Forschungsaufgaben in der Pädagogik bei Verhaltensstörungen blieb bisher weitgehend erfolglos.

9.5 Übungsaufgaben

An welchen protektiven Faktoren können Sie Ihr praktisches Handeln orientieren? **Aufgabe 43**

Was sind metakognitive Fähigkeiten? Welcher Förderbedarf lässt sich bei Kindern und Jugendlichen mit Verhaltensstörungen häufig feststellen? Welche Handlungsmöglichkeiten bieten sich an? **Aufgabe 44**

Diskutieren Sie die Chancen der Integration von Schülern mit Verhaltensstörungen. **Aufgabe 45**

10 Diskussion und offene Fragen

Eine Einführung beansprucht, einen Überblick über das jeweilige Fachgebiet zu bieten. Aus dieser Intention heraus erfolgte bisher eine möglichst objektive Sichtung und Darstellung von wissenschaftlichen Ergebnissen, die für die Pädagogik bei Verhaltensstörungen nach meiner Einschätzung als wichtig einzustufen sind.

Positions-
bestimmung

Eine Einführung sollte meines Erachtens zugleich Impulse für eine Stellungnahme geben. Durch die Klärung der eigenen Position innerhalb pluraler Wissenschaftsrichtungen entwickelt sich ein bestimmtes Inter-esse, ein Dazwischen-sein. Von einem reflektierten Standpunkt aus lassen sich Tendenzen, Entwicklungen und modische Trends kritisch verfolgen. Und diese kritische Sichtweise erscheint gerade für die Praxis der Erziehung bei Verhaltensstörungen dringend geboten. Denn in weiten Teilen wirkt sie wie eine Spielwiese kurzlebiger Psycho-Moden.

Um nicht ein Spielball solcher Wellenbewegungen zu werden, hilft nur eine reflektierte Position zu grundlegenden Fragestellungen, die besonders für drei Themenbereiche unerlässlich wird. Sie stellen zugleich drei kritische Tendenzen für die Weiterentwicklung der Erziehungshilfe dar, die bisher zu wenig selbstkritisch behandelt wurden. Für ein vertiefendes Studium der Pädagogik bei Verhaltensstörungen erscheint es daher sinnvoll, Anregungen für diese Standortsuche zu geben. In diesem Sinne sind die folgenden pointierten Stellungnahmen zu verstehen:

1. zur Dominanz psychologischer Theorien,
2. zum Primat der Beziehung und
3. zur Achtung der Person.

10.1 Dominanz psychologischer Theorien

Erziehungshilfe –
Psychotherapien

Wenn man die wissenschaftlichen Strukturen der Pädagogik bei Verhaltensstörungen analysiert (siehe Kap. 3 und 4), dann fällt auf, dass hier in erster Linie psychologische Theorien prägend sind. Konzeptionen der Pädagogik bei Verhaltensstörungen bestehen meist in Modifikationen psychologischer Theorien, ge-

nauer: in leicht abgewandelten Formen verschiedener Psychotherapien. Von der Tiefenpsychologie über die Lerntheorien bis
hin zu systemischen Therapieformen besitzen sie einen prägen-
den Einfluss in allen Bereichen der wissenschaftlichen Diskussion in der Pädagogik bei Verhaltensstörungen. Nicht zufällig wurde der Begriff „Verhaltensstörung" unter dem Eindruck des Sie-
geszugs eines behavioristischen, also „verhaltens"-orientierten
Wissenschaftsverständnisses der Psychologie geprägt. Die ökologischen Theorien fügen den psychologischen Entwicklungen
noch Beiträge anderer Wissenschaften wie Biologie und Soziologie hinzu. Ob diese neuerliche Rezeption wissenschaftlicher Mo-
den dem Gegenstand überhaupt gerecht wird, wird zu wenig diskutiert (Hillenbrand 1999b).

Bei all dem kommt die eigene Herkunft zu kurz: die Pädagogik! Denn wie der historische Abriss zeigt, besitzt die Pädagogik
bei Verhaltensstörungen eine genuin pädagogische Geschichte.
Und die praktische Aufgabe besteht nun einmal in einer besonderen Modifikation von Erziehung und Unterricht, wie Georgens
und Deinhardt in ihrem Gründungsdokument der Heilpädagogik belegten. Die wissenschaftlichen Reflexionen können daher
nur pädagogischer Natur sein. Die Attraktivität anderer Wissenschaften, insbesondere der Psychologie, verdeckt diese Grundstruktur. Das wissenschaftliche „Schielen" nach den vermeintlich
„höheren Weihen" einer psychologisch-therapeutischen Disziplin
führt zum Verlust des eigenen Fundaments im interdisziplinären
Diskurs. Es spricht für ein wissenschaftliches Minderwertigkeits-
gefühl aufgrund eines negativen Images der Pädagogik, wenn die
eigene, genuin pädagogische Position in der wissenschaftlichen
Arbeit nicht mehr erkennbar ist. Insbesondere für die Pädagogik
bei Verhaltensstörungen sehe ich mit dem Psychologen (!) Gröschke „die Gefahr, wegen dieser außerpädagogischen Bezüge das
pädagogische Selbstverständnis zu verlieren" (Gröschke 1999, 10).

Gegen diese Tendenz helfen auch nicht die Vorschläge, die
Pädagogik bei Verhaltensstörungen als Integration aller wissenschaftlichen Arbeitsrichtungen zu verstehen. Eine solche Denk-
weise vernachlässigt nicht nur die unvereinbaren Differenzen zwischen verschiedenen psychologischen Schulen. Gravierender
noch ist der Verlust des Bewusstseins über die grundlegende Dif-
ferenz von Therapie und Erziehung, von Psychologie und Pädagogik. Die fundamentalen Unterschiede zwischen erzieherischem
und therapeutischem Handeln auf der praktischen Ebene oder
zwischen der wissenschaftlichen Erforschung von zielverfolgen-
den Erziehungs- und Bildungsprozessen und psychischen Prozessen geraten bei einem solchen Konzept der Pädagogik bei Verhaltensstörungen als Integrationswissenschaft in Vergessenheit.

Pädagogik

In der Konsequenz wäre zu fordern, dass sich die Pädagogik bei Verhaltensstörungen als Teil der Pädagogik verstehen muss. Wie für die Heilpädagogik insgesamt gilt es den Forschungsstand und die Diskussionen in der Allgemeinen Pädagogik zur Kenntnis zu nehmen, aufzuarbeiten und sich in die Diskussion einzuschalten. Nicht die Anwendung neuester Psychotherapien führt weiter, sondern die Klärung der eigenen Grundlagen!

Konkretisierung

An einigen Fragen ist diese Kritik zu konkretisieren:

• Was meint der Begriff „Erziehungshilfe", wenn der Terminus „Erziehung" überhaupt kein Thema in der Pädagogik bei Verhaltensstörungen bildet und daher ungeklärt bleibt? Die Bildung von Grundbegriffen und ihre Kritik (Schlee 1993) folgt immer noch psychologisch-empirischen, letztlich naturwissenschaftlichen Idealen (Hillenbrand 1996), obwohl eigentlich geklärt ist, dass in der Pädagogik ganz andere Anforderungen Gültigkeit besitzen (Scheffler 1971).

• Wie ist der Bildungsauftrag für Menschen mit Verhaltensstörungen einzulösen, wenn Fragen der Bildung, etwa nach Lernzielen und Lerninhalten, kaum Bearbeitung erfahren?

• Wie soll die Dimension der Beziehung wirklich die Grundlage der Erziehung von Kindern und Jugendlichen mit Verhaltensstörungen werden, wenn der Hinweis auf diese zentrale Dimension eher eine Lückenbüßerfunktion zur Erklärung misslingender therapeutischer Interventionen besitzt, ohne jedoch intensiver erforscht zu werden?

Bei dieser Kritik ist mir natürlich klar, dass es durchaus Antwortversuche auf die angesprochenen Themenkomplexe gibt. Solche Versuche müssen systematisch weiterbetrieben werden. Die fundamentale Kritik ist dabei der Pädagogik bei Verhaltensstörungen entgegenzuhalten: Wird nicht die genuin pädagogische Dimension vernachlässigt?

10.2 Primat der Beziehung

In der vorliegenden Einführung fällt der häufige Hinweis auf die Beziehung von Eltern und Kind, Erzieher und Kind, Lehrer und Schüler auf. Immer wieder und aus verschiedensten theoretischen Ansätzen heraus wird die positive, tragfähige, fördernde, belastbare etc. Beziehung als Voraussetzung allen Erfolg versprechenden Handelns konstatiert. Man kann geradezu von einem Primat der Beziehung für die Erziehung von Kindern und Jugendlichen mit Verhaltensstörungen sprechen.

Im Gegensatz zu dieser anerkannten Bedeutung steht die Beobachtung, dass Vorschläge zur Gestaltung dieser Beziehung meist nicht über das Wiederholen der Prinzipien klientenzentrierter Gesprächspsychotherapie(!) nach Rogers hinausgehen. Normative Ansprüche an den Psychotherapeuten werden damit auf das Handeln des Erziehers übertragen.

Inhaltlich stellen diese Prinzipien ebenso idealistische Überforderungen dar, wie sie die frühere geisteswissenschaftliche Pädagogik formulierte. Gerade die Ebene der Beziehung wird ja durch Verhaltensstörungen beeinträchtigt und belastet Eltern, Familien, Erzieher und Lehrer auch emotional in besonderer Weise. Wie können die Beteiligten unter diesen Bedingungen eine Beziehung positiv gestalten? Wie ist einerseits professionelles Handeln zu gewährleisten, andererseits die fundamentale Beziehungsdimension adäquat zu verwirklichen?

Herausforderungen

Der Philosoph Martin Buber, der in besonderer Weise die Realität der Beziehung thematisierte, spricht bei dieser Frage von der durchaus riskanten Notwendigkeit, die Sicherheit der beruflichen Professionalität zu verlassen und „in die elementare Situation zwischen einem anrufenden und einem angerufenen Menschen" (1971, 10) einzugehen. Diese Begegnung „im Abgrund des Menschseins" (11) hat nichts Idealistisches oder Harmonistisches für den Erzieher. Von dort „wird er zurückkehren in eine modifizierte Methodik, in der, von dem in solchen Begegnungen Erfahrenen aus, auch das Ungewohnte, das den herrschenden Denkungsweisen Widerstrebende und den stets erneuten personhaften Einsatz Heischende seinen Platz findet" (11).

Die Dimension der Beziehung hat nichts mit fixierbaren Prinzipien und auch nichts mit emotionaler Sentimentalität zu tun, sondern fordert den Menschen heraus. Wenn der Primat der Beziehung für die Erziehung bei Verhaltensstörungen anerkannt wird, dann kann ich keine allzeit gültigen Erkenntnisse und Methoden mehr erwarten.

Damit keine Missverständnisse aufkommen, sei jedoch zugleich hinzugefügt, dass für die Anbahnung und Gestaltung der Beziehung die fachlich-professionellen Kenntnisse unverzichtbar sind. Oftmals schaffen sie erst die Möglichkeiten für den Aufbau einer Beziehung. Ihrer Öffnung und Unterordnung unter die Beziehung dient der Hinweis von Martin Buber.

10.3 Ethische Grundlagen: Die Achtung der Person

Fragen der Ethik spielen in anderen heilpädagogischen Arbeitsrichtungen durchaus eine große Rolle, etwa in der Geistigbehindertenpädagogik. In der Pädagogik bei Verhaltensstörungen kommen ethische Fragen nicht vor – mit einer Ausnahme.

Die ethische Frage   Otto Speck weist darauf hin, dass Moral eine zentrale Kategorie für die Pädagogik bei Verhaltensstörungen darstellt. Kinder
mit Verhaltensstörungen wachsen häufig in einem Chaos der Beziehungen, Werte und Normen auf. Sie sind missachtet worden
und werden z. T. auch weiterhin von (professionellen) Erziehern
missachtet. Speck fordert daher die Verwirklichung von Achtung
im Sinne des französischen Philosophen Lévinas als fundamentale Voraus-Setzung jeder Erziehung.

Man muss nicht die von Speck angeführte Position von Lévinas
teilen, für den das „Antlitz des Anderen" den Beginn jeden ethischen Handelns darstellt. Aber die ethische Frage stellt sich auch
in der Pädagogik bei Verhaltensstörungen: Wie kann die Erziehung bei Verhaltensstörungen verantwortet werden? Welche ethischen Handlungskriterien besitzen Geltung?

Die Fragen nach der Erziehung, nach der Beziehung und nach
der Ethik erfahren zu wenig Beachtung in der Pädagogik der Verhaltensstörungen – gegenüber der permanenten Suche nach
neuen Methoden und Verfahren. Diese Fragen gehören jedoch
in die Mitte der wissenschaftlichen Diskussion. Sie stellen sich un-
ausweichlich auch in der Praxis der Erziehung von Kindern und
Jugendlichen mit Verhaltensstörungen und verlangen daher nach
persönlichen Standortbestimmungen.

Es entspricht einer wissenschaftlichen Bildung in besonderer
Weise, über die Auseinandersetzung mit wissenschaftlichen Inhalten hinausgehend, sich um die Klärung des eigenen Standpunktes in solch grundsätzlichen Fragen zu bemühen.

11 Anhang

Glossar

Approximation, sukzessive: schrittweise Annäherung an das Ziel. In der Verhaltensmodifikation die allmähliche Annäherung an das Zielverhalten.

approximativ (lat.): näherungsweise, angenähert.

Aversion: Abneigung, Widerwille, Ablehnung.

Axiom: grundlegende Aussage, grundsätzliche Wertentscheidung eines Wissenschaftsbereiches, aus dem andere Aussagen abzuleiten sind.

Beratung: eine in der Sonderpädagogik, Pädagogik und Psychologie geläufige Bezeichnung für eine Vielzahl von Maßnahmen der Hilfe zur Beseitigung oder Minderung sozialer, kognitiver und/oder sozialer Problemlagen, in denen Formen des Gesprächs im Vordergrund stehen.

Delinquenz (lat.): Straffälligkeit; bezeichnet abweichende Verhaltensweisen, die gegen Regeln, insbesondere gesetzliche Regeln, verstoßen; der Begriff schließt aber auch das Vorfeld kriminellen Verhaltens ein.

dyadische Erzieher-Kind-Beziehung: bezeichnet die Zweierbeziehung insbesondere zwischen Mutter und Kind, in der eine ursprüngliche, bergende Einheit für das Kind besteht. Eine stabile Beziehung stellt die Basis einer positiven Persönlichkeitsentwicklung (Bindungstheorien) und Erziehung dar.

Erlebnispädagogik: Oberbegriff für die praktisch ausgerichteten Bemühungen um Erziehungsformen, die besonders positive Erziehungswirkungen von intensiven, unmittelbaren Erfahrungen erwarten. Dazu werden spezifische Situationen arrangiert, insbesondere in Natursportarten (Segeln, Klettern, Trekking).

Eurhythmie: eine Form der rhythmischen Erziehung, die innerhalb der anthroposophischen Weltanschauung von Rudolf Steiner entstand und besondere künstlerische Bewegungsformen entwickelte.

externalisierende Störungen: nach außen gerichtete, störende Verhaltensweisen, z.B. Aggressionen.

Fluktuation: Schwanken, Wechsel, Austausch.
Genese: Entstehung, Entwicklung.
Implementation: Übernahme, Einfügen, Einbau von erprobten, neuen Maßnahmen.
Inkongruenz: fehlende Übereinstimmung, nicht deckungsgleich.
internalisierende Störungen: nach innen gerichtete, störende Verhaltensweisen, z.B. Angst.
kalibrieren: genau einstellen, auf das rechte Maß bringen.
Katharsis: umstrittene tiefenpsychologische Hypothese, die den Abbau unterdrückter Gefühle durch Ausagieren vermutet.
Kausalattribuierung (Ursachenzuschreibung): die Zuschreibung eigener Handlungsresultate zu bestimmten, als Ursache angenommenen Faktoren; die Kausalattribuierung kann internalisierend (Begabung – Anstrengung) oder externalisierend (Aufgabenschwierigkeit – Zufall) erfolgen.
Kinderfehler: von Strümpell Ende des 19. Jahrhunderts geprägter Begriff für abweichende Verhaltensweisen bei Kindern, diente zur Legitimation heilerzieherischer Bemühungen.
Lateralität: Dominanz einer Seite bei paarweise vorhandenen Organen. Insbesondere die Händigkeit des Menschen weist i. d. R. eine deutliche Lateralität auf, die mit der Dominanz bestimmter Gehirnregionen zusammenhängt.
Orff-Instrumente: vom Musiker und Komponisten Carl Orff in den 20er Jahren des 20. Jahrhunderts konzipierte Musikinstrumente, die in der Schule große Verbreitung gefunden haben, bestehend aus Xylophonen, Glockenspielen, Holzblocktrommeln, Rasseln und anderen Instrumenten.
passageres Phänomen: vorübergehende, nur temporär auftretende Erscheinung.
Regressivität: hier Entwicklungsrückschritt, Zurückgreifen auf eine frühere Entwicklungsstufe.
Schwachsinn: im ersten Drittel des 20. Jahrhunderts verbreitete Bezeichnung für Geistesschwäche, diente insbesondere zur Legitimation der Hilfsschule.
Separierung: Absonderung; hier: als Schlagwort benutzter Ausdruck für den Wechsel von Schülern aus der regulären Grund- und Hauptschule durch Aufnahme in die Sonderschule.
Supervision (engl.): Anleitung und Beratung in der Praxis durch einen ausgebildeten Supervisor, dient der Bewältigung von konfliktträchtigen beruflichen Belastungen.

Lösungshinweise zu den Übungsaufgaben

Kapitel 1 (s. S. 43)

Aufgabe 1

Entwicklung: störender Einfluss der Gesellschaft auf die natürliche Entwicklung des Kindes. Sozialisation: bisher unzureichende Prägung erwarteter Verhaltensweisen. Personalisation: Entwicklungsbeeinträchtigungen und fehlgelaufene Lernprozesse und unzureichende Beziehungserfahrungen, Verwahrlosung durch die soziale Umwelt

Aufgabe 2

Oberbegriff, Einschränkung auf pädagogischen Kontext, interdisziplinärer Begriff, Diskurs zwischen verschiedenen Wissenschaften, gemeinsame Fragestellungen

Aufgabe 3

Phänomen, Verursachung, Klassifikation, Konsequenzen, Hilfen

Aufgabe 4

Externalisierende, internalisierende, entwicklungsverzögert-unreife, sozialisiert-delinquente Verhaltensstörungen

Aufgabe 5

Abhängig von Begriff und Kriterien, von 1 bis 61 %, realistischerweise 12 bis 16 %

Aufgabe 6

Pädagogik bei Verhaltensstörungen, Heil- und Sonderpädagogik, Allgemeine Pädagogik

Aufgabe 7

Medizin, Psychologie, Soziologie, Kriminologie, Pädagogik

Kapitel 2 (s. S. 64)

Aufgabe 8

Heim (z. B. Pestalozzi), Jugendstrafvollzug (Curt Bondy), Erziehungsklassen (Arno Fuchs), Sonderschulen (Kultusministerkonferenz KMK), Kinder- und Jugendpsychiatrie (Hoffmann, Trüper)

Aufgabe 9

Sittliche Verwahrlosung, Krankheit, Verhaltensstörung

Aufgabe 10

Pestalozzi: Verhaltensstörung wird durch soziale Missstände verursacht, Aufgabe ist die Gestaltung einer neuen Erziehungsumgebung und neuer Beziehungen, dadurch verfolgt er das Ziel der Menschenerziehung und zugleich eine Reform des öffentlichen Erziehungssystems. Trüper: Kindliche Entwicklung ist zu beobachten und Prävention zu leisten, Heilerziehung statt Strafe. Fuchs: Schwererziehbarkeit als Stufe vor Psychopathie, ist Aufgabe der Volksschule durch E-Klassen, hier erfolgen individualisierende Erziehungsmaßnahmen

Aufgabe 11

Entwicklung einer eigenen Argumentation

Kapitel 3 (s. S. 75)

Aufgabe 12   Hinweise zur Lösung siehe Abbildung 8

Aufgabe 13   Hinweise zur Lösung siehe Abbildung 8

Aufgabe 14   Entwicklung eigener Aussagen. Als Beispiel:

„Ist Struwwelpeter gar nicht nett,
erhält er ein Etikett,
,Verhaltensstörung' nennt sich dann,
was man nicht ertragen kann."

Kapitel 4 (s. S. 109)

Aufgabe 15   Bedeutung der Funktion des Ich, der Realitätsinstanz

Aufgabe 16   Gespräch im Lebensraum über vorhergehende Situationen mit gezielter Realitätskonfrontation durch Fragen oder Anregungen des Erziehers

Aufgabe 17   Klassisches Konditionieren, Operantes Konditionieren, Lernen am Modell

Aufgabe 18   S = Stimulus, Reiz; O = Organismus; R = Reaktion; C = Konsequenzen; K = Kontingenz. Das Modell ermöglicht eine genauere Verhaltensanalyse.

Aufgabe 19   Nach Verhaltensanalyse erfolgt Verhaltensmodifikation: Zielformulierung, Planung, Intervention, Evaluation

Aufgabe 20   Berücksichtigung kognitiver und kooperativer Elemente

Aufgabe 21   Zusammengesetzt aus Elementen und deren Relationen, Stichwort Autopoiese, Anstöße durch Umwelt, jedoch nach eigenen Regeln

Aufgabe 22   Betont Kontextabhängigkeit (Beobachter, komplexe Zusammenhänge, Einbindung in sensible Gleichgewichtsstrukturen, Unberechenbarkeit) und subjektiven Sinn des Verhaltens; diese Dimensionen sind auch im erzieherischen Handeln zu berücksichtigen

Aufgabe 23   Humanistisches Menschenbild (Reflexivität, Rationalität, Emotionalität, Kommunikationsfähigkeit, Handlungsfähigkeit, Autonomie), zielgerichtetes Verhalten, subjektive Sinngebung ist zu berücksichtigen

Aufgabe 24   Siehe Literaturliste

Kapitel 5 (s. S. 127)

Unterscheidende Beurteilung; Deskription, Klassifikation, Ätiologie, Prognose, pädagogisch-therapeutische Ziele, Evaluation; begründete Entscheidung für ein Handeln, das ein Problem zu lösen versucht (Selektion, Klassifikation, Modifikation)

Aufgabe 25

Medizinisches Modell: Symptome, Ursache, Ableitung der Behandlung, Evaluation. Behaviorales Modell: operationalisierte Beschreibung des Verhaltens, quantitative Erhebung, verhaltensmodifikatorisches Konzept. Interaktionistisches Modell: Beschreibung des Interaktionssystems, Befragung und Beschreibung durch Beteiligte

Aufgabe 26

Siehe Tabelle 4

Aufgabe 27

Siehe Abbildung 12

Aufgabe 28

Siehe Tabelle 5

Aufgabe 29

Kapitel 6 (s. S. 155)

Primäre Prävention: Aufklärung vor der Störung; Sekundäre Prävention: Hilfen bei einsetzenden Problemen; Tertiäre Prävention: Negative Folgen einer eingetretenen Störung mildern

Aufgabe 30

Primäre Prävention wünschenswert, aber kaum realisierbar. Sekundäre und tertiäre Prävention leiden unter negativen Effekten (Nebenwirkungen) wie Stigmatisierung, Isolierung und nur eingeschränkten positiven Wirkungen

Aufgabe 31

Entwicklung eigener Argumente und Gedanken erforderlich

Aufgabe 32

Personzentrierte Gesprächsführung, Strukturierung des Problemlösungsprozesses

Aufgabe 33

Kapitel 7 (s. S. 173)

Siehe Abbildung 16

Aufgabe 34

Entwickeln eigener Ideen und Konzepte

Aufgabe 35

Argumente pro und contra, etwa: Einsatzmöglichkeiten gezielter Hilfsformen, Schutz des Heranwachsenden, aber auch des Umfeldes, das Dilemma der Erziehung bei eingeschränkter Freiheit, Vergeltung oder Hilfe

Aufgabe 36

Aufgabe 37

Schule: Förderung aufgrund vorliegender Defizite. Berufsbildung: Vermittlung von Grundkenntnissen für den Beruf. Freizeitpädagogik: sozialpädagogische Hilfen zur Freizeitgestaltung

Aufgabe 38

Unterricht als Chance zur Normalisierung des Alltags, Beitrag erfolgreichen Lernens zur Stabilisierung der Persönlichkeit

Aufgabe 39

Schulsozialarbeit, Erziehungsberatung, Stadtteilarbeit

Kapitel 8 (s. S. 195)

Aufgabe 40

Siehe Darstellung der jeweiligen Störung

Aufgabe 41

Siehe Darstellung im Text

Aufgabe 42

Aggression: Externalisierende Störung. Angst: Internalisierende Störung. Hyperaktivität: Externalisierende Störung

Kapitel 9 (s. S. 219)

Aufgabe 43

Stützung individueller und sozialer Ressourcen, siehe Abbildung 19

Aufgabe 44

Strategien zur effektiven Bewältigung von Anforderungssituationen. Mangelhafter Einsatz adäquater Strategien. Demonstration kognitiver Prozesse, metakognitive Förderprogramme

Aufgabe 45

Probleme sind hier am größten, spezielle Hilfen bleiben notwendig, erfordern ein differenziertes System der Förderung, eine bewährte Form ist die ambulante Einzelfallhilfe (Mobile Erziehungshilfe).

Literatur

Ahrbeck, B. (1993): Offene Erziehung oder geschlossene Unterbringung? Eine Herausforderung an die Verhaltensgestörtenpädagogik. Die Sonderschule 38, 460–477
– (2000): Verhaltensstörungen. In: Borchert, J. (Hrsg.): Handbuch der Sonderpädagogischen Psychologie. Hogrefe, Göttingen, 868–882
– (2004): Kinder brauchen Erziehung. Die vergessene pädagogische Verantwortung. Kohlhammer, Stuttgart
– (2005). Entwicklungslinien und Zukunftsperspektiven im Fach Verhaltensgestörtenpädagogik. Sonderpädagogische Förderung, 50, 4–12
Albert, B. (1996): Prävention und Integration – Wunsch und Wirklichkeit. Behindertenpädagogik in Bayern 39, 90–99
Antor, G., Bleidick, U. (Hrsg.) (2001): Handlexikon der Behindertenpädagogik. Kohlhammer, Stuttgart
Axline, V. (2002): Kinder-Spieltherapie im nicht-direktiven Verfahren. 10. Aufl. Ernst Reinhardt, München/Basel

Bach, H. (1993): Integrierte Förderung bei Verhaltensauffälligkeiten in der Schule. In: Goetze/Neukäter, 246–260
Baulig, V. (1982): Auffälliges Schülerverhalten. Pädagogische Maßnahmen auf ausagierendes Verhalten. Beltz, Weinheim
Bayerisches Gesetz über das Erziehungs- und Unterrichtswesen (BayEUG) i. d. F. der Bekanntmachung vom 7. Juli 1994 (1994). KWMBl I, München
Beelmann, A. (2000): Prävention dissozialer Entwicklungen: Psychologische Grundlagen und Evaluation früher kind- und familienbezogener Interventionsmaßnahmen. Unveröffentlichte Habilitationsschrift, Universität Erlangen-Nürnberg
Belschner, W., Hoffmann, M., Schott, F., Schulze, Ch. (1975): Verhaltenstherapie in Erziehung und Unterricht. Klett, Stuttgart
Benkmann, K. H. (1993): Pädagogische Erklärungs- und Handlungsansätze bei Verhaltensstörungen in der Schule. In: Goetze/Neukäter, 71–119
– (1997): Entwicklung des organisierten Systems sonderpädagogischer Förderung. In: Krieg, O., Rumpler, F. (Hrsg.): Kinder in Not – Lehrer in Not?! Fragen des Umgangs und der Förderung von Schülerinnen und Schülern mit besonderem Förderbedarf im Bereich des Verhaltens. vds Buch- und Lehrmitteldienst, Würzburg, 27–37
Berbalk, H., Mutzeck, W. (1993): Forschungsmethoden in der Pädagogik bei Verhaltensstörungen. In: Goetze/Neukäter, 120–154
Bergsson, M. (1995): Ein entwicklungstherapeutisches Modell für Schüler mit Verhaltensstörungen. Progressus, Essen
Betz, D., Breuninger, H. (1996): Teufelskreis Lernstörungen. 4. Aufl. Beltz, Weinheim
Bittner, G. (1994): Problemkinder. Zur Psychoanalyse kindlicher und jugendlicher Verhaltensauffälligkeiten. Vandenhoeck & Ruprecht, Göttingen

232 Anhang

-, Ertle, Ch., Schmid, V. (1974): Schule und Unterricht bei verhaltensgestörten Kindern. In: Bildungskommission des Deutschen Bildungsrats (Hrsg.): Gutachten und Studien der Bildungskommission.
Sonderpädagogik 4. Klett, Stuttgart, 13-102
Bleidick, U. (1985): Individualpsychologie, Lernbehinderungen und
Verhaltensstörungen. Marhold, Berlin
- (1988): Betrifft Integration: Behinderte Schüler in allgemeinen Schulen. Marhold, Berlin
- (1999): Behinderung als pädagogische Aufgabe. Behinderungsbegriff
und behindertenpädagogische Theorie. Kohlhammer, Stuttgart
Bloch-Aupperle, S. (1999): Kunsttherapie mit Kindern. Pädagogische
Chancen, Didaktik, Realisationsbeispiele. 2. Aufl. Ernst Reinhardt,
München/Basel
Böhm, W. (1994): Wörterbuch der Pädagogik. 14. Aufl. Kröner, Stuttgart
- (1985): Theorie und Praxis. Könighausen und Neumann, Würzburg
- (1992): Über die Unvereinbarkeit von Erziehung und Therapie. Vier-
teljahresschrift für wissenschaftliche Pädagogik 68, 129-151
Borchert, J. (1996): Pädagogisch-therapeutische Interventionen bei son-
derpädagogischem Förderbedarf. Hogrefe, Göttingen
- (Hrsg.) (2000): Handbuch der Sonderpädagogischen Psychologie.
Hogrefe, Göttingen
Bowlby, J. (1984): Bindung. Eine Analyse der Mutter-Kind-Beziehung.
3. Aufl. Fischer, Frankfurt a. M.
Bowlby, J. (2005): Frühe Bindung und kindliche Entwicklung. 5. Aufl.
Ernst Reinhardt, München
Breitenbach, E. (1992): Unterricht in Diagnose- und Förderklassen. Neu-
ropsychologische Aspekte schulischen Lernens. Klinkhardt, Bad Heil-
brunn
Brezinka, V. (2003): Zur Evaluation von Präventivinterventionen für
Kinder mit Verhaltensstörungen. Kindheit und Entwicklung 12,
71-83
Brezinka, W. (1978): Metatheorie der Erziehung. Ernst Reinhardt, Mün-
chen/Basel
Brezinka, W. (1990): Grundbegriffe der Erziehungswissenschaft. 5. Aufl.
Ernst Reinhardt, München/Basel
Bröcher, J. (1997): Lebenswelt und Didaktik. Unterricht mit verhaltens-
auffälligen Jugendlichen auf der Basis ihrer alltagsästhetischen Pro-
duktionen. Schindele, Heidelberg
Buber, M. (1971): Geleitwort. In: Trüb, H.: Heilung aus der Begegnung.
Klett, Stuttgart, 9-13
Bürger, U. (1998): Stellenwert ambulanter Erziehungshilfen im Vorfeld
von Heimerziehung. Neue Praxis 3, 274-292
Bundschuh, K. (1995): Heilpädagogische Psychologie. 2. Aufl. Ernst
Reinhardt, München
- (2002): Heilpädagogische Psychologie. 3. Aufl. Ernst Reinhardt, Mün-
chen/Basel
- (1999): Einführung in die sonderpädagogische Diagnostik. 5. Aufl.
Ernst Reinhardt, München/Basel

Chilian, W. (1995): Jugendstrafrecht und Jugendstrafverfahrensrecht. In: Bienemann, G., Hasebrink, M., Nikles, B. W. (Hrsg.): Handbuch des Kinder- und Jugendschutzes. Grundlagen, Kontexte, Arbeitsfelder. Novum, Münster, 128–132

Cloerkes, G. (1997): Soziologie der Behinderten. Eine Einführung. Winter, Heidelberg

Cowen, E. L. (1980): The Primary Mental Health Project: Yesterday, Today, and Tomorrow. In: Journal of Special Education 14, 133–154

Dieterich, M. (1993): Berufsvorbereitung und berufliche Eingliederung. In: Goetze/Neukäter, 373–389

Dlugosch, A. (2003). Professionelle Entwicklung und Biografie. Impulse für universitäre Bildungsprozesse im Kontext schulischer Erziehungshilfe. Klinkhardt, Bad Heilbrunn

Döpfner, M. (1995): Hyperkinetische Störungen. In: Petermann, 165–217

Durkheim, E. (1976): Soziologie und Philosophie. Suhrkamp, Frankfurt a. M.

Edelmann, W. (1996): Lernpsychologie. Eine Einführung. 5. Aufl. Psychologie Verlags Union, Weinheim

Eggert, D. (1998): Von den Stärken ausgehen … Individuelle Entwicklungspläne (IEP) in der Lernförderungsdiagnostik. 3. Aufl. Borgmann, Dortmund

Ertle, C. (1993): Sozialpädagogische Schule. In: Goetze/Neukäter, 271–282

Essau, C. A. (2003): Angst bei Kindern und Jugendlichen. Ernst Reinhardt, München/Basel

Essau, C. A., Petermann, U. (1995a): Angststörungen. In: Petermann, F., 219–240

–, – (1995b): Depression. In: Petermann, F., 241–264

Faßnacht, G. (1995): Systematische Verhaltensbeobachtung. 2. Aufl. Ernst Reinhardt, München/Basel

Feltes, T. (1993): Rechtsgrundlagen der Pädagogik bei Verhaltensstörungen. In: Goetze/Neukäter, 1044–1060

Fingerle, M., Freytag, A., Julius, H. (1999): Resilienzforschung und ihre Implikationen für die (heil-)pädagogische Gestaltung von schulischen Lern- und Lebenswelten. Zeitschrift für Heilpädagogik 50, 302–309

Fitting, K., Kluge, E., Saßenrath-Döpke, E.-M.: Pädagogik und Auffälligkeit. Impulse für Lehren und Lernen bei erwartungswidrigem Verhalten. 2. Aufl. Deutscher Studien-Verlag, Weinheim

Freimann, M. (1994): Ruherituale und Entspannungsverfahren im Unterricht. In: Petermann, U., 152–159

Frey-Flügge, E., Huber, F., Huber, W. (1992): Das Sonderpädagogische Förderzentrum in Bayern. Ehrenwirth, München

Fuchs, A. (1930): Erziehungsklassen (E-Klassen) für schwererziehbare Kinder der Volksschule. Marhold, Halle a. d. Saale

Furch-Krafft, E. (1993): Diagnostik von Verhaltensstörungen. In: Goetze/Neukäter, 1018–1043

Galuske, M. (2003): Methoden der Sozialen Arbeit. 5. Aufl. Juventa, Weinheim

Gasteiger-Klicpera, B., Klicpera, C. (1998a): Ambulante schulische Betreuung von Kindern und Jugendlichen mit Verhaltensschwierigkeiten. Zeitschrift für Heilpädagogik 49, 350–357

–, – (1998b): Integrative schulische Betreuung von Kindern und Jugendlichen mit störendem und aggressivem Verhalten: Eine Evaluationsstudie. Heilpädagogische Forschung, Bd. XXIV, H. 2, 58–67

Gernert, W. (1995): Kinder- und Jugendhilfegesetz. In: Bienemann, G., Hasebrink, M., Nikles, B. W. (Hrsg.): Handbuch des Kinder- und Jugendschutzes. Grundlagen, Kontexte, Arbeitsfelder. Novum, Münster, 119–122

Göppel, R. (1989): „Der Friederich, der Friederich ...“ Das Bild des „schwierigen Kindes" in der Pädagogik des 19. und 20. Jahrhunderts. edition bentheim, Würzburg

– (1997): Ursprünge der seelischen Gesundheit. Risiko- und Schutzfaktoren in der kindlichen Entwicklung. edition bentheim, Würzburg

– (1999): Bildung als Chance. In: Opp et al. (Hrsg.) (1999), 170–190

– (2000): Der Lehrer als Therapeut? Zum Verhältnis von Erziehung und Therapie im Bereich der Verhaltensgestörtenpädagogik. Zeitschrift für Pädagogik 46, 215–234

Goetze, H. (Hrsg.) (1981): Personenzentrierte Spieltherapie. Grundlagen, Erfahrungen und Perspektiven einer Kindertherapie nach Carl Rogers. Hogrefe, Göttingen

– (1990): Verhaltensgestörte in Integrationsklassen – Fiktionen und Fakten. Zeitschrift für Heilpädagogik 41, 832–840

– (1991): Konzepte zur integrierten Unterrichtung von Schülern mit Verhaltensstörungen – dargestellt an Ergebnissen der amerikanischen Mainstreamingforschung. Vierteljahresschrift für Heilpädagogik und ihre Nachbargebiete 60, 6–17

– (1993): Was bedeutet „verhaltensgestört" für amerikanische, ost- und westdeutsche Studierende? Zeitschrift für Heilpädagogik 44, 650–658

– (1996): Einführung in die Pädagogik bei Verhaltensstörungen. 2 Teile. 2. Aufl. AVZ-Hausdruckerei der Universität Potsdam, Potsdam

– (1998): Der personenzentrierte Ansatz: Die pädagogisch-therapeutisch orientierten Spielstunden mit Bernd. In: Wittrock, 62–82

– (2001): Grundriß der Verhaltensgestörtenpädagogik. Edition Marhold, Spiess

– (2002): Handbuch der personenzentrierten Spieltherapie. Hogrefe, Göttingen

–, Neukäter, H. (1993): Pädagogik bei Verhaltensstörungen. Handbuch der Sonderpädagogik, Bd. 6. 2. Aufl. Marhold, Berlin

Grissemann, H. (1993): Unterrichts-, Förderungs- und Therapiematerialien in der Pädagogik bei Verhaltensstörungen. In: Goetze/Neukäter, 492–519

Gröschke, D. (1999): Psychologische Grundlagen der Heilpädagogik. 2. Aufl. Klinkhardt, Bad Heilbrunn

Gumin, H., Meier, H. (Hrsg.) (2002): Einführung in den Konstruktivismus. 6. Aufl. Piper, München

Haeberlin, U., Bless, G., Moser, U., Klaghofer, R. (1999): Die Integration von Lernbehinderten. 3. Aufl. Haupt, Bern

Halder, A., Müller, M. (1993): Philosophisches Wörterbuch. Erweiterte Neuausgabe. Freiburg: Herder

Hasselhorn, M., Maehler, C. (1990): Lernkompetenzförderung bei „lernbehinderten" Kindern: Grundlagen und praktische Beispiele metakognitiver Ansätze. Heilpädagogische Forschung 16, 2–13

Harbauer, H., Lempp, R., Nissen, G., Strunk, P. (1980): Lehrbuch der speziellen Kinder- und Jugendpsychiatrie. Springer, Berlin, 4. Auflage

Hartke, B. (1998a): Integrative schulische Erziehungshilfe – Bilanz und Perspektiven einer Entwicklung. In: Sonderpädagogik 28, 146–156

Hartke, B. (1998b): Schulische Erziehungshilfe durch regionale sonderpädagogische Förderzentren in Schleswig-Holstein. Fachliche und geschichtliche Grundlagen – aktuelle Daten – Perspektiven. Kovac, Hamburg

Hartmann, B., Mutzeck, W., Fingerle, M. (2003): Die Prävalenz von Verhaltensauffälligkeiten. Ergebnisse einer Studie an Grundschulen. Sonderpädagogik 33, 191–197

Havers, N. (1978): Erziehungsschwierigkeiten in der Schule. Klassifikation, Häufigkeit, Ursachen und pädagogisch-therapeutische Maßnahmen. Beltz, Weinheim

Heimlich, U. (1995): Behinderte und nichtbehinderte Kinder spielen gemeinsam. Konzept und Praxis integrativer Spielförderung. Klinkhardt, Bad Heilbrunn

Hennig, C., Knödler, U. (1998): Problemschüler – Problemfamilien: Ein praktisches Lehrbuch zum systematischen Arbeiten mit schulschwierigen Kindern. 5. Aufl. Psychologie Verlags Union, Weinheim

Hertzog, G., Barnea-Braunstein, R. (1980): „Beroschim", eine Schule für seelisch gestörte Kinder. Ernst Reinhardt, München/Basel

Heun, H.-D., Wiesenfeldt-Heun, D. (1994): Sozialpädagogik und Heimerziehung. In: Roth, L. (Hrsg.): Pädagogik: Handbuch für Studium und Praxis. Studienausgabe. Ehrenwirth, München, 612–628

Hillenbrand, C. (1994): Reformpädagogik und Heilpädagogik. Unter besonderer Berücksichtigung der Hilfsschule. Klinkhardt, Bad Heilbrunn

– (1996): Deskription und Programm – zur Problematik des Begriffs „Verhaltensstörung". Sonderpädagogik 26, 194–207

– (1997): Wertvolle Theorie: 75 Jahre universitäre Ausbildung der Sonderpädagogen. Sonderpädagogik 27, 158–166

– (1999a): Integration bei Verhaltensstörungen: Die Mobile Erziehungshilfe in Bayern. Die Neue Sonderschule 44, H. 3, 186–208

– (1999b): Paradigmenwechsel in der Sonderpädagogik? Eine wissenschaftstheoretische Kritik. Zeitschrift für Heilpädagogik 50, 240–246

– (2003): Didaktik bei Unterrichts- und Verhaltensstörungen. 2. Aufl. Ernst Reinhardt, München/Basel

Hillenbrand, C., Hennemann, T. (2005): Prävention von Verhaltensstörungen im Vorschulalter: Überblick und theoretische Grundlegung. Vierteljahrsschrift für Heilpädagogik und ihre Nachbargebiete 74, 129–144

Hippler, B. (1985): Mobile schulische Erziehungshilfe. Pädagogisch-therapeutische Maßnahmen von Sonderschullehrern bei verhaltensgestörten Kindern an Grund- und Hauptschulen. Birkach

Höffe, O. (Hrsg.) (2002): Lexikon der Ethik. 6. Aufl. Beck, München
Huber, F., Frey-Flügge, E., Schlesier, A. (1997): Das Sonderpädagogische
    Förderzentrum: Konzepte, Entwicklungen, Ergebnisse. Auer, Donau-
    wörth
Hußlein, E. (1983): Schule und Unterricht für Kinder und Jugendliche
    mit Verhaltensstörungen. Könighausen, Würzburg

Ihle, W., Esser, G. (2002): Epidemiologie psychischer Störungen im Kin-
    des- und Jugendalter: Prävalenz, Verlauf, Komorbidität und Ge-
    schlechtsunterschiede. Psychologische Rundschau 53, 159–169

Jäger, R. S., Petermann, F. (1995): Psychologische Diagnostik. Ein Lehr-
    buch. 3. Aufl. Beltz, Weinheim
Jantzen, W. (2001): Über die soziale Konstruktion von Verhaltens-
    störungen. Das Beispiel „Aufmerksamkeitsdefizitsyndrom" (ADS).
    Zeitschrift für Heilpädagogik 52, 222–231
Julius, H. (2001a): Bindungstheoretisch abgeleitete, schulische Inter-
    ventionen für verhaltensgestörte Kinder. Heilpädagogische Forschung
    27, 175–188
Julius, H. (2001b): Die Bindungsorganisation von Kindern, die an Er-
    ziehungshilfeschulen unterrichtet werden. Sonderpädagogik 31,
    74–93
Julius, H., Prater, M. A. (1996): Resilienz. Sonderpädagogik 26, 228–235
–, Goetze, H. (1998): Resilienzförderung bei Risikokindern. Ein Trai-
    ningsprogramm zur Veränderung maladaptiver Attributionsmuster.
    Universität Potsdam
Juul, K. D. (1979): Modelle pädagogischer Förderung von Kindern mit
    Verhaltensstörungen – vornehmlich in den USA. In: Speck, O. (Hrsg.):
    Pädagogische Modelle für Kinder mit Verhaltensstörungen. Ernst
    Reinhardt, München/Basel, 70–99

Keller, J. A., Novak, F. (2001): Kleines Pädagogisches Wörterbuch. 8. Aufl.
    Herder, Freiburg
Keller, W. (1993): Grundzüge des Kinder- und Jugendhilfegesetzes
    (Sozialgesetzbuch VIII – KJHG) der Bundesrepublik Deutschland.
    Vierteljahresschrift für Heilpädagogik und ihre Nachbargebiete 62,
    232–237
Keogh, B. (1999): Risiko und protektive Einflüsse in der Schule. In: Opp
    et al. (Hrsg.), 191–203
Kiehn, E. (1988): Heimerziehung im Verbund anderer Maßnahmen der
    Erziehungshilfe. In: Flosdorf, P. (Hrsg.): Theorie und Praxis sta-
    tionärer Erziehungshilfe. Bd. 1: Konzepte in Heimen der Jugendhil-
    fe. Freiburg: Lambertus, 63–73
Klauer, K. J., Lauth, G. W. (1997): Lernbehinderungen und Leistungs-
    schwierigkeiten bei Schülern. In: Weinert, F. E. (Hrsg.): Psychologie
    des Unterrichts und der Schule. Hogrefe, Göttingen, 701–738
Klein, G. (2002): Frühförderung für Kinder mit psychosozialen Risiken.
    Kohlhammer, Stuttgart
Koch, J. A. L. (1891–1893): Die psychopathischen Minderwertigkeiten.
    3 Bde. Ravensburg

Kobi, E. E. (1980): Heilpädagogik als Dialog. In: Leber, A. (Hrsg.): Heilpädagogik. Wissenschaftliche Buchgesellschaft, Darmstadt, 61 – 94

König, E. (1997): Systemtheorie als wissenschaftstheoretische Grundlegung der Heilpädagogik? In: Amrein, C., Bless, G. (Hrsg.): Heilpädagogik und ihre Nachbargebiete im wissenschaftstheoretischen Diskurs. Haupt, Bern, 26 – 44

Kriz, J. (1994): Grundkonzepte der Psychotherapie: Eine Einführung. 4. Aufl. Beltz, Weinheim

Kultusministerium des Landes Nordrhein-Westfalen (1995): Verordnung über die Feststellung des sonderpädagogischen Förderbedarfs und die Entscheidung über den schulischen Förderort (VO-SF) vom 22. Mai 1995. Kultusministerium Nordrhein-Westfalen, Düsseldorf

Kultusministerkonferenz (1994): Empfehlungen zur sonderpädagogischen Förderung in den Schulen in der Bundesrepublik Deutschland. In: Drave, W., Rumpler, F., Wachtel, P. (Hrsg.): Empfehlungen zur sonderpädagogischen Förderung. Allgemeine Grundlagen und Förderschwerpunkte (KMK). Edition Bentheim, Würzburg, 25 – 39

Kultusministerkonferenz (2000): Empfehlungen zum Förderschwerpunkt emotionale und soziale Entwicklung. In: Drave, W., Rumpler, F., Wachtel, P. (Hrsg.): Empfehlungen zur sonderpädagogischen Förderung. Allgemeine Grundlagen und Förderschwerpunkte (KMK). Edition Bentheim, Würzburg, 343 – 365

Kupffer, H. (1978): Erziehung verhaltensgestörter Kinder. Quelle und Meyer, Heidelberg

Lahey, B. B., Miller, T. L., Gordon, R. A., Riley, A. W. (1999): Developmental Epidemiology of the Disruptive Behavior Disorders. In: Quay, H. C., Hogan, A. E. (Hrsg.): Handbook of Disruptive Behaviour Disorders, Kluwer Academic, New York, 23 – 48

Lassahn, R. (1993): Einführung in die Pädagogik. 7. Aufl. Quelle und Meyer, Wiesbaden

Laucht, M., Esser, G., Schmidt, M. H. (1997): Wovor schützen Schutzfaktoren? Anmerkungen zu einem populären Konzept der modernen Gesundheitsforschung. Zeitschrift für Entwicklungspsychologie und Pädagogische Psychologie, Bd. XXIX, H. 3, 26 – 270

Lauth, G. W. (1993): Strategien der kognitiven Verhaltensmodifikation. In: Goetze/Neukäter, 852 – 870

–, Schlottke, P. F. (2002): Training mit aufmerksamkeitsgestörten Kindern. Beltz, Weinheim, 5. Auflage

Leonhardt, A., Wember, F. B. (Hrsg.) (2003): Grundfragen der Sonderpädagogik. Beltz, Weinheim

Lindmeier, B. (1998): Die Pädagogik des Rauhen Hauses. Zu den Anfängen der Erziehung schwieriger Kinder bei Johann Heinrich Wichern. Klinkhardt, Bad Heilbrunn

Lukesch, H. (1998): Einführung in die pädagogisch-psychologische Diagnostik. 2. Aufl. Roderer, Regensburg

Mattejat, F. (1980): Norm(en). In: Arnold, W., Eysenck, H. J., Meili, R.: Lexikon der Psychologie. Herder, Freiburg, 1488 – 1491

Maturana, H. R., Varela, F. J. (1984): Der Baum der Erkenntnis. Die biologischen Wurzeln des menschlichen Erkennens. Scherz, Bern

Mörtl, G. (1989): Der Präventionsaspekt in der Sonderpädagogik. Spiess, Frankfurt a. M.

Mollenhauer, K. (1995): Sozialpädagogische Einrichtungen. In: Lenzen, D. (Hrsg.): Erziehungswissenschaft. Ein Grundkurs. 2. Aufl. Rowohlt, Reinbek, 447–476

Molnar, A., Lindquist, B. (2002): Verhaltensprobleme in der Schule. Lösungsstrategien für die Praxis. 7. Aufl. Borgmann, Dortmund

Mutzeck, W. (1993): Kollegiale Praxisberatung. In: Fitting et al., 168–181

– (1994): Verhaltensstörungen. Zeitschrift für Heilpädagogik 45, 694–699

– (1998): Förderdiagnostik bei Kindern und Jugendlichen mit Verhaltensstörungen. In: Mutzeck, W. (Hrsg.) (1998): Förderdiagnostik bei Lern- und Verhaltensstörungen. Konzepte und Methoden. Beltz, Weinheim, 243–267

– (2000a) (Hrsg.): Förderplanung. Grundlagen – Methoden – Alternativen. Deutscher Studienverlag, Weinheim

– (2000b): Verhaltensgestörtenpädagogik und Erziehungshilfe. Klinkhardt, Bad Heilbrunn

– (2003): Kooperative Beratung. Grundlagen und Methoden der Beratung und Supervision im Berufsalltag. 4. Aufl. Beltz, Weinheim

–, Pallasch, W., Popp, K. (Hrsg.) (2004): Erziehungshilfe konkret. Prävention, Integration und Rehabilitation bei Schülern mit besonderem Förderbedarf im emotionalen und sozialen Erleben und Handeln. Weinheim, Deutscher Studienverlag

–, Pallasch, W. (1992): Integration von Schülern mit Verhaltensstörungen. Praktische Modelle und Versuche. 4. Aufl. Deutscher Studienverlag, Weinheim

Myschker, N. (1993): Zur Geschichte der Pädagogik bei Verhaltensstörungen. In: Goetze/Neukäter, 155–190

– (1996): Das pädagogisch-therapeutische Konzept in der Pädagogik bei Verhaltensstörungen – dargestellt am Beispiel der Pädagogischen Kunsttherapie. In: Fitting et al., 199–214

– (2005): Verhaltensstörungen bei Kindern und Jugendlichen. Erscheinungsformen – Ursachen – hilfreiche Maßnahmen. 5. Aufl. Kohlhammer, Stuttgart

Neukäter, H. (1993): Re-Integration. In: Goetze/Neukäter, 261–270

– (1998): Ansatz der kognitiven Verhaltensmodifikation. In: Wittrock, M. (Hrsg.): Verhaltensstörung als Herausforderung: Pädagogisch-therapeutische Erklärungs- und Handlungsansätze. Universität Oldenburg, Oldenburg, 83–99

–, David, D., Voigt, U. (1995): Was leisten psychologische Tests zur Bestimmung von Verhaltensstörungen? Sonderpädagogik 25 (1995), 184–191

–, Schröder, U. (1991): Metakognition bei Kindern aus Schulen für Lernbehinderte und Verhaltensgestörte im Vergleich mit Grundschulkindern. Sonderpädagogik 21, 12–27

Obschil, S. (1998): Das Lernprogramm „Training kognitiver Strategien". Durchführung an einer Schule zur Erziehungshilfe. Unveröffentlichte Examensarbeit, Universität München

Oelkers, J. (1984): Theorie und Praxis? Eine Analyse grundlegender Modellvorstellungen pädagogischer Wirksamkeit. Neue Sammlung 24, 19–39

Olk, T., Bathke, G.-W., Hartnuß, B. (2000): Jugendhilfe und Schule. Empirische Befunde und theoretische Reflexionen zur Schulsozialarbeit. Juventa, Weinheim

Opp, G. (1995): Neue Modelle schulischer Förderung von Kindern und Jugendlichen mit Lern- und Verhaltensstörungen. Zeitschrift für Heilpädagogik 46, 520–530

– (1998): Gefühls- und Verhaltensstörungen. Begriffliche Problemstellungen und Lösungsversuche. Zeitschrift für Heilpädagogik 49, 490–496

– (Hrsg.) (2003a): Arbeitsbuch Schulische Erziehungshilfe. Klinkhardt, Bad Heilbrunn

– (2003b): Symptomatik, Ätiologie und Diagnostik bei Gefühls- und Verhaltensstörungen. In: Leonhardt, A., Wember, F. (Hrsg.): Bildung, Erziehung, Behinderung. Grundlagen und Methoden der pädagogischen Rehabilitation. Beltz, Weinheim, 504–517

–, Freytag, A., Budnik, I. (Hrsg.) (1996): Heilpädagogik in der Wendezeit. Brüche – Kontinuitäten – Perspektiven. Edition SZH, Luzern

–, Peterander, F. (Hrsg.) (1996): Focus Heilpädagogik. Projekt Zukunft. Ernst Reinhardt, München/Basel

–, Fingerle, M., Freytag, A. (Hrsg.) (1999): Was Kinder stärkt. Erziehung zwischen Risiko und Resilienz. Ernst Reinhardt, München/Basel

Pallasch, W., Reimers, H., Mutzeck, W. (1996): Überblick. In: Pallasch, W., Reimers, H., Mutzeck, W.: Beratung – Training – Supervision. Eine Bestandsaufnahme über Konzepte zum Erwerb von Handlungskompetenz in pädagogischen Arbeitsfeldern. Juventa, Weinheim, 2. Auflage, 9–28

Palmowski, W. (1997): Behinderung ist eine Kategorie des Beobachters. Sonderpädagogik 27, 147–157

– (1998): Anders handeln. Lehrerverhalten in Konfliktsituationen. Borgmann, Dortmund, 2. Auflage

– (2002): Verhalten und Verhaltensstörung. In: Werning, R., Balgo, R., Palmowski, W., Sassenroth, M. (Hrsg.): Sonderpädagogik. Lernen, Verhalten, Sprache, Bewegung und Wahrnehmung. Oldenbourg, München, 224–283

Pawlik, K. (1976): Modell und Praxisdimensionen psychologischer Diagnostik. In: Pawlik, K. (Hrsg.): Diagnose der Diagnostik. Klett, Stuttgart, 13–43

Pestalozzi, J. H. (1797): Meine Nachforschungen über den Gang der Natur in der Entwicklung des Menschengeschlechts. In: Pestalozzi, J. H. (1983): Ausgewählte Schriften. Hrsg. von Wilhelm Flitner. Ullstein, Frankfurt a. M., 93–222

Pestalozzi, J. H. (1799): Pestalozzis Brief an einen Freund über seinen Aufenthalt in Stans. In: Pestalozzi, J. H. (1983): Ausgewählte Schriften. Hrsg. von Wilhelm Flitner. Ullstein, Frankfurt a. M., 223–246

Petermann, F. (Hrsg.) (1995): Lehrbuch der Klinischen Kinderpsychologie. Modelle psychischer Störungen im Kindes- und Jugendalter. Hogrefe, Göttingen
Petermann, F. (Hrsg.) (2002): Lehrbuch der Klinischen Kinderpsychologie und -psychotherapie. 5. Aufl. Hogrefe, Göttingen
–, Petermann, U. (2000): Training mit aggressiven Kindern. 9. Aufl. Psychologie Verlags Union, Weinheim
–, Warschburger, P. (1995): Aggression. In: Petermann, 127–163
Petermann, U. (Hrsg.) (1994): Verhaltensauffällige Kinder. Didaktische und pädagogische Hilfen. Otto Müller, Salzburg
–, Petermann, F. (1994): Training mit sozial unsicheren Kindern. 5. Aufl. Psychologie Verlags Union, Weinheim
–, Umann, D., Gottschling, R., Gruhler, S. (1993): Schule für Verhaltensgestörte: Analyse von Schulkonzepten. Sonderpädagogik 23, 142–155
Plaum, E. (1996): Einführung in die Psychodiagnostik. Wissenschaftliche Buchgesellschaft, Darmstadt
Polizeiliche Kriminalstatistik (2003): http://www.lexikon-der-politik.de/stichwort/d/drogen.html, letzter Zugriff: 29.07.2005

Randoll, D. (1991): Lernbehinderte in der Schule. Integration oder Segregation? Böhlau, Köln
– (1991): Wirkungen der integrativen Beschulung im Urteil Lernbehinderter und ihrer Lehrer. In: Haeberlin, U. et al.: Die Integration von Lernbehinderten. Versuche, Theorien, Forschungen, Enttäuschungen, Hoffnungen. 2. Aufl. Haupt, Bern, 339–352
Redl, F. (1971): Erziehung schwieriger Kinder. Piper, München (Neuauflage 1987)
–, Wineman, D. (1986): Steuerung des aggressiven Verhaltens beim Kind. 6. A. Piper, München
–, Wineman, D. (1988): Steuerung des aggressiven Verhaltens beim Kind. Hrsg. von Reinhard Fatke. Piper, München
Redlich, A., Schley, W. (1981): Kooperative Verhaltensmodifikation im Unterricht. 2. Aufl. Urban & Schwarzenberg, München
Reinhard, H. G., Vulturius, G., Herbst, M., Michael, H.: Psychische Störungen bei Schülern der Förderschule für Erziehungshilfe. Sonderpädagogik 25 (1995), 138–145
Reiser, H. (1992): Sonderschullehrer in hessischen Grundschulen – ein Ansatz zur integrativen Arbeit bei Lern- und Verhaltensproblemen. In: Mutzeck/Pallasch, 131–151
– (1993): Die Spielgruppenarbeit unter besonderer Berücksichtigung der Themenzentrierten Interaktion. In: Goetze/Neukäter, 703–719
– (1994): Nichtaussonderung bei Lern- und Verhaltensbeeinträchtigungen. In: Eberwein, H. (Hrsg.): Behinderte und Nichtbehinderte lernen gemeinsam. Handbuch der Integrationspädagogik. 3. Aufl. Beltz, Weinheim, 332–339
– (1997): Lern- und Verhaltensstörungen als gemeinsame Aufgabe von Grundschul- und Sonderpädagogik unter dem Aspekt der pädagogischen Selektion. Zeitschrift für Heilpädagogik 48, 266–275
Remschmidt, H., Walter, R. (1990): Psychische Auffälligkeiten bei Schulkindern. Eine epidemiologische Untersuchung. Hogrefe, Göttingen

–, Schmidt, M. H. (1994): Multiaxiales Klassifikationsschema für psychische Störungen des Kindes- und Jugendalters nach ICD 10 der WHO. 3. Aufl. Huber, Bern

Roth, L. (1994): Forschungsmethoden der Erziehungswissenschaft. In: Roth, L. (Hrsg.): Pädagogik: Handbuch für Studium und Praxis. Ehrenwirth, München, 32–67

Rousseau, J.-J. (1963): Emile oder Über die Erziehung. Reclam, Stuttgart

Rumpler, F. (2002): Sonderpädagogische Förderung in Zahlen: ein Trend setzt sich fort. Zeitschrift für Heilpädagogik 53 (2002), 261–263

Runow, V., Borchert, J. (2003): Effektive Interventionen im sonderpädagogischen Arbeitsfeld – ein Vergleich zwischen Forschungsbefunden und Lehrereinschätzungen. Heilpädagogische Forschung 29, 189–203

Sameroff, A. J., Fiese, B. H. (2000): Transactional Regulation. The Developmental Ecology of Early Intervention. In: Shonkoff, J. P., Meisels, S. J. (Hrsg.): Handbook of Early Childhood Intervention. 2. Aufl. Cambridge University Press, Cambridge, 135–159

Sander, A. (1988): Schulversagen aus ökosystemischer Sicht. Vierteljahresschrift für Heilpädagogik und ihre Nachbargebiete 57 (1988), 335–341

Scheffler, I. (1971): Die Sprache der Erziehung. Schwann, Düsseldorf

Schlee, J. (1993): Zur Problematik der Terminologie in der Pädagogik bei Verhaltensstörungen. In: Goetze/Neukäter, 36–49

Schmid, P. (1985): Verhaltensstörungen aus anthropologischer Sicht. Elemente einer Psychologie und Pädagogik für Verhaltensgestörte. Haupt, Bern

Schmidtchen, S. (1989): Kinderpsychotherapie: Grundlagen, Ziele, Methoden. Kohlhammer, Stuttgart

Schröder, U., Neukäter, H. (1993): Metakognition in einer Problemlöseaufgabe bei Lernbehinderten und Verhaltensgestörten. Sonderpädagogik 23, 204–212

Schwenk, B. (1995): Erziehung. In: Lenzen, D., Mollenhauer, K. (Hrsg.): Theorien und Grundbegriffe der Erziehung und Bildung. Enzyklopädie Erziehungswissenschaft. Klett, Stuttgart

Speck, O. (1979): Verhaltensstörungen, Psychopathologie und Erziehung. Marhold, Berlin

– (1997): Chaos und Autonomie in der Erziehung. Erziehungsschwierigkeiten unter moralischem Aspekt. Ernst Reinhardt, München/Basel, 2. Auflage

Spiess, W. (2000). Empfehlungen zum Förderschwerpunkt emotionale und soziale Entwicklung. In: Drave, W., Rumpler, F., Wachtel, P. (Hrsg.): Empfehlungen zur sonderpädagogischen Förderung. Allgemeine Grundlagen und Förderschwerpunkte (KMK). Edition Bentheim, Würzburg, 373–379

– (2004): Förderschwerpunkt Emotionale und soziale Entwicklung. Zeitschrift für Heilpädagogik 55, 128–136

Staatsinstitut für Schulpädagogik und Bildungsforschung München (1994a): Diagnostik im Sonderpädagogischen Förderzentrum. Auer, Donauwörth

– (1994b): Die Mobile Erziehungshilfe in Bayern. Auer, Donauwörth
Stein, R. (1994): Verhaltensauffälligkeit. In: Hansen, G., Stein, R.: Son-
derpädagogik konkret. Klinkhardt, Bad Heilbrunn, 229–233
–, Faas, A. (1999): Unterricht bei Verhaltensstörungen. Luchterhand,
Neuwied
Steinhausen, H.-C. (2002): Psychische Störungen bei Kindern und Jugendlichen. Lehrbuch der Kinder- und Jugendpsychiatrie. 5. Aufl. Urban & Fischer, München
Strümpell, L. (1910): Die pädagogische Pathologie oder die Lehre von
den Kinderfehlern. 4. A. Leipzig
Studer, F. (1996): Training kognitiver Strategien. Ein computergestütz-
tes Förderprogramm. Haupt, Bern
– (1997): Training induktiven Denkens. Ein zweites computergestütz-
tes Förderprogramm. Heilpädagogisches Institut, Freiburg (Schweiz)

Teuter, A., Teuter, A. (Hrsg.) (1997): Du gegen mich. Geschichten über
Gewalt von jungen Autorinnen und Autoren. Alibaba, Frankfurt a. M.
Tischler, B., Moroder-Tischler, R. (1990): Musik aktiv erleben. Musika-
lische Spielideen für die pädagogische, sonderpädagogische und therapeutische Praxis. Diesterweg, Frankfurt a. M.
Trüper, J. (1893): Psychopathische Minderwertigkeiten im Kindesalter.
Gütersloh
– (1904): Psychopathische Minderwertigkeiten als Ursache von Gesetzesverletzungen Jugendlicher. Langensalza: Hermann Beyer & Söhne

Vernooij, M. A. (1992): Hampelliese – Zappelhans. Problemkinder mit
Hyperkinetischem Syndrom. Haupt, Bern
– (1994): Unterricht in der Schule für Erziehungshilfe nach dem Prinzip TOS. Die Sonderschule 39, 39–49
– (1998): Individualpsychologischer Ansatz. In: Wittrock, 39–61
–, Wittrock, M. (Hrsg.) (2004): Verhaltensgestört. Perspektiven, Diagnosen, Lösungen im pädagogischen Alltag. Schöningh, Paderborn

Wagner, I. (1976): Aufmerksamkeitstraining mit impulsiven Kindern.
Stuttgart: Klett
Walkenhorst, P. (1990): Kinder- und Jugendkriminalität. Pädagogische
Förderansätze in Jugendstrafrechtspflege und Schule. Zeitschrift für
Heilpädagogik 41, 841–858
Walkenhorst, P. (1995): Schulsozialarbeit. In: Bienemann, G., Hasebrink,
M., Nikles, B. W. (Hrsg.): Handbuch des Kinder- und Jugendschutzes.
Grundlagen, Kontexte, Arbeitsfelder. Votum, Münster, 393–397
Warzecha, B. (1999): Qualitätsentwicklung: Kooperation zwischen der
Verhaltensgestörtenpädagogik und der Kinder- und Jugendhilfe. Zeit-
schrift für Heilpädagogik 50, 46–52
Walter, J. (2002): „Einer flog übers Kuckucksnest". Oder: welche Inter-
ventionsformen erbringen im sonderpädagogischen Feld welche Effekte? Ergebnisse ausgewählter amerikanischer Meta- und Mega-Ana-
lysen. Zeitschrift für Heilpädagogik 53, 442–450
Wegler, H. (1996): Das „neue Phänomen" der Depression im Kindesalter: Erkennung, Prävention und pädagogische Hilfen. In: Opp/Pe-
terander, 325–337

Weiß, H. (Hrsg.) (2000): Frühförderung mit Kindern und Familien in Armutslagen. Ernst Reinhardt, München/Basel

Werner, E. E., Smith, R. S. (1982): Vulnerable but invincible: A study of resilient children. McGraw Hill, New York

Werner, E. (1997): Gefährdete Kindheit in der Moderne: Protektive Faktoren. Vierteljahresschrift für Heilpädagogik und ihre Nachbargebiete 66, 192–203

Werning, R. (1996): Sozial auffälliges Verhalten von Kindern und Jugendlichen. Krise und Herausforderung pädagogischen Handelns?! Vierteljahresschrift für Heilpädagogik und ihre Nachbargebiete 65, 47–61

Winkler, U., Vernooij, M. A. (1998): Systemische Therapie. In: Wittrock, 157–176

Wittrock, M. (Hrsg.) (1998): Verhaltensstörungen als Herausforderung: Pädagogisch-therapeutische Erklärungs- und Handlungsansätze. Universität Oldenburg

Wustmann, C. (2004): Resilienz. Widerstandsfähigkeit von Kindern in Tageseinrichtungen fördern. Beltz, Weinheim

Zerbich, I. (1995): Erziehungsberatungsstelle und Schulen – Alltag in der Zusammenarbeit. In: Schulverwaltung Bayern 12, 405–409

Ziegenhain, U., Wijnroks, L., Derksen, B., Dreisörner, R.: Entwicklungspsychologische Beratung bei jugendlichen Müttern und ihren Säuglingen: Chancen früher Förderung der Resilienz. In: Opp et al. (Hrsg.), 142–165

Ziegenspeck, J. (1996): Erlebnispädagogik. In: Fitting et al., 395–405

Ziehen, T. (1912): Die Erkennung der psychopathischen Konstitutionen (krankhaften seelischen Veranlagungen) und die öffentliche Fürsorge für psychopathisch veranlagte Kinder. Berlin

Diagnostische Verfahren

Arbeitsgruppe Deutsche Child Behavior Checklist (1993): Lehrerfragebogen über das Verhalten von Kindern und Jugendlichen (dt. Bearbeitung der TRF der CBSL). Einführung und Anleitung zur Handauswertung. Universität zu Köln, Köln

Brickenkamp, R. (1994): Test d 2 Aufmerksamkeits-Belastungs-Test. 8. Aufl. Hogrefe, Göttingen

Buggle, F., Baumgärtel, F. (1975): Hamburger Neurotizismus- und Extraversionsskala für Kinder und Jugendliche (HANES-KJ). Hogrefe, Göttingen

Dehmelt, P., Kuhnert, W., Zinn, A. (1981): Diagnostischer Eltern-Fragebogen (DEF). 4. Aufl. Beltz, Weinheim

Döpfner, M., Berner, W., Lehmkuhl, G. (1994): Handbuch: Lehrerfragebogen über das Verhalten von Kindern und Jugendlichen. Forschungsergebnisse. Universität zu Köln, Köln

Haeberlin, U., Moser, U., Bléss, G., Klaghofer, R. (1989): Integration in die Schulklasse – Fragebogen zur Erfassung von Dimensionen der Integration von Schülern (FDI 4–6). Haupt, Bern

Hußlein, E. (1978): Der Schulangst-Test (SAT). Hogrefe, Göttingen

Petermann, F., Petermann, U. (1996): Erfassungsbogen für aggressives Verhalten in konkreten Situationen (EAS). 3. Aufl. Hogrefe, Göttingen

Petillon, H. (1980): Soziometrischer Test für 3.–7. Klassen (ST 3–7). Beltz, Weinheim

Rollett, B., Bartram, M. (1977): Anstrengungsvermeidungstest (AVT). Westermann, Braunschweig

Seitz, W., Rausche, A. (1992): Persönlichkeitsfragebogen für Kinder zwischen 9 bis 14 Jahren. (PFK 9–14). 3. Aufl. Hogrefe, Göttingen

Sonderpädagogisches Förderzentrum für Erziehungshilfe/Bergsson, M. (1993): ELDiB. Entwicklungstherapeutischer Lernziel-Diagnose-Bogen. Progressus, Essen

Staabs, G. v. (1992): Der Sceno-Test. 8. Aufl. Testzentrale, Göttingen

Wagner, I. (1980): BAUT. Bonner Aufmerksamkeitstest. Pädagogische Fakultät der Rheinischen Friedrich-Wilhelms-Universität, Bonn

Wieczerkowski, W. et al. (1981): Angstfragebogen für Schüler (AFS). 6. Aufl. Hogrefe, Göttingen

Testkatalog und viele Untersuchungsverfahren sind für Fachpersonal erhältlich bei: Testzentrale des Berufsverbandes Deutscher Psychologen, Postfach 3751, 37027 Göttingen.

Sachregister

Clemens Hillenbrand
Didaktik bei Unterrichts- und Verhaltensstörungen

2., aktual. Auflage 2003
282 Seiten. 14 Abb. 11 Tab.
UTB-S (978-3-8252-2080-8) kt

Wie muss eine Didaktik aussehen, die bei „schwierigen" Kindern erfolgreich ist? Verhaltensauffällige Kinder sind in nahezu jedem Klassenzimmer ein Problem. Ob aggressiv/auto-aggressiv, hyperaktiv oder depressiv - für die Lehrer dieser Kinder reichen die bisherigen Didaktiken nicht aus.

Clemens Hillenbrand liefert eine wissenschaftlich fundierte Antwort auf diese Frage. Er schlägt eine Brücke zwischen der Allgemeinen Didaktik und den spezifischen sonderpädagogischen Modellen bei Verhaltensstörungen. Theorieansätze aus beiden Disziplinen werden anschaulich beschrieben, kritisch durchleuchtet und auf ihre Brauchbarkeit für den täglichen Unterrichtsbedarf abgeklopft.

www.reinhardt-verlag.de

UTB Buchreihe
Einführung in die Sonderpädagogik

 Barbara Fornefeld
Einführung in die
Geistigbehindertenpädagogik

3., aktualisierte Auflage 2004
197 Seiten. 29 Abb. 5 Tab. 59 Übungsaufgaben
UTB-M (978-3-8252-2160-7) kt

„'Einführung in …': Bücher mit diesem Anspruch im Titel stellen hohe Anforderungen an die Autoren und Autorinnen, müssen sie doch die Kunst des Weglassens beherrschen, aber noch so viel stehen lassen, dass die Leserinnen und Leser nicht nur neugierig werden auf das, was weggelassen wurde, sondern in dem Buch auch einen Wegweiser finden, wie sie denn nun weiterlesen können. Barbara Fornefeld ist mit diesem didaktisch aufgebauten Arbeitsbuch solch eine gute Einführung gelungen." *vds-NRW*

 Ingeborg Hedderich
Einführung in die
Körperbehindertenpädagogik

1999. 143 Seiten. 32 Abb. 4 Tab. 21 Übungsaufgaben
UTB-M (978-3-8252-2102-7) kt

„Das Buch ist erfreulich praxisnah und leicht verständlich geschrieben […]. Insgesamt handelt es sich bei dem vorliegenden Buch um eine lohnenswerte Anschaffung, welche dazu auch recht preiswert ist, was im Bereich der Fachliteratur nun wirklich nicht alltäglich ist." *sonderpaedagoge.de*

EV reinhardt
www.reinhardt-verlag.de

UTB Buchreihe
Einführung in die Sonderpädagogik

 Renate Walthes
**Einführung in die Blinden- und
Sehbehindertenpädagogik**

2. Auflage 2005. 234 Seiten. 46 Abb. 14 Tab. 21 Übungsaufgaben
UTB-M (978-3-8252-2399-1) kt

Das Buch gibt einen Überblick über physiologische, neurowissen-
schaftliche und kognitive Grundlagen des Sehens und schildert
Ursachen, Entstehung, Formen und Epidemiologie von Sehbehin-
derung. Es stellt diagnostische Aspekte und Fördermöglichkeiten
für verschiedene Altersstufen und Organisationsformen vor
(von der Frühförderung über die Erwachsenenbildung bis hin zu
speziellen Angeboten im Alter). Gezeigt wird außerdem, welche
Hilfsmittel für den Alltag zur Verfügung stehen und wie man sie
einsetzen kann.

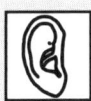 Annette Leonhardt
**Einführung in die
Hörgeschädigtenpädagogik**

2., neu bearb. u. erw. Auflage 2002
288 Seiten. Zahlr. Abb. und Tab. 77 Übungsaufgaben
UTB-M (978-3-8252-2104-1) kt

„Das Buch [...] schließt eine schmerzliche Lücke, indem es das
Fachgebiet übersichtlich und bei aller gebotenen Kürze anschaulich und verständlich darstellt und es stellt die Probleme heraus,
die die Entwicklung innerhalb der Pädagogik der Hörbehinderten
zu blockieren drohen: Grundsatzstreitigkeit über Methoden und
Begriffsinhalte." *Die Sprachheilarbeit*

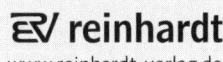
www.reinhardt-verlag.de

UTB Buchreihe
Einführung in die Sonderpädagogik

Alfons Welling
Einführung in die Sprachbehindertenpädagogik

2005. ca. 220 Seiten. ca. 35 Abb. ca. 10 Tab.
UTB-M (978-3-8252-2609-1) kt

Das Buch gibt einen Überblick über die Vielzahl einzelner Sprach-
störungen im Kindes-, Jugendlichen- und Erwachsenenalter und
erläutert die Aufgabenfelder der Sprachbehindertenpädagogik,
die von der Frühförderung über außerschulische, schulische und
nachschulische Erziehungs- und Bildungsarbeit reichen, bis hin
zu spezifischen Fragen der Sprachtherapie.

Rolf Werning | Birgit Lütje-Klose
Einführung in die Lernbehindertenpädagogik

2003. 231 Seiten. 3 Abb. Zahlr. Übungsaufgaben
UTB-M (978-3-8252-2391-5) kt

Die Autoren führen kompakt in die Disziplin ein: Sie definieren,
wann Schülerinnen und Schüler als lernbeeinträchtigt gelten, diskutieren die theoretischen Positionen des Faches, stellen didaktische Konzepte des Unterrichtes vor. Und sie eröffnen Perspektiven
der Förderung auf organisatorischer und konzeptioneller Ebene.

 reinhardt
www.reinhardt-verlag.de

Cecilia A. Essau
Judith Conradt
Aggression bei Kindern und Jugendlichen

2004. 202 Seiten. 21 Abb. 11 Tab.
88 Übungsfragen.
UTB-M (978-3-8252-2602-2) kt

Essau / Conradt
Aggression
bei Kindern und
Jugendlichen

Reinhardt UTB

Gewaltexzesse bei Schülern kommen schnell in die Schlagzeilen. Doch was weiß man eigentlich über Ursachen und Entstehungsbedingungen aggressiven Verhaltens bei Kindern und Jugendlichen?

Mit dem vorliegenden Buch erhalten angehende Diplom-Psychologen, Psychotherapeuten, aber auch Pädagogen, Lehrer, Sozialpädagogen und Mediziner in psychiatrischer Fachausbildung einen hervorragenden Überblick über den Stand der psychologischen Forschung. Die Autorinnen führen in Diagnostik und Erhebungsmethoden ein und informieren über Häufigkeit und den Zusammenhang mit Alter und Geschlecht. Dargestellt werden psychologische Entstehungsmodelle und soziale, biologische und kognitive Risikofaktoren. Abschließend werden Möglichkeiten therapeutischer Prävention und Intervention geschildert.

Die Marginalienspalte mit Schlüsselbegriffen, zahlreiche Übungsfragen und ein Glossar erleichtern Studierenden das Lernen mit diesem Lehrbuch und helfen bei der gezielten Prüfungsvorbereitung.

ℝ reinhardt
www.reinhardt-verlag.de

Cecilia A. Essau
Angst bei Kindern und Jugendlichen

2003. 303 Seiten. 32 Abb. 35 Tab.
97 Übungsaufgaben.
UTB-M (978-3-8252-2398-4) kt

Das Buch gibt einen Überblick über
das psychologische Basiswissen zur
Angst bei Kindern und Jugendlichen,
die Symptomatologie und die Möglichkeiten therapeutischer Prävention und Intervention. Für den ange-
henden Praktiker besonders wichtig:
Die gängigen Therapie-Manuale werden anschaulich erklärt und
kritisch eingeordnet.

Cecilia A. Essau
Depression bei Kindern und Jugendlichen

Psychologisches Grundlagenwissen
2002. 224 Seiten. 21 Abb. 41 Tab.
UTB-M (978-3-8252-2294-9) kt

Dieses Lehrbuch gibt einen systematischen Überblick über den aktuellen Forschungs- und Erkenntnisstand zur Depression im Kindes- und
Jugendalter. Es führt systematisch in
Klassifikation, Diagnose, Prävention
und Psychotherapie der Störung ein.
Es schildert theoretische Erklärungsmodelle zur Entstehung von
Depression und gibt einen Überblick über die wichtigsten Forschungsergebnisse zu den vielfältigen Risikofaktoren.

ℝV **reinhardt**
www.reinhardt-verlag.de

Vierteljahresschrift für Heilpädagogik und ihre Nachbargebiete (VHN)

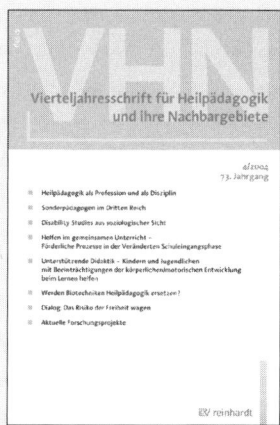

Herausgegeben von

Prof. Dr. Urs Haeberlin
Prof. Dr. Gérard Bless
Prof. Dr. Ulrich Heimlich

Die VHN ist die älteste wissenschaftliche Fachzeitschrift für Sonder- und Heilpädagogik im deutschsprachigen Europa. Sie ordnet sich mit integrativer Zielsetzung in die Erziehungswissenschaft ein und verbindet die Einzeldisziplinen der Heil- und Sonderpädagogik zu einer Einheit. Sie überwindet die Grenze zwischen Sonderpädagogik in der Schule und Heilpädagogik außerhalb der Schule. Sie berücksichtigt heilpädagogisch bedeutsame Beiträge aus anderen erziehungswissenschaftlichen Disziplinen sowie aus Nachbargebieten wie Psychologie, Soziologie, Sozialarbeit, Psychiatrie, Medizin und Rechtswissenschaft. Ihre Beiträge sind trotz Spezialisierung von allgemeinem heilpädagogischen Interesse. Ein Peer-Review-Verfahren (ab 2005) garantiert die wissenschaftliche Qualität der Fachbeiträge. Sie sind in einer für alle Zielgruppen verständlichen Sprache abgefasst. Besondere Rubriken gehen auf Trends in Theorie und Forschung sowie auf aktuelle Herausforderungen in Wissenschaft, Praxis und Politik ein. Die VHN geht Kooperationen mit Partnerorganisationen ein, welche ihrer Zielsetzung nahe stehen.

Die VHN ist offizielles Fach- und Mitteilungsorgan der „Vereinigung für Absolventinnen und Absolventen des Heilpädagogischen Institutes der Universität Freiburg/Schweiz (VAF)".
Erscheinungsweise: vierteljährlich
Jahresumfang: ca. 368 Seiten

Weitere Infos finden Sie im Internet unter www.reinhardt-verlag.de

www.reinhardt-verlag.de